La doctrine de la science

1794

Johann Gottlieb Fichte

La doctrine de la science

1794

TOME 1

Nouvelle traduction par Marc Géraud
Présentation par Émile Jalley, en tome 2

L'Harmattan

Notes des auteurs : le titre de cet ouvrage est un titre d'éditeur, qui rassemble sous la même formule deux ouvrages de l'année 1794 : *Du concept de la doctrine de la science*, et *Fondement de l'ensemble de la doctrine de la science.*

Illustration : pièce de 5 deutsche Mark, à l'effigie de Johann Gottlieb Fichte, formant aussi un symbole assez approprié de sa synthèse quintuple.

5-7, rue de l'École-Polytechnique ; 75005 Paris

http://www.librairieharmattan.com
diffusion.harmattan@wanadoo.fr
harmattan1@wanadoo.fr

ISBN : 978-2-343-08128-1
EAN : 9782343081281

Johann Gottlieb Fichte
La Doctrine de la science 1794

Tome 1

Sommaire

*

À PROPOS DU CONCEPT DE DOCTRINE DE LA SCIENCE, OU DE CE QUE L'ON APPELLE PHILOSOPHIE SOUS FORME D'ÉCRITS D'INVITATION AUX CONFÉRENCES SUR CETTE SCIENCE

*

FONDEMENT DE L'ENSEMBLE DE LA DOCTRINE DE LA SCIENCE

*

Émile Jalley
La Doctrine de la science 1794
de Johann Gottlieb Fichte
Naissance et devenir de l'impérialisme allemand
Tome 2
Sommaire

À PROPOS DU CONCEPT DE DOCTRINE DE LA SCIENCE, OU DE CE QUE L'ON APPELLE PHILOSOPHIE SOUS FORME DE BILLETS D'INVITATION AUX CONFÉRENCES SUR CETTE SCIENCE

PRÉFACE

L'auteur de ce traité a été complètement convaincu, en lisant les nouveaux sceptiques, en particulier l'Aenésidème et les écrits remarquables de Maimon, de ce qui lui avait paru plus tôt extrêmement probable : à savoir que la philosophie, en dépit des efforts les plus récents des hommes les plus sagaces, ne s'est pas encore élevée au rang de science évidente. Il avait cru en avoir trouvé la raison, et avoir aussi découvert un chemin facile pour satisfaire pleinement toutes les exigences bien fondées des sceptiques concernant la philosophie critique ; et pour réunir le système dogmatique et le système critique en général dans leurs revendications conflictuelles, de même que la philosophie critique permet de réunir les exigences conflictuelles des différents systèmes dogmatiques. Non habitué à parler de choses qu'il a encore à faire, il aurait mis en œuvre son plan ou l'aurait tu à jamais, si l'occasion présente ne lui avait pas paru être une incitation à rendre compte de l'utilisation qu'il a faite jusqu'à présent de son loisir, et des travaux auxquels il envisage de consacrer son avenir.

L'investigation qui suit n'a à élever de prétention sur aucune autre validité que sur une validité hypothétique. Mais il n'en découle pas que l'auteur ne peut placer au fondement de ses affirmations, en général, rien d'autre que des présuppositions non prouvées ; et que celle-ci ne sont pas pourtant les résultats d'un système qui va plus profondément et solide. À vrai dire, il se promet, uniquement après des années, de le présenter au public sous une forme digne de lui ; mais il attend dès maintenant la délicatesse de ne pas condamner avant d'avoir examiné le tout.

La première intention de ces pages était de mettre les jeunes gens qui étudient à la haute école dans laquelle l'auteur a été nommé, en état de juger s'ils se fient à sa conduite sur la voie de la première des sciences, et s'ils espèrent qu'il pourra verser sur celle-ci autant de lumière qu'ils en ont besoin, pour emprunter sans risque de trébucher cette voie ; la deuxième intention de l'auteur était de recueillir les jugements de ses mécènes et amis sur son entreprise.

Pour ceux qui n'appartiennent ni au premier camp, ni au deuxième, nous émettrons les remarques suivantes au cas où ce livre leur passerait entre les mains.

L'auteur est jusqu'à présent intimement convaincu qu'aucun entendement humain (*menschlicher Verstand*) ne peut dépasser la barrière que Kant a atteinte, particulièrement dans sa Critique de la faculté de juger, mais qu'il ne définit jamais, et qu'il a indiquée comme étant la dernière limite du savoir fini. Il sait qu'il ne pourra jamais dire quelque chose que Kant n'a pas déjà signalé, directement ou indirectement, clairement ou obscurément. Il laisse à l'avenir de mesurer le génie de cet homme, qui, depuis le point de vue d'où il avait trouvé la faculté de juger philosophante, souvent comme guidé par une inspiration supérieure, la tirait violemment en direction de son but dernier. – Il est tout aussi intimement convaincu qu'après l'esprit génial de Kant, on ne peut faire à la philosophie de cadeau plus important que l'esprit systématique de Reinhold ; et il croit connaître la place honorable que la philosophie élémentaire de ce dernier affirmera toujours, malgré les grands progrès que la philosophie (quelque soit la main qu'elle tient), doit faire nécessairement. Il n'est pas dans la nature de sa pensée de méconnaître intentionnellement un quelconque mérite, ou de vouloir le minimiser ; il croit comprendre que chaque degré que la science a jamais gravi a d'abord dû être franchi avant qu'elle puisse en passer un autre plus élevé ; il ne considère véritablement pas comme un mérite personnel d'être appelé au travail par un malheureux hasard, à la suite de travailleurs excellents ; et il sait que tout mérite dont il pourrait être question ici ne repose pas sur la chance de la trouvaille, mais sur l'honnêteté de la recherche, honnêteté par rapport à laquelle chacun doit s'orienter et récompenser. Il n'a pas dit cela par faveur pour ces grands hommes et ceux qui leur ressemblent ; mais pour d'autres hommes pas aussi grands. Celui qui trouve superflu qu'il l'ait dit n'a pas sa place parmi ceux pour lesquels il l'a dit.

En dehors de ces hommes sérieux, il en est encore aussi de plaisantins, qui avertissent le philosophe de ne pas se rendre ridicule par les attentes exagérées de sa science. Je n'entends pas décider si tous rient de bon cœur parce que la jovialité leur est innée, ou s'il n'y en a pas quelques-uns parmi eux qui se forcent simplement à rire pour gâter aux chercheurs, ignorants du monde, une entreprise que, pour des raisons compréhensibles, ils ne voient pas d'un bon œil. Comme, pour autant que j'en sois conscient, je n'ai jusqu'à présent, en exprimant de semblables attentes élevées, donné aucune nourriture à leur humeur : il m'est peut-être permis en tout premier lieu de les prier, non au nom des philosophes, et encore moins de la philosophie, mais pour eux-mêmes, de retenir leur rire jusqu'à ce que l'entreprise ait clairement échoué, et soit abandonnée. Qu'ils se moquent ensuite de notre foi en l'humanité, à laquelle ils appartiennent, et des espoirs que font naître en nous ses grandes dispositions ; qu'ils répètent ensuite leur formule de consolation : on ne peut pas aider l'humanité, c'était ainsi et cela sera toujours ainsi, – aussi souvent qu'ils ont besoin de consolation !

PREMIÈRE SECTION

À PROPOS DU CONCEPT DE DOCTRINE DE LA SCIENCE EN GÉNÉRAL [38]

§ 1. *Concept forgé hypothétiquement de la doctrine de la science*

Pour réunir des partis séparés, le plus sûr est de partir de ce sur quoi ils sont unis.

La philosophie est une science ; toutes les descriptions que l'on en fait s'accordent sur ce point, de même qu'elles se séparent sur l'objet de cette science. Et que dire, si la séparation était venue précisément du fait que le concept de science lui-même n'était pas entièrement développé : et si ce seul caractère suffisait totalement à déterminer le concept de la philosophie elle-même ?

Une science a une forme systématique ; toutes les propositions en elle sont solidaires dans un principe fondamental unique, et se réunissent en lui en un tout – cela aussi, on l'accorde universellement. Mais le concept de science est-il maintenant épuisé ?

Que se passerait-il, si quelqu'un bâtissait sur une proposition sans fondement et indémontrable, par exemple sur le fait qu'il y a dans l'air des créatures avec des inclinations humaines, des passions, des concepts, et des corps éthérés, une histoire naturelle aussi systématique que possible de ces esprits aériens, ce qui en soi est tout à fait possible – reconnaîtrions-nous comme une science un système [39] de ce genre, aussi rigoureux que soient les raisonnements qui le constituent, et aussi intimement que soient enchaînées les unes avec les autres ses parties singulières ? Et de nouveau, si quelqu'un présente une thèse isolée ou un fait – par exemple un ouvrier mécanique la proposition suivante : sur une ligne horizontale, la perpendiculaire constitue des deux côtés un angle droit ; ou le paysan inculte le fait suivant : l'historiographe juif Josèphe a vécu du temps de la destruction de Jérusalem – alors tout le monde avouera que celui-ci a une science de ce qu'il dit ; bien que le premier ne puisse pas développer systématiquement la démonstration géométrique de sa proposition à partir du premier principe de cette science, et que l'autre ne puisse démontrer scolairement la crédibilité historique de son indication, mais que tous deux n'aient admit la chose que par fidélité et croyance. Pourquoi n'appelons-nous pas science ce système solide, qui repose sur une proposition non prouvée et non prouvable ; et pourquoi appelons-nous la connaissance du deuxième, qui ne constitue dans son entendement aucun système, une science ?

Sans doute parce que le premier, malgré toute sa forme scolaire, ne contient rien que l'on puisse savoir, et le dernier sans aucune forme scolaire, dit quelque chose qu'il sait réellement et peut savoir.

L'essence de la science résiderait donc dans la complexion de son contenu, celui-ci devrait, pour celui qui veut avoir une science, être au moins certain; et la forme systématique serait seulement contingente pour la science ; elle ne serait pas la finalité de celle-ci, mais seulement quelque chose comme un moyen d'obtenir une fin.

En effet, si pour une raison quelconque l'esprit humain ne pouvait savoir que très peu de choses avec certitude, et seulement opiner, conjecturer, pressentir, admettre arbitrairement tout le reste, – et pourtant, également pour une raison quelconque, ne pouvait pas se contenter de cette connaissance étroitement limitée ou incertaine [40], alors il n'aurait plus aucun moyen, pour étendre celle-ci et l'assurer, que de comparer les connaissances incertaines avec celles qui sont certaines, et à partir de l'égalité ou de l'inégalité des premières avec les dernières, conclure à leur certitude ou à leur incertitude. Si elles étaient semblables à une proposition *certaine*, alors il pourrait sûrement admettre qu'elles sont aussi certaines ; si elles lui étaient opposées, il saurait alors qu'elles étaient fausses, et il serait sûr de ne pas être plus longtemps dupé par elles. Il aurait gagné, si ce n'est la vérité, au moins la libération de l'erreur.

Je vais être plus précis. – Une science doit être un Un, un tout. La proposition selon laquelle la perpendiculaire à une ligne horizontale forme deux angles droits, ou que Josèphe vivait au temps de la destruction de Jérusalem, est, pour celui qui n'a pas de connaissance cohérente de la géométrie ou de l'histoire, sans aucun doute un tout, et dans cette mesure une science.

Et nous considérons aussi l'ensemble de la géométrie et de l'histoire comme une science, puisque toutes deux contiennent encore bien d'autres choses que ses propositions, – comment et pourquoi une quantité de propositions en soi suprêmement différente devient-elle une science, un tout un et égal à lui-même ?

Sans nul doute, parce que les propositions singulières ne seraient en général pas une science, mais qu'elles le deviennent uniquement dans le tout, par leur place dans le tout, et par leur rapport au tout. Mais jamais une simple composition de partie ne fera apparaître quelque chose que l'on ne puisse rencontrer dans une partie du tout. Si aucune proposition parmi les propositions liées n'avait de certitude, alors le tout formé par la liaison n'en aurait aucune.

Il faudrait donc qu'au moins une proposition soit certaine, et communique aux autres sa certitude [41] ; si bien que si, et dans la mesure où, ce Un devait être certain, un Deuxième aussi devrait l'être, et si, et dans la mesure où, ce Deuxième devait être certain, alors un Troisième etc. Et ainsi, plusieurs propositions, qui seraient en soi peut-être très différentes, du fait justement qu'elles auraient toutes la certitude, et la même certitude, ont en commun une seule certitude, et deviennent ainsi seulement Une science.

La proposition certaine – nous n'en avons jusqu'à présent accepté qu'Une seule comme certaine – ne peut pas tirer sa certitude uniquement de la liaison avec les autres, mais doit l'avoir à l'avance, avant celle-ci ; car de la réunion de plusieurs parties ne peut surgir ce qui n'est en aucune partie. Mais toutes les autres devraient recevoir d'elle leur certitude. Elle devrait être, avant toute liaison, certaine et déterminée. En revanche, pas une seule parmi les autres ne devrait l'être avant la liaison, mais ne le devenir que par elle.

On voit ici en même temps que notre hypothèse faite plus haut est la seule exacte, et qu'il ne peut y avoir dans une science qu'une seule proposition, qui est certaine et déterminée avant la liaison. S'il y avait plusieurs propositions de ce genre, soit elles ne seraient aucunement liées avec l'autre, et alors elles n'appartiendraient pas au même tout, mais constitueraient un ou plusieurs touts détachés ; ou bien elles seraient liées avec lui. Mais les propositions ne doivent pas être liées autrement que par la certitude Une et identique. Quand une proposition est certaine, alors une autre doit être certaine, et si l'une n'est pas certaine, alors l'autre doit ne pas être certaine. Cela pourrait ne pas s'appliquer à une proposition qui aurait une certitude indépendante des autres propositions ; si sa certitude doit être indépendante, alors elle est certaine même si les autres ne sont pas certaines. Elle ne serait en général pas liée avec elles par la certitude. Une liaison de ce genre, certaine avant la liaison, et indépendante d'elle, s'appelle un principe. Toute science doit avoir un principe [42] ; et même, elle pourrait, selon son caractère intérieur, sans doute ne consister qu'en un seul principe en soi certain, – qui toutefois ne pourrait pas être appelé principe, parce que rien ne le fonde. Elle ne peut pas non plus avoir plus d'Un principe, parce qu'autrement elle ne constituerait pas Une science, mais plusieurs.

Une science peut en outre, avant la liaison de certaines propositions, contenir d'autres propositions multiples, qui ne peuvent être reconnues comme certaines qu'après la liaison avec le principe. La liaison consiste, comme nous l'avons rappelé à l'instant, dans le fait que l'on montre que si la proposition A est certaine, alors la proposition B doit l'être aussi – et si celle-ci est certaine, alors la proposition C doit être certaine etc. ; et l'on appelle cette liaison la forme systématique du tout, qui naît des parties singulières. – À quoi bon maintenant cette liaison ? Sans nul doute, pas à faire une œuvre d'art du lier, mais à donner de la certitude à des propositions qui, en soi, n'en auraient pas ; et ainsi, la forme systématique n'est pas une finalité de la science, mais est l'élément fortuit qui, à condition que la science consiste en plusieurs propositions, peut être un moyen applicable d'obtenir sa fin. Elle n'est pas l'essence de la science, mais une propriété contingente de celle-ci. – La science est sa demeure, sa finalité principale est la solidité. – Le fondement est solide, et quand celui-ci est posé, la finalité devrait être atteinte. Mais comme on ne peut pas vivre dans le seul fondement, et que l'on ne peut pas se défendre avec lui seul ni contre l'attaque arbitraire de l'ennemi, ni contre les attaques involontaires des intempéries, on place au-dessus de lui des parois latérales et sur celles-ci un toit. Toutes les parties du bâtiment sont assemblées avec le fonds, et entre elles, et de ce fait le tout devient solide; mais on ne construit pas un bâtiment pour pouvoir assembler quelque chose, on assemble afin que le bâtiment devienne solide. Et il est solide dans la mesure où toutes les parties de celui-ci reposent sur un fondement solide.

Le fondement est solide, et il n'est basé sur aucun nouveau fondement, mais sur le sol terrestre solide. – [43] À quoi pouvons-nous donc rattacher le fondement de notre bâtiment scientifique ? Les principes de notre système sont censés et doivent être certains avant le système. Leur certitude peut ne pas être prouvée dans l'environnement de celui-ci, mais chacune des preuves possibles en lui se pose déjà. Si elles sont certaines, alors tout ce qu'on déduit d'elle est à vrai dire certain : mais d'où sort donc leur propre certitude ?

Plus encore – nous voulons, lors de la construction de notre édifice théorique, raisonner ainsi : si le principe est certain, alors une autre proposition déterminée est aussi certaine. Sur quoi se fonde donc cet alors ? Qu'est-ce qui fonde entre eux deux le rapport nécessaire, par lequel l'un justement reçoit la certitude, qui revient à l'autre ? Quelles sont les conditions de ce rapport ; et d'où savons-nous donc qu'elles en sont les conditions, et les conditions exclusives, et les conditions uniques ? Et comment en venons-nous en général à admettre un lien nécessaire entre différentes propositions, et leurs conditions exclusives, mais épuisées ?

Bref, comment fonder la certitude du principe en soi ; comment fonder le droit d'user d'une manière précise de tirer de lui la certitude d'autres propositions ?

Ce que le principe lui-même doit avoir, et communiquer à toutes les autres propositions qui surviennent dans la science, je l'appelle le contenu interne du principe et de la science en général ; la manière dont il doit communiquer cela aux autres propositions, je l'appelle la forme de la science. La question posée est donc celle-ci : comment le contenu et la forme d'une science en général sont-ils possibles, c'est-à-dire comment la science elle-même est-elle possible ?

Ce en quoi la question trouverait réponse serait lui-même une science, et même la science de la science en général.

Il n'est pas possible de déterminer avant l'examen s'il sera possible de répondre à cette question ou non [44], c'est-à-dire si notre savoir entier a un fondement solide, ou si, aussi intimement que soient enchaînées entre elles ses parties singulières, il ne repose en dernier ressort sur rien. Mais si notre savoir a un fondement, alors cette question doit trouver sa réponse, et il doit y avoir une science dans laquelle elle trouve sa réponse ; et si semblable science existe, notre savoir a un fondement. On ne peut donc rien dire sur la présence ou l'absence d'un fondement de notre savoir avant l'examen ; et la possibilité de la science exigée ne peut être démontrée que par sa réalité.

Le nom donné à semblable science, dont la possibilité est jusqu'à présent seulement problématique, est arbitraire. Toutefois, s'il devait apparaître que le sol, qui après toute l'expérience accumulée est utilisable pour la culture des sciences, était déjà occupé par celles qui lui sont propres, et que l'on n'apercevait plus qu'un bout de pays inculte, à savoir celui de la science des sciences en général ; – si en outre il se trouvait sous un nom connu (celui de la philosophie) l'idée d'une science qui soit aussi une science ou qui veuille le devenir, et qui, à la place où elle doit être cultivée, ne peut pas accéder à l'union avec soi-même : il ne serait pas inconvenant de lui attribuer la place vide que l'on a trouvée. Que l'on ait jusqu'à présent pensé, à travers le mot philosophie, cela justement, ou non, ne change rien à l'affaire ; et alors cette science, une fois qu'elle serait devenue science, porterait non sans raison un nom qu'elle a eu jusqu'à présent dans sa modestie non exagérée – le nom d'une connaissance, d'une passion, d'un dilettantisme.

La nation qui l'inventera serait bien digne de lui donner un nom provenant de sa langue, [45] et elle pourrait donc tout bonnement s'appeler la science, ou la doctrine de la science. Ce que l'on appelle jusqu'à présent philosophie serait donc la science d'une science en général.

§ 2. *Développement du concept de doctrine de la science*

Il ne faut pas raisonner à partir de définitions : ce qui signifie soit que l'on ne doit pas conclure du fait que l'on a pu penser sans contradiction, dans la description d'une chose [46] qui existe tout à fait indépendamment de notre description, un certain caractère, – on ne doit pas conclure donc sans raison supplémentaire que du coup, ce même caractère doit se trouver dans la chose réelle ; soit que, pour une chose qui elle-même ne doit être produite que par nous, d'après un concept forgé à partir d'elle qui exprime sa finalité, de conclure de la pensabilité de cette finalité à sa réalisabilité dans la réalité. Mais jamais cela ne peut signifier qu'il ne faut pas s'imposer une fin dans nos travaux intellectuels ou physiques, et au lieu de chercher à se la rendre distincte avant de commencer le travail, nous abandonner à notre imagination ou à nos doigts, pour voir ce qui peut en sortir. L'inventeur des ballons aérostatiques a bien dû calculer leur taille, et le rapport entre l'air qui y est emprisonné et l'atmosphérique, et le degré de leur rapidité ; avant même de savoir s'il trouverait une sorte d'air qui serait plus léger du degré nécessaire que l'atmosphérique ; et Archimède a pu calculer la machine grâce à laquelle il voulait mouvoir le globe terrestre de sa place, bien qu'il ait certainement su qu'il ne trouverait aucune place soustraite à la force d'attraction de celle-ci, d'où il pourrait agir. – Ainsi en va-t-il de la science que nous venons de décrire. Elle n'est pas, en tant que telle, quelque chose qui existe indépendamment de nous, sans notre intervention, non, elle ne doit être produite que par la liberté de notre esprit agissant dans une direction déterminée ; s'il existe une telle liberté, ce que nous ne pouvons pas savoir encore. Déterminons cette direction dans un premier temps ; faisons-nous une notion nette de ce que notre ouvrage doit être ! Nous ne saurons si nous pouvons y parvenir que si nous le faisons réellement. Ce n'est pas cela qui est en question maintenant, mais ce que nous voulons faire à proprement parler ; et cela détermine notre définition.

1) La science que nous décrivons doit tout d'abord être une science de la science en général. Toute science possible a un principe, [47] qui ne peut pas être démontré dans son cadre à elle, mais doit être certain avant elle. Où ce principe peut-il donc être mis en évidence ? Sans aucun

doute, dans la science qui doit fonder toutes les sciences possibles. – La doctrine de la science aurait de ce point de vue deux choses à faire. Tout d'abord, fonder la possibilité des principes en général ; montrer comment, dans quelle mesure, dans quelles conditions, et peut-être à quels degrés quelque chose peut être certain, et en général, ce que cela signifie : être certain ; elle aurait alors à démontrer en particulier les principes de toutes les sciences possibles, qui en eux-mêmes ne peuvent être démontrés.

Chaque science, pour ne pas être une proposition singulière arrachée, mais un tout consistant en plusieurs propositions singulières, a une forme systématique. Cette forme, la condition du rapport des propositions dérivées avec le principe, et le droit de conclure à partir de ce rapport que les premières sont nécessairement aussi certaines que les dernières, sera, dans la science particulière, pour qu'elle ait une unité et ne s'occupe pas de choses étrangères qui ne lui appartiennent pas, tout aussi impossible à démontrer, mais il est déjà présupposé en tant que possibilité de sa forme. Une doctrine de la science universelle a donc la confiance en soi de fonder pour toutes les sciences possibles la forme systématique.

2) la doctrine de la science est elle-même une science. Elle aussi doit donc avoir en tout premier lieu un principe, qui ne peut pas être prouvé en elle, mais est présupposé afin qu'elle soit possible. Mais ce principe ne peut pas non plus être prouvé dans une autre science supérieure ; car alors cette science supérieure serait la doctrine de la science, et celle dont le principe devrait d'abord être prouvé ne le serait pas. Ce principe - de la doctrine de la science, et par son intermédiaire de toutes les sciences et de tout savoir -, n'est donc tout simplement susceptible d'aucune preuve [48], c'est-à-dire, il ne peut être ramené à aucune proposition supérieure, telle que la comparaison avec elle éclairerait sa certitude. Pourtant, il doit constituer la base de toute certitude ; il doit toutefois être de ce fait certain et ce en soi-même, et pour soi-même, et par soi-même. Toutes les autres propositions seront certaines parce que l'on peut montrer qu'elles lui sont égales d'une manière ou d'une autre ; ce principe doit être certain simplement parce qu'il est égal à lui-même. Toutes les autres propositions n'auront de certitude que médiate et dérivée de lui ; lui doit être certain immédiatement. C'est sur lui que se base tout savoir, et sans lui aucun savoir en général ne serait possible : lui cependant ne se fonde sur aucun savoir, mais est le principe du savoir tout simplement. – Ce principe est tout simplement certain, c'est-à-dire qu'il est certain parce qu'il est certain. Il est le fondement de toute certitude, c'est-à-dire de tout ce qui est certain, il est certain parce qu'il est certain ; et il n'y a rien de certain, s'il n'est pas certain. Il est le fondement de tout savoir, c'est-à-dire

que l'on sait ce qu'il énonce parce que l'on sait en général ; on le sait immédiatement, comme on sait n'importe quoi. Il accompagne tout savoir, est contenu dans tout savoir, et tout savoir le présuppose.

Dans la mesure où elle est elle-même une science, la doctrine de la science doit, pour consister non pas en son simple principe, mais en plusieurs propositions – et l'on peut voir dès maintenant qu'elle sera ainsi constituée parce qu'elle doit édifier des principes pour d'autres sciences – elle doit, dis-je, avoir une forme systématique. Or, elle ne peut emprunter cette forme systématique à aucune science pour sa détermination, ou s'en réclamer pour sa validité, parce que elle doit établir elle-même pour toutes les autres sciences non seulement des principes et par là leur contenu intérieur, mais aussi la forme et par là la possibilité de liaison de plusieurs propositions en elle [49]. Elle doit donc avoir en elle-même cette possibilité de liaison, et la fonder par elle-même.

Il nous suffit de démembrer ceci un petit peu pour voir ce qui est ainsi véritablement dit. – Ce dont on sait quelque chose s'appelle le contenu, et ce que l'on en sait la forme de la proposition. (Dans la proposition : l'or et un corps, ce dont on sait quelque chose est l'or et le corps ; ce que l'on sait d'eux est qu'ils sont égaux dans une certaine optique, et dans cette mesure l'un peut être mis à la place de l'autre. C'est une proposition affirmative, et cette relation est sa forme.)

Aucune proposition n'est possible sans contenu ou forme. Il doit y avoir quelque chose à propos de quoi l'on sait, et quelque chose que l'on sait de cela. Le premier principe de toute doctrine de la science doit donc avoir les deux, contenu et forme. Et il doit être immédiatement et par soi-même certain, et cela ne peut avoir qu'une signification, à savoir que son contenu détermine sa forme et inversement que sa forme détermine son contenu. Telle forme ne peut convenir qu'à tel contenu, et tel contenu qu'à telle forme ; tout autre forme pour ce contenu supprime le principe lui-même et avec lui tout savoir, et tout autre contenu pour cette forme supprime également le principe lui-même et avec lui tout savoir. La forme du premier principe absolu de la doctrine de la science est donc non seulement donnée par ce dernier lui-même, mais aussi établie comme tout simplement valide pour le contenu de ce principe. S'il devait y avoir encore, à côté de ce principe absolu-premier et un, plusieurs principes de la doctrine de la science, ils devraient être en partie absolus mais en partie conditionnés par le premier principe suprême, parce qu'autrement il n'y aurait pas un unique principe : – alors le principe absolu-premier ne pourrait être que le contenu ou la forme, et le principe conditionné également ne pourrait être que le contenu ou la forme. Posez que le contenu est l'inconditionné, le principe absolu-premier [50] (qui doit conditionner quelque chose dans le deuxième, parce qu'autrement il ne serait pas principe absolu-premier) conditionnerait la forme de celui-ci ; et de ce fait, sa forme serait déterminée dans la doctrine de la science elle-même, et par elle, et par son premier principe : ou bien posez inversement que la forme est l'inconditionné, alors nécessairement le contenu de cette forme est déterminé par le premier principe, et donc médiatement aussi la forme, dans la mesure où elle doit être forme d'un contenu ; donc même dans ce cas, la forme serait déterminée par la doctrine de la science, et nommément par son principe. – Mais il ne peut pas y avoir de principe qui ne soit pas déterminé, ni dans sa forme ni dans son contenu, par le principe absolu-premier, si tant est qu'il doive y avoir en général un principe absolu-premier, et une doctrine de la science, et un système du savoir humain. Donc il ne saurait y avoir plus de trois principes ; un principe absolu et déterminé simplement par soi-même, aussi bien dans sa forme que dans son contenu; un principe déterminé dans sa forme par soi-même, et un principe déterminé dans son contenu par soi-même. – S'il y a encore plusieurs propositions dans la doctrine de la science, toutes doivent être déterminées aussi bien dans leur forme que dans leur contenu, par le principe. Une doctrine de la science doit donc déterminer la forme de toutes ses propositions, dans la mesure où elles sont considérées singulièrement. Mais une détermination des propositions singulières n'est pas possible autrement que par le fait qu'elles se déterminent réciproquement (*wechselseitig*). Or toute proposition doit être déterminée parfaitement, c'est-à-dire que sa forme ne doit convenir qu'à son contenu, et à aucun autre, et que ce contenu ne doit convenir qu'à la forme dans laquelle il est, et à aucune autre ; car autrement la proposition ne serait pas semblable au principe dans la mesure où il est certain, et elle ne serait donc pas certaine. – Maintenant, si toutes les propositions d'une doctrine de la science en soi doivent être différentes – et elles doivent l'être, sinon il n'y aurait pas plusieurs propositions, mais une seule et même proposition plusieurs fois : – alors aucune proposition ne peut recevoir sa détermination parfaite autrement que d'une proposition unique parmi toutes ; et ainsi, toute la série des propositions [51] est parfaitement déterminée, et aucune ne peut se trouver en un autre endroit de la série que celui où elle se trouve. Dans la doctrine de la science, toute proposition a sa place déterminée par une autre proposition déterminée, et détermine elle-même celle d'une troisième proposition déterminée. La doctrine de la science détermine donc pour elle-même et par elle-même la forme de son tout.

Cette forme de la doctrine de la science a une validité nécessaire pour le contenu de celle-ci. Car si le principe absolu-premier s'avérait immédiatement certain, c'est-à-dire si sa forme ne convenait qu'à son contenu et son contenu qu'à sa forme ; – mais que toutes les propositions suivantes possibles soient déterminées par lui, immédiatement ou médiatement, dans leur contenu ou dans leur forme, comme si elles résidaient déjà en lui ; – alors il faut que la même chose vaille pour elles que pour le principe, à savoir que leur forme ne convient qu'à leur contenu et leur contenu qu'à leur forme. Cela concerne les propositions singulières ; mais la forme du tout n'est rien d'autre que la forme des propositions singulières pensées en un Un, et ce qui vaut de chacune singulièrement doit aussi valoir de toutes pensées en un Un.

Toutefois, la doctrine de la science doit donner sa forme non seulement à elle-même, mais aussi à toutes les sciences possibles restantes, et assurer la validité de cette forme pour toutes. Et cela ne peut être pensé autrement qu'avec la condition que tout ce qui doit être proposition d'une science quelconque doit déjà être contenu dans une quelconque proposition de la doctrine de la science et donc déjà être établi dans sa forme adéquate. Et cela nous ouvre un chemin facile pour retourner au contenu du principe absolu-premier de la doctrine de la science, dont nous pouvons désormais dire davantage que nous ne le pouvions auparavant.

Admettons que *savoir avec certitude* ne signifie pas autre chose qu'avoir un aperçu dans l'inséparabilité d'un contenu déterminé et d'une forme déterminée (ce qui ne représente pas plus qu'une définition nominale, une définition réelle du savoir étant tout simplement impossible), [52] alors on pourrait voir déjà maintenant approximativement comment, du fait que le principe absolu-premier de tout savoir détermine sa forme simplement par son contenu, et son contenu tout simplement par sa forme : tout contenu de savoir pourrait voir sa forme déterminée ; à savoir si tout contenu possible résidait en lui. Donc, si notre proposition est exacte, et s'il y a un principe absolu-premier de tout savoir, le contenu de ce principe devrait être celui qui contient en soi tout contenu possible, mais ne serait lui-même contenu en aucun. Ce serait le contenu tout simplement, le contenu absolu.

Il est aisé de remarquer qu'en supposant la possibilité de ce genre de doctrine de la science en général, et en particulier de la possibilité de son principe, il est toujours présupposé qu'il y a réellement un système dans le connaître humain. S'il doit y avoir un tel système en lui, on peut aussi démontrer, indépendamment de notre description de la doctrine de la science, qu'il doit y avoir un tel principe absolu-premier.

S'il n'y a pas de système de ce genre, on ne peut imaginer que deux cas seulement. Soit il n'y a en général aucune certitude immédiate ; notre connaître constitue plusieurs séries ou une seule, infinie, dans lesquelles chaque proposition est fondée par une proposition plus élevée, et cette dernière à nouveau par une plus élevée etc. Nous construisons nos maisons sur le sol, celui-ci repose sur un éléphant, qui repose sur une tortue, celle-ci – qui sait sur quoi, et ainsi de suite à l'infini. – Si notre savoir est ainsi fait, nous ne pouvons certes pas le modifier, mais nous n'avons aucun savoir fixé : nous sommes peut-être revenus à un certain membre de la série, et jusqu'à lui nous avons trouvé tout solidement établi ; mais qui peut nous garantir que, si nous allons plus profondément, nous ne tomberons pas sur son absence de fondation et ne devrons pas abandonner ? Notre certitude est vacillante, et nous ne pouvons pas nous fier à elle d'un jour à l'autre.

Ou bien – deuxième cas – notre savoir consiste en séries finies, mais multiples. Chaque série [53] se termine dans un principe, qui n'est fondé par nul autre que soi-même ; mais ces principes sont multiples, et, puisqu'ils se fondent tous et de façon tout simplement indépendante de tous les autres, ils n'ont aucun rapport entre eux, et sont totalement isolés. Il y a par exemple plusieurs vérités innées en nous, qui sont toutes pareillement innées, et dont nous ne pouvons attendre aucun aperçu supplémentaire touchant leur rapport, puisque celui-ci réside au-delà des vérités innées ; ou bien il y a un terme simple variant dans les choses hors de nous, qui nous est communiqué par l'impression qu'elles font sur nous, mais sans que nous puissions pénétrer dans leur rapport, car ce qui est le plus simple dans l'impression n'a pas de degré plus simple. – S'il en va ainsi, si le savoir humain est en soi et dans sa nature ce fragment inachevé qu'est le savoir réel de tant de gens, s'il y a originairement dans notre esprit une quantité de fils qui ne se rattachent en aucun point ni ne peuvent être rattachés, nous n'arriverons pas encore une fois à lutter contre notre nature ; notre savoir est, aussi loin qu'il s'étend, certes sûr ; mais ce n'est pas un savoir unique, ce sont beaucoup de sciences. – Notre demeure serait donc certes solidement posée, cependant ce ne serait pas un bâtiment unique cohérent, mais un agrégat de chambres, sans possibilité pour nous de passer de l'une à l'autre ; ce serait une demeure dans laquelle nous nous perdons sans cesse, sans nous y faire. Il n'y aurait aucune lumière là-dedans, et malgré toutes nos richesses nous resterions pauvres, parce que nous ne pourrions jamais les évaluer, les considérer comme un tout, et que nous ne pourrions jamais savoir ce que nous possédons à vrai dire ; nous ne pourrions jamais en utiliser une partie pour améliorer le reste, parce qu'aucune partie ne se relierait au reste. Plus encore, notre savoir ne serait jamais achevé ; nous devrions attendre chaque jour qu'une nouvelle vérité innée s'exprime en nous, ou que l'expérience nous donne un nouveau terme simple. Nous devrions toujours être prêts à nous construire ailleurs une nouvelle maison. – Alors aucune doctrine de la science [54] ne serait nécessaire pour fonder d'autres sciences. Chacune serait fondée sur elle-même. Il y aurait autant de sciences que de principes singuliers immédiatement certains.

Mais s'il ne doit pas y avoir seulement un ou plusieurs fragments d'un système, comme dans le premier cas, ou plusieurs systèmes comme dans le deuxième, s'il doit y avoir dans l'esprit humain un système achevé et unique, alors il doit exister un principe suprême et absolu-premier de ce genre. Si notre savoir s'étend à partir de lui dans une quantité de séries, chacune donnant de nouvelles séries etc., il faut pourtant que toutes se groupent dans un unique anneau, lequel n'est rattaché à rien mais se soutient et soutient le système par sa propre force. – Nous avons maintenant un globe terrestre qui se tient par sa propre pesanteur, dont le centre attire puissamment tout ce que nous avons construit réellement sur son périmètre, et pas seulement en l'air, et perpendiculairement, pas seulement obliquement, et qui ne laisse pas arracher à sa sphère la moindre particule.

Nous ne pouvons pas savoir avant de procéder à notre examen s'il existe un tel système et – ce qui en est la condition – un tel principe. Le principe ne peut pas être démontré, comme simple proposition sans doute, mais aussi comme principe de tout savoir. Cela dépend de la tentative. Si nous trouvons une proposition qui remplit les conditions intérieures du principe de tout savoir humain, nous tentons de voir s'il les a aussi exprimées ; si tout ce que nous savons ou croyons savoir se laisse ramener à lui. Si nous réussissons, nous avons prouvé, en édifiant réellement la science, qu'elle était possible, et qu'il y a un système du savoir humain, dont elle est la présentation. Si nous ne réussissons pas, soit il n'y a pas en général de système de ce genre, soit simplement nous ne l'avons pas trouvé et nous devons abandonner sa découverte à des successeurs plus heureux. Affirmer catégoriquement qu'il n'y en a pas en général parce que nous ne l'avons pas trouvé est une exagération dont la réfutation est digne de la considération la plus sérieuse.

DEUXIÈME SECTION.
DISCUSSION DU CONCEPT DE DOCTRINE DE LA SCIENCE

§ 3.

Discuter [55] *scientifiquement* un concept – et il est clair qu'il ne peut être question ici d'aucune autre discussion que de celle-ci, la plus élevée de toutes les discussions – signifie à mon sens indiquer en général le lieu de celui-ci dans le système des sciences humaines (*menschlichen Wissenschaften*), c'est-à-dire montrer quel concept détermine sa place et quel autre concept a sa place déterminée par lui. Or le concept de la doctrine de la science en général ne saurait avoir de lieu dans le système de toutes les sciences, pas plus que celui de savoir en soi n'en a dans le système du savoir en général : il est plutôt lui-même le lieu de tous les concepts scientifiques, et leur indique leurs places en soi-même, et par soi-même. Il est clair que l'on ne peut parler ici que d'une discussion hypothétique, c'est-à-dire que la question est celle-ci : étant présupposé qu'il y a déjà des sciences et qu'il y a en elles de la vérité (ce que l'on ne peut pas savoir avant la doctrine de la science générale) comment la doctrine de la science qu'il faut édifier se comporte-t-elle par rapport à ces sciences ?

Cette question elle aussi trouve déjà sa réponse dans le simple concept de doctrine de la science. Les sciences se comportent par rapport à la doctrine de la science comme le fondé se comporte par rapport à son fondement ; elles ne lui assignent pas sa place ; c'est elle qui assigne à toutes ces sciences leur place en soi-même et par soi-même. C'est pourquoi il ne s'agit ici que d'un développement supplémentaire de cette réponse.

1. La doctrine de la science devrait être une science de toutes les sciences. Ce qui fait surgir d'emblée la question : comment peut-elle garantir qu'elle fonde non seulement toutes les sciences connues et inventées jusqu'à aujourd'hui, mais également toutes les sciences inventables et possibles, et qu'elle a épuisé complètement tout le domaine du savoir humain ?

2. Elle devrait de ce point de vue donner à toutes les sciences leurs principes. Toutes les propositions donc qui dans une quelconque science particulière sont des principes, sont en même temps des propositions autochtones de la doctrine de la science ; une seule et même proposition doit être considérée de deux points de vue. La doctrine de la science tire une déduction à partir de la proposition en tant que celle-ci est contenue en elle ; et la science particulière déduit à partir de la même proposition comme de son principe. On a alors deux cas de figure. Soit il se passe dans les deux sciences la même chose ; toutes les sciences particulières sont non seulement dans leur principe, mais aussi dans leurs propositions dérivées, contenues dans la doctrine de la science ; et il n'y a pas de science particulière, mais seulement des parties d'une seule et même doctrine de la science. Soit on déduit dans les deux sciences d'une manière différente, ce qui n'est pas non plus possible, puisque la doctrine de la science doit donner à toutes les sciences leur forme : ou bien il faut que s'ajoute encore, à une proposition de la doctrine de la science pure, quelque chose qui à vrai dire ne peut être emprunté ailleurs que dans la doctrine de la science, pour que la proposition devienne principe d'une science particulière. La question surgit : qu'est ce qui vient s'ajouter, ou bien – puisque cet ajout constitue la distinction – quelle est la limite déterminée entre la doctrine de la science en général et chaque science particulière.

3. La doctrine de la science devrait en outre, du même point de vue, déterminer la forme de toutes les sciences. Nous avons déjà montré plus haut comment cela peut se produire. Mais une autre science, sous le nom de logique, croise notre route, avec les mêmes prétentions. Entre les deux, il faut trancher, examiner comment la doctrine de la science se comporte par rapport à la logique.

4. La doctrine [57] de la science est elle-même une science, et ce qu'elle a à faire de ce point de vue est déterminé plus haut. Mais dans la mesure où elle est science seule, elle est science de quelque chose ; elle a un objet et il est clair par ce qui précède que cet objet n'est pas autre chose que le système du savoir humain en général. La question surgit : comment la science se comporte-t-elle en tant que science à l'égard de son objet en tant que tel ?

§ 4. *Dans quelle mesure la doctrine de la science peut-elle être sûre d'avoir épuisé le savoir humain en général ?*

Le savoir humain *tel qu'il a existé jusqu'à présent*, vrai ou imaginé, n'est pas le savoir humain en général. Admettons qu'un philosophe puisse l'avoir réellement embrassé, et puisse apporter la preuve par une induction complète qu'il est contenu dans son système, il n'en aurait pas pour autant, et de loin, achevé sa tâche : car comment pourrait-il démontrer par son induction à partir de l'expérience passée que même dans l'avenir, on ne pourra faire aucune découverte qui ne trouve place dans son système ? – L'échappatoire consistant à dire qu'il n'a voulu épuiser que le savoir possible dans la sphère actuelle de l'existence humaine ne serait pas plus probante ; car si sa philosophie ne vaut que pour cette sphère, il n'en connaît pas d'autre possible, et il ne connaît donc pas non plus les limites de celle qui doit être épuisée par sa philosophie ; il a arbitrairement tiré une limite dont il ne peut prouver la vérité par autre chose que par l'expérience passée, qui pourrait toujours être contredite par une expérience future au sein de sa sphère donnée. « Le savoir humain en général doit être épuisé » signifie qu'il faut inconditionnellement et radicalement déterminer ce que l'homme peut savoir non seulement à l'étape actuelle de son existence, mais à toutes les étapes possibles et pensables de celle-ci[2] [58].

Ceci n'est possible que dans les conditions suivantes : tout d'abord, que l'on puisse montrer que le principe édifié est épuisé ; et ensuite, qu'il n'y a pas d'autre principe possible que celui qui est édifié.

Un principe est épuisé quand un système complet est bâti sur lui, c'est-à-dire quand le principe conduit nécessairement à *toutes* les propositions édifiées, et qu'en outre *toutes* les propositions édifiées ramènent nécessairement à lui. Quand il n'y a aucune proposition dans l'ensemble du système qui puisse être vraie quand le principe est faux ou fausse quand le principe est vrai, cela est une preuve négative de ce qu'aucune proposition de trop n'a été admise dans le système ; car celle qui n'aurait pas sa place dans le système pourrait être vraie quand le principe serait

---

[2] Sur une objection possible que seul un philosophe populaire pourrait faire ! – Les véritables tâches de l'esprit humain sont à vrai dire infinies, dans leur nombre aussi bien que dans leur extension ; il ne serait possible de les résoudre qu'en achevant de se rapprocher de l'infini, ce qui en soi est impossible : mais elles le sont uniquement parce qu'elles sont données en même temps *comme* infinies. C'est un nombre infini de rayons d'un cercle infini dont le centre est donné : et de même que le centre est donné, tout le cercle infini et les rayons infiniment nombreux sont donnés. L'une des extrémités s'en trouve certes dans l'infinité ; mais l'autre se trouve dans le centre, et celui-ci est commun à tous. Le centre est donné ; la direction des lignes est aussi donnée, car elles doivent être des lignes droites : donc tous les rayons sont donnés (des rayons individuels parmi le nombre infini de rayons sont *déterminés* par des impressions du Non-Moi comme à tirer réellement, mais non *donnés* ; ils étaient *donnés* en même temps que le centre). Le savoir humain est infini dans ses *degrés*, mais dans son *genre* il est totalement déterminé par ses lois, et se laisse épuiser complètement.

faux, ou fausse, quand il serait vrai. Quand le principe est donné, *toutes* les propositions doivent être données ; chacune individuellement est donnée en lui et par lui [59]. Il est clair, d'après ce que nous avons dit plus haut sur l'enchaînement des propositions singulières dans la doctrine de la science, que cette science accomplit immédiatement la preuve négative indiquée, en soi-même et par soi-même. Cette preuve démontre que la science est *systématique*, que toutes ses parties se rassemblent dans un principe unique. – La science est un *système*, ou est achevée quand aucune proposition ne peut plus être déduite : ce qui donne la preuve positive qu'aucune proposition de trop n'a été admise dans le système. La seule question est : quand et dans quelles conditions ne peut-on plus déduire de proposition ; car il est clair que le critère simplement relatif et négatif : *je* ne vois pas ce qui pourrait encore suivre, ne prouve rien. Il pourrait bien venir quelqu'un après moi qui voie quelque chose là où je ne voyais rien. Nous avons besoin d'un critère positif assurant que l'on ne peut plus déduire, tout simplement et inconditionnellement ; et il ne saurait y en avoir d'autre que ceci : que le principe, dont nous serions partis, est le dernier résultat. Il serait alors clair que nous ne pourrions pas continuer à avancer sans refaire le chemin que nous aurions déjà fait une fois. On verra, lors de l'édification de la science, qu'elle accomplit réellement ce circuit, et abandonne le chercheur au point précisément dont elle était partie avec lui, donc qu'elle accomplit aussi également la deuxième preuve positive en soi-même et par soi-même[3].

Mais même si le principe édifié est épuisé [60], et qu'un système complet est construit sur lui, il n'en résulte pas encore que par son épuisement, le savoir humain en général est épuisé ; si l'on ne présuppose pas déjà ce qui devrait être prouvé, à savoir que ce principe est le principe du savoir humain en général. On ne peut plus faire à vrai dire quoi que ce soit pour ce système achevé ; mais qu'est-ce qui empêche que dans le futur, même si jusqu'ici aucune trace ne s'en montre, l'accumulation de l'expérience fasse parvenir à la conscience humaine des propositions qui ne se basent pas sur ce principe, qui donc présupposent un ou plusieurs principes autres : bref, pourquoi ne pourrait-il pas y avoir, à côté de ce système achevé, dans l'esprit humain, un ou plusieurs autres systèmes ? Ils n'auraient à vrai dire ni avec ce premier système, ni entre eux le moindre rapport, le plus petit point commun : cela toutefois n'est pas

---

[3] La doctrine de la science a donc une totalité absolue. En elle, l'Un conduit au Tout, et le Tout à l'Un. Mais elle est la seule science qui peut être achevée ; l'achèvement est donc son caractère distinctif. Toutes les autres sciences sont infinies et ne peuvent jamais être achevées ; car elles ne reviennent pas vers leur principe. La doctrine de la science doit prouver cela pour toutes et en indiquer la raison.

nécessaire s'ils ne doivent pas constituer un système unique, mais plusieurs systèmes. Il faudrait donc, pour présenter de façon satisfaisante l'impossibilité de ces découvertes nouvelles, que soit prouvé qu'il ne peut y avoir qu'un système unique dans le savoir humain. – Car cette proposition, que le système est unique, est elle-même une partie du savoir humain, elle ne pourrait se fonder sur rien d'autre que sur le principe de tout savoir humain, et n'être prouvée par rien d'autre que par lui-même. On aurait ainsi, au moins provisoirement, obtenu qu'un autre principe parvenant à la conscience humaine, doive non seulement être un *autre*, différent du principe édifié, mais aussi lui être *exactement opposé*. Car d'après la supposition faite plus haut, il faudrait que soit contenue dans le principe édifié la proposition : il y a dans le savoir humain un système unique. Et toute proposition qui ne doit pas appartenir à ce système unique serait non seulement différente de ce système, mais devrait même lui être, pour autant que ce système est censé être l'unique, opposée [61], et devrait reposer sur un principe dans lequel résiderait la proposition : le savoir humain n'est pas un système unique. On devrait en continuant à conclure arriver à un principe carrément opposé au premier principe ; et si le premier était par exemple : Je suis Je, l'autre devrait être : Je suis Non-Je.

Mais cette contradiction ne permet pas précisément de conclure à l'impossibilité d'un tel deuxième principe. S'il se trouve dans le premier principe la proposition : le système du savoir humain est unique, il se trouve à vrai dire aussi en lui que rien ne doit contredire ce système unique ; mais ces deux propositions ne sont d'abord que des conclusions à partir de lui-même, et du fait que la validité absolue de tout ce qui découle de lui est admise, on admet donc déjà qu'il est principe absolu-premier et unique, et qu'il commande tout simplement dans le savoir humain. Il y a donc ici un cercle dont l'esprit humain ne peut jamais sortir ; et l'on fait bien d'affirmer résolument ce cercle afin de ne pas être embarrassé un jour par sa découverte inattendue. Il est le suivant : si la proposition X est le principe premier, suprême et absolu du savoir humain, alors il y a dans le savoir humain un système unique : puisqu'il est censé y avoir dans le savoir humain un système unique, la proposition X qui fonde réellement (selon la science édifiée) un système est principe du savoir humain en général, et le système basé sur lui est ce système unique du savoir humain.

On n'a pas de raison d'être étonné par ce cercle. Exiger qu'il soit supprimé est exiger que le savoir humain soit totalement sans fondement, qu'il n'y ait rien de tout simplement certain, que tout savoir humain ne soit que conditionné, et qu'aucune proposition ne vaille en soi, mais uniquement à condition que vaille celle dont elle découle. Celui qui en a envie peut toujours examiner ce qu'il saurait si son Moi était Non-Moi, c'est-à-dire s'il n'existait pas et s'il ne pouvait distinguer aucun Non-Moi de son Moi.

§ 5. *Quelle est la limite qui sépare la doctrine générale de la science de la science particulière fondée par elle ?*

Nous avons trouvé plus haut (§. 3.) qu'une seule et même proposition ne peut être sous le même rapport un principe de la doctrine de la science générale et un principe d'une quelconque science particulière ; mais qu'il faut que s'ajoute encore quelque chose pour qu'elle soit ce dernier. – Ce qui doit s'ajouter ne peut jamais être emprunté ailleurs qu'à la doctrine de la science générale, car elle englobe tout le savoir humain possible ; mais cela ne doit pas se trouver dans la proposition qui désormais, par cet ajout, est élevée au rang de principe d'une science particulière, car autrement elle serait déjà un principe de celle-ci, et nous n'aurions pas de limite entre la science particulière et les parties de la doctrine de la science générale. Ce doit donc être une proposition singulière de la doctrine de la science qui sera réunie avec celle qui doit devenir principe. Dès lors que nous ne devons pas répondre à une objection empruntée immédiatement aux concepts de la doctrine de la science elle-même, mais à une objection provenant de la présupposition [63] qu'il y a réellement en dehors d'elle encore d'autres sciences séparées d'elle, nous ne pouvons pas lui répondre autrement que, également, par une supposition ; et nous aurons suffisamment fait si nous nous contentons d'indiquer une quelconque possibilité de limitation telle que demandée. Nous ne pouvons et ne devons pas prouver ici qu'elle indique la vraie limite – bien que ce soit probablement le cas.

Que l'on pose donc que la doctrine de la science contient les actions déterminées de l'esprit humain qu'il accomplit toutes, que ce soit de façon conditionnée ou inconditionnée, contrainte et nécessaire ; mais elle pose alors comme raison d'explication suprême de ces actions nécessaires en général une faculté de l'esprit à se déterminer, à agir tout simplement, sans contrainte et obligation ; ainsi, la doctrine de la science reconnaîtrait un agir nécessaire et un agir non nécessaire ou libre. Les actions de l'esprit humain, dans la mesure où il agit nécessairement, seraient déterminées par elle, mais pas dans la mesure où il agit librement. – Si l'on ajoute en outre que même les actions libres devraient être déterminées par une raison quelconque, cela ne pourrait pas se produire dans la doctrine de la science, et devrait, puisqu'il est question de *détermi-*

nation, s'accomplir dans des *sciences*, et donc dans des sciences particulières. Seulement l'objet de ces actions libres ne pourrait pas être un autre que le nécessaire donné par la doctrine de la science en général, puisque rien n'est présent qu'elle n'ait pas donné, et qu'elle ne donne partout que le nécessaire. Donc, il faudrait, dans le principe d'une science particulière, que soit déterminée une action que la doctrine de la science a laissée libre : la doctrine de la science donnerait au principe la nécessité et la liberté en général ; la science particulière quant à elle donnerait sa détermination à la liberté ; et maintenant, la ligne frontière tranchée serait trouvée, et dès qu'une action en soi libre recevrait une direction déterminée, nous sortirions du domaine de la doctrine de la science dans le champ d'une science particulière. – J'illustre ce que je veux dire avec deux exemples.

La doctrine de la science donne comme nécessaires l'espace et le point en tant que limite absolue ; mais elle laisse à l'imagination la liberté totale de poser le point, là où il lui plaît. Dès que cette liberté est déterminée, par exemple le déplacer en direction de la limitation de l'espace illimité, et tracer ainsi une ligne[4], nous ne sommes plus dans le domaine de la doctrine de la science, mais sur le sol d'une science particulière qui s'appelle la géométrie. La tâche en général de limiter l'espace selon une règle, ou de construire dans celui-ci, est principe de la géométrie, et elle est ainsi strictement détachée de la doctrine de la science.

Par la doctrine de la science, un Non-Moi tout simplement indépendant des lois de la simple représentation, et les lois selon lesquelles il doit être observé[5], sont données comme nécessaires [65] ; mais la faculté

[4] Une question pour les mathématiciens ! – Le concept de droite ne réside-t-il pas déjà dans le concept de ligne ? Y a-t-il d'autres lignes que droites ? Et ce que l'on appelle ligne courbe est-elle autre chose qu'une mise en série de points infiniment nombreux, infiniment proches ? L'origine de celle-ci, en tant que ligne limite de l'espace infini (du Moi comme centre sont tirés un nombre infini de rayons infinis, auxquels cependant notre imagination bornée doit pourtant mettre un point final ; ces points finaux pensés comme Un, sont les lignes circulaires originaires), me semble parler en ce sens ; et il est clair, et l'on comprend pourquoi, que la tâche de les mesurer avec une ligne droite est infinie, et ne pourrait être remplie que dans un rapprochement achevé de l'infini. – On voit aussi clairement pourquoi la ligne courbe ne se laisse pas définir.

[5] Aussi étrange que cela puisse paraître au chercheur, on verra pourtant en son temps que cela peut être rigoureusement démontré : que lui-même a mis les lois de la nature qu'il croit apprendre par son observation en elle, et qu'elles se laissent déduire, le plus petit comme le plus grand, la structure du fétu de paille le plus minime comme le mouvement des corps célestes avant toute observation, du principe de tout savoir humain. Il est vrai qu'aucune loi de la nature et en général aucune loi ne parvient à la conscience si un objet n'est pas donné sur lequel elle peut être appliquée ; il est vrai que tous les objets ne sont pas nécessaires, et que tous ne coïncident pas au même degré ; il est vrai

de juger conserve alors sa pleine liberté d'appliquer ou non ces lois en général, ou vu la diversité des lois aussi bien que des objets, d'appliquer à un objet quelconque la loi qu'elle veut, par exemple considérer le corps humain comme brut, ou organisé, ou matière vivifiée animalement. Mais dès que la faculté de jugement reçoit la tâche d'observer un objet déterminé selon une loi déterminée, pour voir si et dans quelle mesure il coïncide avec elle ou non, le jugement n'est plus libre, mais placé sous une règle ; et nous ne sommes plus dans la doctrine de la science, mais dans le champ d'une autre science, qui s'appelle science de la nature : elle consiste en général en expériences (mais pas dans le comportement passif envers les impacts anarchiques de la nature sur nous) que l'on se donne arbitrairement et auxquelles la nature peut ou non correspondre : et ainsi, la science de la nature est suffisamment séparée de la doctrine de la science en général.

On voit donc ici – ce que nous ne rappelons qu'en passant – pourquoi seule la doctrine de la science est une totalité absolue, alors que toutes les sciences particulières en revanche seront infinies [66]. La doctrine de la science contient seulement le nécessaire ; celui-ci est-il nécessaire sous tout rapport, alors il l'est aussi du point de vue de la quantité, c'est-à-dire qu'elle est nécessairement limitée. Toutes les autres sciences vont vers la liberté, aussi bien celle de notre esprit que celle du Non-Moi tout simplement indépendant de nous. Si le Non-Moi doit être liberté réelle, et si cette liberté doit tout simplement ne se tenir sous aucune loi, alors on ne peut lui prescrire aucune sphère d'activité, puisque celle-ci devrait provenir d'une loi. Sa sphère d'action est de ce fait infinie. – On n'a donc à craindre, d'une doctrine de la science épuisante, aucun danger pour la perfectibilité de l'esprit humain ; elle est ainsi non pas supprimée, mais plutôt posée comme totalement sûre et hors de doute, et une tâche lui est assignée qu'elle ne pourra pas terminer dans l'éternité.

§ 6. *Comment la doctrine de la science générale se comporte-t-elle en particulier envers la logique ?*

La doctrine de la science est censée établir la forme de toutes les sciences possibles : selon l'opinion habituelle, dans laquelle il doit sans doute y avoir quelque chose de vrai, la logique fait la même chose.

---

que pas un seul ne coïncide totalement et pleinement avec eux, ni ne peut coïncider : mais pour cette raison précisément il est vrai que nous ne les apprenons pas par l'observation, mais les mettons au fondement de toute observation, et que ce ne sont pas tellement des lois pour la nature indépendante de nous, que des lois pour nous-mêmes, prescrivant comment nous devons observer la nature.

Comment ces deux sciences se comportent-elles, et comment se comportent-elles en particulier en ce qui concerne cette affaire que toutes deux s'arrogent ?

Dès que l'on se rappelle que la logique doit donner à toutes les sciences possibles uniquement et seulement leur forme, la doctrine de la science en revanche non pas la forme seule, mais aussi le contenu, alors un chemin facile est ouvert pour entrer dans cette investigation capitale. Dans la doctrine de la science, la forme n'est jamais séparée du contenu, ou le contenu de la forme ; dans chacune de ses propositions les deux sont unis de la façon la plus intime. Si, dans les propositions de la logique, il ne doit se trouver que la forme des sciences possibles, mais pas leur contenu, alors elles ne sont pas en même temps des propositions de la doctrine de la science, mais en sont différentes ; et par conséquence la science entière n'est pas non plus la doctrine de la science elle-même, [67] ni une partie de celle-ci ; elle n'est pas en général, autant cela peut paraître bizarre vu la constitution actuelle de la philosophie, une science philosophique, mais elle est une science séparée, ce qui n'obère aucunement sa dignité.

Si elle est cela, elle doit laisser apercevoir une détermination de la liberté par laquelle la limite serait tracée entre elle et la doctrine de la science générale, et ceci est également facile à trouver. Dans la doctrine de la science, contenu et forme sont nécessairement réunis. La logique est censée établir la seule forme, détachée du contenu ; ce détachement n'est en soi pas nécessaire mais ne se produit que par la liberté ; il faut donc en logique que la liberté soit déterminée à entreprendre un tel détachement. On l'appelle *abstraction* ; et l'essence de la logique consiste dans l'abstraction de tout contenu de la doctrine de la science.

De cette manière, les propositions de la logique seraient seulement forme, ce qui est impossible ; car il est le propre du concept de proposition en général d'avoir les deux, contenu et forme. (§. 1.) Il faudrait donc que ce qui est seule forme dans la doctrine de la science soit, dans la logique, contenu, et ce contenu deviendrait alors la forme générale de la doctrine de la science, mais qui serait ici pensée de façon déterminée comme forme d'une proposition logique. Cette deuxième action de la liberté, par laquelle la forme devient forme de la forme, comme de son contenu, s'appelle *réflexion*. Aucune abstraction n'est sans réflexion ; et aucune réflexion n'est possible sans abstraction. Considérées en soi, toutes deux sont des actions de la liberté ; [68] mais si elles sont rapportées réciproquement l'une à l'autre, alors sous la condition de l'une, la deuxième est nécessaire.

Il résulte de ce qui précède le rapport déterminé de la logique à la doctrine de la science. La première ne fonde pas la dernière, c'est la dernière qui fonde la première : la doctrine de la logique ne peut tout bonnement pas être prouvée à partir de la logique, et l'on n'a le droit de la faire précéder d'aucune proposition logique unique, même celle de la contradiction, comme valide ; en revanche, toute proposition logique et l'ensemble de la logique doivent être prouvés à partir de la doctrine de la science ; il faut montrer que les formes établies en elle sont des formes réelles d'un certaine contenu dans la doctrine de la science. Donc la logique emprunte sa validité à la doctrine de la science, mais la doctrine de la science n'emprunte pas la sienne à la logique.

En outre, la doctrine de la science n'est pas conditionnée et déterminée par la logique, c'est la logique qui l'est par la doctrine de la science. La doctrine de la science ne reçoit pas sa forme de la logique, mais elle l'a en soi-même, et l'établit seulement pour l'abstraction possible par la liberté. Mais au contraire, la doctrine de la science conditionne l'application de la logique : les formes qu'elle établit ne doivent être appliquées à aucun autre contenu qu'à celui qu'elles appréhendent en soi dans la doctrine de la science — pas nécessairement à l'ensemble du contenu qu'elle embrassent là, car il n'en ressortirait aucune science particulière, mais des parties de la doctrine de la science sont seulement répétées, toutefois nécessairement sur une partie de ce même contenu, sur un contenu conçu dans et avec ce contenu. En dehors de cette condition la science basée sur un procédé de ce genre est un château en Espagne.

Enfin, la doctrine de la science est nécessaire [69] – non pas en tant que science nettement pensée, systématiquement établie, mais pourtant comme disposition de la nature – mais la logique est un produit artificiel de l'esprit humain dans sa liberté. Sans la première, aucun savoir et aucune science en général ne seraient possibles ; sans la dernière toutes les sciences n'auraient pu être édifiées que plus tard. La première est la condition exclusive de toute science ; la dernière est une invention suprêmement bienfaisante pour assurer et faciliter le progrès des sciences.

Je rapporte ce qui a été ici systématiquement dérivé en exemples :

A = A est sans doute une proposition logiquement exacte, et dans la mesure où elle l'est, sa signification est : si A est posé, alors A est posé. Il surgit alors les deux questions : A est-il posé ? – et dans quelle mesure et pourquoi A est-il posé, s'il est posé ; comment ce si et cet alors sont ils seulement en rapport ?

Posez : A dans la proposition ci-dessus signifie Je, et a donc sa teneur déterminée, alors la proposition signifierait tout d'abord : Je suis Je : ou, si Je suis posé, alors Je suis posé. Mais, étant donné que le sujet de la proposition est le sujet absolu, le sujet tout simplement, alors dans ce cas unique est posé avec la forme de la proposition en même temps son contenu interne : Je suis posé, parce que Je me suis posé. Je suis, parce que Je suis. – La logique dit donc : si A est, A est ; la doctrine de la science : parce que A est, A est. Et ainsi, la question : A est-il posé ? trouverait la réponse : il est posé, parce qu'il est posé.

Posez que A dans la proposition ci-dessus ne signifie pas le Je, mais n'importe quoi d'autre, alors on peut voir à partir de ce qui précède la condition dans laquelle on peut dire : A est posé ; et comment on est justifié de conclure : si A est posé, alors il est posé. – À savoir la proposition : A = A ne vaut originellement que du Je ; elle est dérivée de la proposition de la doctrine de la science [70] : Je suis Je ; tout contenu donc auquel elle doit donc être appliquée doit résider dans le Je, et être contenu sous lui. – Aucun A ne peut être autre chose qu'un A posé dans le Je, et maintenant la proposition serait : Ce qui est posé dans le Je est posé ; si A est posé dans le Je, alors il est posé (dans la mesure où il est posé comme possible, réel ou nécessaire) et ainsi elle est irréfutablement vraie si le Je doit être un Je. – Si en outre le Je est posé, parce qu'il est posé, alors tout ce qui est posé dans le moi est posé, parce qu'il est posé ; et si seulement A est quelque chose de posé dans le Je, alors il est posé, s'il est posé, et la deuxième question a aussi trouvé sa réponse.

§ 7. *Comment la doctrine de la science se comporte-t-elle en tant que science envers son objet ?*

Toute proposition dans la doctrine de la science a une forme et un contenu : on sait quelque chose ; et il y a quelque chose à propos de quoi on le sait. Or la doctrine de la science elle-même est la science de quelque chose ; mais elle n'est pas ce quelque chose lui-même. Donc, elle serait avec toutes ses propositions la forme d'un certain contenu présent avant elle. Comment se comporte-t-elle par rapport à ce contenu, et que résulte-t-il de ce rapport ?

L'objet de la doctrine de la science est après tout le système du savoir humain. Celui-ci est présent indépendamment de la science qui s'en occupe, mais est introduit par elle dans une forme systématique. Quelle est maintenant cette nouvelle forme ; comment diffère-t-elle de la forme qui doit être présente avant la science [71] ; et comment la science en général est-elle différente de son objet ?

Ce qui existe indépendamment de la science dans l'esprit humain, nous pouvons aussi l'appeler les actions (*Handlungen*) de celui-ci. Elles sont le Quoi qui est présent ; elles se produisent d'une certaine manière déterminée ; elles se distinguent les unes des autres par cette modalité déterminée ; et ceci est le Comment. Il y a donc originellement dans l'esprit humain, avant notre savoir, contenu et forme, et tous deux sont inséparablement liés ; chaque action advient d'une manière déterminée selon une loi, et cette loi détermine l'action. Quand toutes ces actions sont en rapport entre elles et sont placées sous des lois générales, particulières, et singulières, un système est présent pour l'observateur.

Mais il n'est aucunement nécessaire que ces actions surviennent vraiment à la suite l'une de l'autre sous cette forme systématique dans notre esprit ; que survienne celle qui les groupe toutes sous elle, et donne la loi suprême la plus universelle, puis celle qui en groupe moins sous elle, etc. ; en outre, il n'est pas du tout conforme à la suite qu'elles surviennent toutes pures et non mélangées, de sorte qu'il y en ait plusieurs, susceptibles d'être distinguées par un observateur, qui apparaissent comme une seule. Par exemple, l'action la plus élevée de l'esprit humain serait celle de poser sa propre existence, il n'est donc pas nécessaire que cette action soit dans le temps la première qui accède à la conscience distincte ; et il est tout aussi peu nécessaire qu'elle parvienne jamais à la conscience pure, que l'esprit humain soit jamais capable tout simplement de penser : Je suis, sans penser en même temps qu'une quelconque chose ne soit pas Moi.

Il y a donc ici toute la matière d'une possible doctrine de la science, mais pas la science elle-même. Pour faire surgir celle-ci, il est encore besoin d'une action de l'esprit humain non contenue parmi toutes ces actions, à savoir élever sa modalité d'action en général jusqu'à la conscience. Comme elle ne doit pas être contenue parmi ces actions, qui sont toutes nécessaires et qui nécessairement sont toutes, ce doit être une action de la liberté. – La doctrine de la science apparaît donc dans la mesure où elle doit être une science systématique, exactement comme toutes les sciences possibles, dans la mesure où elles aussi doivent être systématiques, par une détermination de la liberté [72] ; laquelle est ici particulièrement déterminée à élever à la conscience la modalité d'action de l'esprit humain en général ; et la doctrine de la science n'est différente des autres sciences que par le fait que l'objet de ces dernières est lui-même une action libre, alors que l'objet de la première sont des actions nécessaires.

Par cette action libre, quelque chose qui déjà en soi est forme, l'action nécessaire de l'esprit humain, est en tant que contenu accueilli dans une nouvelle forme, la forme du savoir, ou de la conscience, et de ce fait cette action est une action de la réflexion. Ces actions nécessaires sont séparées de la série dans laquelle elles peuvent apparaître en soi, et édifiées exemptes de tout mélange ; cette action est donc aussi une action de l'abstraction. Il est impossible de réfléchir sans avoir abstrait.

La forme de la conscience, dans laquelle la modalité nécessaire d'action de l'esprit humain en général doit être accueillie, ressortit indubitablement elle-même des modalités nécessaires d'action de celui-ci, sa modalité d'action est accueillie indubitablement en elle exactement comme tout ce qui y est accueilli : il n'y aurait donc pas en soi de difficulté à répondre à la question : d'où doit donc venir cette forme destinée à une possible doctrine de la science. Mais si l'on s'affranchit de la question sur cette forme, toute la difficulté retombe dans la question de la matière. – Si la modalité nécessaire d'action de l'esprit humain en soi doit être accueillie dans la forme de la conscience, elle devrait déjà en tant que telle être connue, elle devrait donc déjà être accueillie dans cette forme ; et nous serions enfermés dans un cercle.

Cette modalité d'action en général doit, d'après ce qui précède, être séparée par une abstraction réfléchissante (*reflektierende Abstraktion*) de tout ce qui n'est pas elle. Cette abstraction se produit par la liberté, et l'esprit humain n'est en elle aucunement guidé par une contrainte aveugle. Toute la difficulté est donc contenue dans la question : selon quelles règles la liberté procède-t-elle dans cette séparation ? [73] Comment l'esprit humain sait-il ce qu'il doit admettre ou laisser tomber ?

Il ne peut tout simplement pas le savoir, pour autant que ce qu'il doit élever à la conscience ne l'a pas déjà été ; ce qui se contredit. Il n'y a donc pour cette affaire aucune règle, et il ne peut y en avoir. L'esprit humain fait toutes sortes de choses ; il accède en tâtonnant à l'aveugle au crépuscule, et c'est seulement de lui qu'il sort pour le grand jour. Il est initialement conduit par des sentiments obscurs[6] (dont la doctrine de la science doit présenter l'origine et la réalité) ; et nous n'aurions aujourd'hui encore aucun concept clair, nous serions toujours la motte de terre qui s'est échappée du sol, si nous n'avions pas commencé à sentir obscurément ce que nous n'avons connu nettement que plus tard. – C'est aussi cela l'histoire de la philosophie (*Geschichte der Philosophie*) ! Et nous avons là indiqué la véritable raison pour laquelle ce qui gît à ciel ouvert dans tout esprit humain, ce que chacun peut saisir avec ses mains quand on le lui présente clairement, ne parvient qu'après une longue errance à la conscience d'un petit nombre. Tous les philosophes se sont

[6] Il en ressort que le philosophe a besoin, pas moins que par exemple le poète ou l'artiste, des sentiments obscurs d'exactitude ou de génie ; seulement d'une autre façon. L'artiste a besoin du sens de la beauté, le poète du sens de la vérité, dans la mesure où il existe.

dirigés vers le but établi, [74] tous ont voulu séparer par la réflexion la modalité nécessaire d'action de l'esprit humain des conditions contingentes de celle-ci ; tous les ont séparées réellement, seulement de façon plus ou moins pure, et plus ou moins complète ; mais dans l'ensemble, la faculté de juger philosophique a toujours continué à avancer et s'est rapprochée de son but.

Mais comme cette réflexion – non pas dans la mesure où en général elle est entreprise ou non, car sous cet angle elle est libre, mais dans la mesure où elle est entreprise selon des lois, dans cette mesure, à la condition qu'elle ait lieu en général, sa modalité est déterminée – ressortit aussi des actions nécessaires de l'intelligence humaine, il faut que les lois de celles-ci se manifestent en général dans le système de l'esprit humain ; et l'on peut ensuite, la science étant achevée, savoir si on leur a donné satisfaction ou non. On pourrait donc croire que, au moins après coup, une preuve évidente de l'exactitude de notre système scientifique en tant que tel serait possible.

Mais les lois de la réflexion que nous trouvons dans la marche de la science, même si elles coïncident avec celles que nous supposons hypothétiquement comme règle de notre procédé, sont cependant elles-mêmes le résultat de leur application antérieure : et un nouveau cercle s'est manifesté ici : nous avons présupposé certaines lois de la réflexion, et nous trouvons maintenant les mêmes dans le cours de la science ; celles qui étaient supposées sont donc les seules exactes. Si nous en avions supposé d'autres, nous en aurions aussi indubitablement trouvé d'autres dans la science ; la question est seulement de savoir si elles auraient coïncidé avec celles qui étaient supposées ou non ; si elles n'avaient pas coïncidé avec elles, il aurait toutefois été sûr que soit les lois supposées, soit les lois trouvées, soit le plus vraisemblablement les deux, étaient fausses. Nous ne pouvons donc pas, dans la démonstration après coup [75], conclure à la modalité fautive indiquée dans le cercle ; mais nous concluons de la *concordance* à l'exactitude du système. Toutefois, ce n'est là qu'une démonstration négative, qui ne fonde seulement que des probabilités. Si les réflexions supposées et trouvées ne concordent *pas*, le système est sûrement faux. Si elles concordent, il peut être exact. Mais il ne l'est pas nécessairement ; car bien que dans le savoir humain, s'il n'y a qu'un système, une concordance de ce genre ne peut se trouver lors d'une *déduction exacte* que d'*une* seule manière, le cas reste quand même possible que la concordance soit produite par deux ou plusieurs *conclusions inexactes* débouchant sur une concordance. – C'est comme si je faisais la preuve de la division par la multiplication. Si je ne trouve pas la grandeur désirée comme produit, mais une autre quelconque, j'ai assurément commis une erreur de calcul quelque part ; si je la trouve, alors il est vraisemblable que j'ai compté sans erreur, mais cela n'est aussi que vraisemblable ; car je pourrais avoir fait la même erreur dans la division et la multiplication, par exemple avoir dit dans les deux 5 x 9 = 36, et ainsi la coïncidence ne prouverait rien. – Ainsi en va-t-il pour la doctrine de la science ; elle n'est pas seulement la règle, elle est en même temps aussi le calcul. Qui doute de l'exactitude de notre produit ne doute pas moins de la loi éternellement valide, à savoir qu'il faut poser un facteur autant de fois que l'autre a d'unités ; il lui tient peut-être autant à cœur qu'à nous que nous l'ayons observé, et il ne fait que douter de savoir si nous l'avons réellement observé.

Même malgré l'unité suprême du système, qui est la condition négative de son exactitude, il reste donc toujours quelque chose qui ne peut jamais être rigoureusement démontré et qui ne peut être admis que comme vraisemblable, à savoir que cette unité elle-même n'est pas née par hasard d'un raisonnement inexact. On peut employer plusieurs moyens, pour élever cette probabilité ; on peut penser à fond la série des propositions plusieurs fois, si elles ne sont plus présentes à notre mémoire ; on peut suivre le chemin inverse [76], et remonter du résultat au principe ; on peut réfléchir sur sa réflexion elle-même etc., la probabilité devient plus grande mais jamais ce qui n'était que probabilité ne devient certitude. Si seulement on est alors conscient d'avoir honnêtement cherché[7] et de ne pas avoir anticipé les résultats, on peut bien se contenter de

[7] Le philosophe a besoin non seulement du sens de la vérité, mais aussi de l'amour de la vérité. Je ne dis pas qu'il ne doit pas chercher par de fines sophistications dont il est lui-même conscient, mais dont il peut croire qu'aucun de ses contemporains ne les découvrira, à affirmer les résultats déjà présupposés ; alors il sait lui-même qu'il n'aime pas la vérité. Pourtant à ce sujet chacun est son propre juge, et personne n'a le droit d'accuser un autre homme de cette déloyauté, là où les indices ne sont pas totalement patents. Mais même face aux sophistications involontaires, auxquelles nul chercheur n'est plus exposé que l'explorateur de l'esprit humain, il doit rester sur ses gardes : il doit non seulement sentir obscurément, mais élever à la conscience claire et au rang de maxime suprême qu'il ne cherche que la vérité, quelle qu'elle soit, et que même la vérité selon laquelle il n'y a nulle part de vérité lui serait bienvenue si seulement elle était vérité. Aucune proposition, aussi sèche et aussi sagace soit-elle, ne doit lui être indifférente – toutes doivent lui être également sacrées, parce qu'elles ont leur place dans le système un de la vérité, et que chacune soutient toutes les autres. Il ne doit jamais demander : que va-t-il suivre ? mais continuer son chemin tout droit quoi qu'il en résulte. Il ne doit craindre aucune peine, et pourtant se maintenir constamment dans la faculté d'abandonner les travaux les plus pénibles et les plus profonds dès que leur absence de fondement lui est indiquée, ou qu'il la découvre lui-même. Et même s'il s'était trompé, que serait-ce de plus ? qu'est-ce qui le toucherait encore si ce n'est le destin jusqu'à présent commun à tous les penseurs ?

cette probabilité, et l'on peut exiger de celui qui doute de la fiabilité de notre système qu'il nous démontre les erreurs entachant nos raisonnements ; mais il ne faut jamais prétendre à l'infaillibilité. – Le système de l'esprit humain, dont la doctrine de la science doit être la présentation, est absolument certain et infaillible ; tout ce qui est fondé en lui est tout simplement vrai ; il n'erre jamais, et ce qui a jamais été dans une âme humaine, ou y sera, est vrai. Quand les gens erraient, l'erreur ne résidait pas dans le nécessaire, c'est la faculté de juger réfléchissante qui faisait l'erreur dans sa liberté ; en confondant unc loi avcc unc autre. Si notre doctrine de la science est une présentation réussie de ce système, elle est tout simplement certaine et infaillible, comme lui ; mais la question est justement de savoir si et dans quelle mesure notre présentation est réussie ; et de cela, nous ne pourrons jamais produire une preuve rigoureuse, mais seulement une preuve fondant une probabilité. Elle n'a de vérité qu'à la condition et uniquement dans la mesure où elle est réussie. Nous ne sommes pas les législateurs de l'esprit humain, mais ses historiographes ; pas des journalistes à vrai dire, mais des historiographes pragmatiques.

À cela s'ajoute encore le fait qu'un système peut réellement être exact en totalité, sans que ses parties singulières aient une évidence complète [78]. Il peut y avoir ici ou là une déduction erronée, des médianes peuvent être sautées, des propositions démontrables peuvent être édifiées sans preuve, ou être démontrées de façon inexacte, et les résultats les plus importants seront quand même exacts. Cela paraît impossible, il semble qu'une déviation d'un cheveu par rapport à la ligne droite doive nécessairement conduire à une déviation grandissant à l'infini ; et il en irait ainsi à vrai dire si l'homme n'était qu'un être pensant, et pas aussi un être sentant ; et s'il n'était pas fréquent que le sentiment rectifie, en causant une nouvelle aberration par rapport à la trajectoire droite du raisonnement, les anciennes aberrations, et ramène le raisonnement de nouveau là où il ne serait jamais revenu par une déduction exacte.

Donc, même si une doctrine de la science universellement valide doit être édifiée, la faculté de juger philosophante devra toujours travailler à sa perfectibilité durable dans ce champ, elle aura toujours des lacunes à combler, des preuves à acérer, des déterminations à déterminer encore plus précisément.

Je dois encore ajouter deux remarques :

La doctrine de la science suppose connues et valides les règles de la réflexion et de l'abstraction [79] ; elle doit nécessairement le faire, et elle n'a pas à en avoir honte, ou à en faire mystère, et le dissimuler. Elle a le droit de s'exprimer et de faire des conclusions, justement comme toute autre science ; elle doit supposer toutes les règles logiques et employer tous les concepts dont elle a besoin. Mais ces suppositions sont faites seulement pour se rendre compréhensible, donc sans en tirer la moindre conséquence. Tout ce qui est prouvable doit être prouvé, en dehors du principe premier et suprême, toutes les propositions doivent être dérivées. Ainsi par exemple, ni le principe logique de l'opposition (de contradiction, qui fonde toute analyse) ni le principe de raison (rien n'est opposé, qui ne serait identique dans un tiers, et rien n'est identique qui ne serait opposé dans un tiers ; il fonde toute synthèse) ne sont déduits du principe absolu-premier, mais des deux principes reposant sur lui. Ces deux derniers sont certes aussi des principes, mais pas absolus ; il y a seulement quelque chose en eux qui est absolu. Ces propositions donc, ainsi que les propositions logiques qui reposent sur elles, ne doivent certes pas être démontrées ; mais être dérivées. – Je clarifie mon opinion : ce qui édifie la doctrine de la science est une proposition pensée et mise en mots ; ce à quoi correspond, dans l'esprit humain, cette proposition, est une action de celui-ci, qui en soi ne devrait pas nécessairement être *pensée*. Rien ne doit être présupposé à cette action, en dehors de ce sans quoi elle serait impossible en tant qu'action ; et cela n'est pas supposé silencieusement, mais c'est l'affaire de la doctrine de la science de l'établir nettement, de façon déterminée, et comme ce sans quoi l'action serait impossible. Soit par exemple l'action D – la quatrième dans la série, elle doit être précédée par l'action C, et être démontrée comme condition exclusive de sa possibilité ; et celle-ci par l'action B. Mais l'action A est tout simplement possible, elle est totalement inconditionnée, et donc rien ne peut ni ne doit lui être présupposé. Le *penser* de l'action A cependant est une tout autre action [80], qui présuppose bien plus. Posez qu'il se trouve dans la série des actions à accomplir D, alors il est clair que pour cela A. B. C. doivent être présupposées, et ce, puisque ce penser doit être la première affaire de la doctrine de la science, elles doivent être supposées silencieusement. Ce n'est que dans la proposition D que les suppositions de la première seront prouvées ; mais alors plus de choses devront être présupposées. La forme de la science précède donc toujours sa matière ; et c'est la raison indiquée plus haut pour laquelle la science en tant que telle n'a que de la probabilité. Le Présenté et la présentation sont dans deux séries différentes. Dans la première, rien n'est présupposé sans preuve ; pour la possibilité de la deuxième il faut nécessairement présupposer, ce qui ne pourra être démontré que plus tard.

La réflexion, qui domine dans l'ensemble de la doctrine de la science dans la mesure où elle est science, est *un représenter* ; mais il n'en découle pas que tout ce sur quoi il y a réflexion ne sera aussi qu'un représenter.

Dans la doctrine de la science, le Moi *est représenté* ; il n'en résulte pas toutefois qu'il n'est représenté qu'*en tant que* représentant, qu'en tant qu'intelligence : il peut sans doute se trouver là d'autres déterminations. Le Je, en tant que *sujet* philosophant, n'est incontestablement que représentant ; le Je en tant qu'*objet* du philosopher pourrait sans doute être encore quelque chose de plus. Le représenter est l'action la plus élevée, absolue-première, du philosophe, en tant que tel ; l'action absolument première de l'esprit humain pourrait très bien être autre chose. Il est vraisemblable avant toute expérience déjà qu'il en ira ainsi, du fait que la représentation se laisse épuiser complètement, et que son procédé est radicalement nécessaire, et doit donc avoir une raison dernière de sa nécessité, qui en tant que raison dernière ne peut rien avoir au-dessus d'elle. Avec cette présupposition, une science établie sur le concept de représentation pourrait certes être une propédeutique extrêmement utile de la science, mais elle ne pourrait pas être la doctrine de la science elle-même. – De même, il découle assurément [81] de l'indication ci-dessus que l'ensemble des modalités d'action de l'esprit humain, que la doctrine de la science doit épuiser, ne parvienne à la conscience que sous forme de représentation – uniquement dans la mesure et telles qu'elles sont représentées.

TROISIÈME SECTION
DIVISION HYPOTHÉTIQUE DE LA DOCTRINE DE LA SCIENCE

§ 8.

Le principe absolu-premier, puisqu'il ne doit pas fonder seulement une partie du savoir humain, mais le savoir dans son ensemble, doit être commun à toute la doctrine de la science. On ne peut définir une division qu'en procédant à une opposition, dont les deux membres doivent pourtant être identiques à un tiers.

Posez que le Moi est le concept le plus élevé et qu'un Non-Moi soit opposé au Moi, alors il est clair que le Non-Moi ne peut pas être opposé sans être posé, et cela dans ce que l'on conçoit comme le plus élevé, le Moi. Le Moi devrait donc être considéré de deux points de vue ; comme ce *dans* quoi le Non-Moi est posé ; et comme ce *qui* est opposé au Non-Moi, et qui donc serait lui-même posé dans le Moi absolu. Ce dernier Moi devrait être identique au Non-Moi, dans la mesure où tous deux sont posés dans le Moi absolu, et il devrait lui être en même temps opposé du même point de vue. Cela ne pourrait être pensé qu'à la condition qu'il y ait un tiers dans le Moi dans lequel tous deux seraient identiques, et ce tiers serait le concept de quantité. Tous deux auraient une quantité déterminable par ce qui lui est opposé. Soit le Moi est déterminé par le Non-Moi (dans sa quantité). Il est dans cette mesure dépendant ; il s'appelle intelligence, et la partie de la doctrine de la science qui traite de celle-ci est sa partie théorique. Elle est fondée sur le concept de représentation en général, qui doit être dérivé des principes et démontré par eux.

Mais le Moi devrait être absolu, et tout simplement déterminé par soi-même : s'il est déterminé par le Non-Moi, alors il ne se détermine pas soi-même, et il y a contradiction du principe le plus élevé et absolu-premier. Pour résoudre cette contradiction, nous devons admettre que le Non-Moi censé déterminer l'intelligence est lui-même déterminé par le Moi, qui dans cette affaire ne serait pas représentant, mais aurait une causalité absolue. – Mais comme une telle causalité supprimerait totalement le Non-Moi opposé et avec lui la représentation dépendante de lui, et donc que son admission contredit le deuxième et le troisième principe, elle doit être représentée *comme* contredisant la représentation, comme *irreprésentable*, comme une causalité qui n'est pas causalité. Mais le concept d'une causalité qui n'est pas causalité est le concept d'une aspiration (*Streben*). La causalité n'est pensable qu'à la condition d'un rapprochement terminé avec l'infini, rapprochement qui lui-même n'est pas pensable. – Ce concept d'aspiration, dont il faut prouver la nécessité, sert de base à la deuxième partie de la doctrine de la science qui s'appelle pratique.

Cette deuxième partie est en soi, et de loin, la plus importante ; la première à vrai dire n'est pas moins importante, mais uniquement comme base de la deuxième, et parce que celle-ci sans elle est tout simplement incompréhensible. Ce n'est que dans la deuxième que la partie théorique se voit donner une limitation sûre et une base solide, dès lors qu'à partir de la tendance nécessaire qui a été identifiée, les questions suivantes peuvent trouver une réponse : pourquoi devons-nous représenter en général avec pour condition une affection (*Affektion*) présente ? ; avec quelle raison référons-nous la représentation à quelque chose hors de nous, comme à sa cause ? ; avec quelle raison admettons-nous une faculté de représentation déterminée généralement par des lois : (lesquelles lois ne sont pas représentées comme autochtones de la faculté de représentation, mais en tant que lois du moi aspirant (*strebenden*), dont la mise en œuvre est conditionnée par l'opération du Non-Moi contre-aspirant sur le sentiment) ? En elle est fondée une nouvelle théorie radicalement déterminée de l'agréable, du beau, et du sublime, de la conformité de la nature à des lois dans sa liberté, de la théologie, du prétendu entendement humain sain, ou du sens naturel de la vérité, et enfin d'un droit naturel et d'une morale dont les principes ne sont pas seulement formels, mais aussi matériels. Tout cela par édification de trois absolus. Un Moi absolu, soumis à des lois qu'il s'est données à lui-même, représentables à condition qu'il y ait une opération du Non-Moi ; un Non-Moi absolu, indépendant de toutes nos lois et libre, à la condition qu'il exprime ces lois positivement ou négativement, mais toujours à un degré fini, et enfin représentable ; et d'une faculté (*Vermögens in uns*), représentable en nous, à la condition qu'elle distingue une opération du Non-Moi d'une action du Moi, ou d'une loi, nous permettant de nous déterminer en fonction de leur action à tous deux, tout simplement. Aucune philosophie ne va au-delà de ces trois absolus.

Les citoyens liés à l'université, dont je m'honore de devoir bientôt faire partie, savent par mes annonces quelles conférences j'envisage de prononcer sur la science dont je cherche ici à développer le concept ; et je n'ai rien de plus à leur dire à ce sujet si ce n'est que j'espère pouvoir leur donner le fil conducteur des deux parties de celles-ci, sous la forme d'un *Manuscrit pour mes auditeurs* que je ferais imprimer. Après mon arrivée, j'indiquerai au lieu habituel quelles heures j'ai choisies.

Sur un seul point, je leur suis redevable d'une explication. — Les sciences, comme vous le savez tous sans doute, n'ont pas été inventées pour occuper les loisirs de l'esprit et pour les besoins d'un luxe raffiné. Alors le savant aurait sa place précisément dans la classe où les instruments vivants du luxe, lequel n'est rien de plus que luxe, ont tous leur place, et même dans cette classe, on pourra lui contester la place la plus élevée. Toute notre activité de recherche doit viser le but suprême de l'humanité, l'ennoblissement (*Veredlung*) de l'espèce, dont nous sommes membres ; et il faut que l'humanité au sens le plus haut du terme rayonne à partir des élèves de la science, comme d'un centre. Chaque croissance de la science accroit les devoirs de ses serviteurs. Il devient donc de plus en plus nécessaire de prendre très sérieusement à cœur cette question : quelle est la véritable destination du savant (*Bestimmung des Gelehrten*), à quelle place est-il situé dans l'ordre des choses, quels rapports les savants entretiennent-il entre eux, et avec le reste de l'humanité restante ; et en particulier, envers les différentes classes de celle-ci, comment et par quels moyens peuvent-il au mieux remplir les devoirs que ces rapports leurs imposent, et comment doivent-ils se former face à ce destin ? Ce sont ces questions, que j'ai annoncées sous le titre de *Morale pour les Savants*, que j'essaierai de résoudre. N'attendez pas de ces entretiens une science systématique ; le savant est souvent plus dépourvu pour agir que pour savoir. Accordez plutôt qu'en ces heures, comme une société d'amis que plus d'un lien unit, nous nous encouragions au sentiment ardent et élevé de nos devoirs communs.

FONDEMENT DE L'ENSEMBLE DE LA DOCTRINE DE LA SCIENCE

Manuscrit pour les auditeurs

AVANT-PROPOS

Je n'aurais rien à dire de ce livre au public, auquel il n'était pas véritablement destiné, s'il n'avait été diffusé devant une partie de celui-ci, alors même qu'il était inachevé, et de la manière la plus indiscrète qui soit. Assez pour l'instant de choses de ce genre !

Je croyais, et je crois encore, avoir découvert la voie que la philosophie doit suivre pour s'élever au rang d'une science évidente. Je l'annonçais modestement, je montrais comment j'aurais travaillé selon cette idée, comment maintenant que la situation avait changé je devrais travailler dans son sens, et je commençais à mettre en œuvre le plan. C'était là chose naturelle. Et il était aussi naturel que d'autres qui connaissent et élaborent la science, examinent mon idée, la mettent à l'épreuve, qu'ils jugent inacceptable – que ce soit pour des raisons internes ou externes – la voie sur laquelle je voulais ainsi mener la science, et qu'ils cherchent à me réfuter. Mais à quoi sert-il de rejeter directement sans examen ce que j'ai affirmé, ou tout au plus de prendre la peine de le distordre, d'exploiter chaque occasion pour le dénigrer avec une passion exacerbée, et de le décrier ? Cela n'est pas compréhensible. Qu'est-ce qui peut bien avoir fait perdre leur contenance à ces juges ? Devrais-je parler avec respect du radotage et de la superficialité alors que je ne les respecte pas ? Qu'est-ce qui aurait pu m'y contraindre ? – d'autant que j'ai mieux à faire, et que chaque ignare aurait pu aller son chemin devant moi paisiblement, s'il ne m'avait contraint en exposant son ignardise à me faire place à moi-même.

Ou bien leur comportement hostile a-t-il une autre raison ? – Que cet ouvrage soit destiné aux gens respectables, pour qui seuls il a un sens. – Quelle que soit ma doctrine, philosophie authentique ou exaltation et non sens, cela ne touche pas ma personne si j'ai mené ma recherche honnêtement. Je n'élèverai pas plus ma valeur personnelle en ayant la chance d'avoir découvert la première, que je ne l'abaisserai si j'ai la malchance d'accumuler de nouvelles erreurs sur les erreurs de tous les temps. Je ne pense en aucun cas à ma personne : mais je suis enflammé pour la vérité et ce que je tiens pour vrai, je le dirai aussi fort et résolument que je le pourrai.

Dans ce livre, si l'on considère en même temps l'écrit intitulé *Éléments de la particularité de la doctrine de la science en ce qui concerne la faculté théorique*, je crois avoir poursuivi mon système jusqu'au point où chaque connaisseur pourra apercevoir dans son ensemble son fondement, et l'extension de celui-ci, ainsi que la manière dont il faut continuer à bâtir sur lui. Ma situation ne me permet pas de promettre précisément quand et comment je continuerai son élaboration.

Je considère moi-même cet exposé comme extrêmement imparfait et incomplet, en partie parce que, pour mes auditeurs, auxquels je puis apporter des éclaircissements en faisant des remarques orales, il a dû paraître par feuillets séparés, comme j'en avais besoin pour mes conférences. Et en partie parce que j'ai cherché à éviter autant que possible une terminologie fixée – le moyen le plus commode pour que les littéralistes dérobent à tout système son esprit, pour le transformer en un squelette sec. Je resterai fidèle à cette maxime jusqu'à l'achèvement de l'exposé du système, même dans les élaborations ultérieures de celui-ci. Je ne veux pas actuellement continuer à bâtir, je voudrais inciter le public à évaluer avec moi le futur bâtiment. On expliquera à partir du contexte et l'on devra se forger une vue d'ensemble du tout avant de déterminer une proposition singulière, méthode qui nécessite à vrai dire la bonne volonté de laisser son exactitude au système, et non l'intention de ne trouver en lui que des erreurs.

J'ai entendu beaucoup de plaintes sur l'obscurité et l'incompréhensibilité de la partie du présent livre connue jusqu'à présent à l'extérieur, et du texte : *Sur le concept de la doctrine de la science.*

Comme les plaintes concernant ce dernier texte se rattachent particulièrement au § 8, j'ai peut-être eu tort d'indiquer les principes fondamentaux déterminés par tout mon système, sans exposer le système ; et je me promettais des lecteurs et des juges la patience de tout laisser non déterminé comme je l'avais fait. S'ils abordent ce livre en entier, je reconnais d'avance que, dans la spécialité que constitue la spéculation, je ne pourrai jamais écrire quelque chose de compréhensible pour ceux qui le trouvent incompréhensible. Si ce texte est la limite de leur compréhension, alors il est la limite de ma compréhensibilité ; nos esprits sont séparés les uns des autres par cette frontière, et je les prie de ne pas perdre leur temps à lire mes écrits. – Que ce ne-pas-comprendre ait la raison qu'il veut, il y a dans la doctrine de la science elle-même une raison expliquant qu'elle doit rester incompréhensible pour toujours à certains lecteurs : c'est qu'elle présuppose la faculté de rendre libre l'intuition intérieure (*innern Anschauung*). – Alors tout écrivain philosophe exige à juste titre que le lecteur tienne bon au fil du raisonnement, et n'ait rien oublié de ce qui précède quand il lit la suite. Moi en tout cas, je ne trouve rien dans ces écrits qui, dans ces conditions, ne pourrait pas être compris, et devrait nécessairement ne pas être compris correctement ; et je crois bien que l'auteur d'un livre a un droit de répondre à cette question. Ce qui a été pensé de manière parfaitement claire est compréhensible ; et je suis conscient d'avoir tout pensé clairement, si bien que je pourrais hisser chaque affirmation à n'importe quel degré de clarté, si j'avais assez de temps et de place.

En particulier, je considère comme nécessaire de rappeler que je ne veux pas tout dire, mais que je veux aussi laisser quelque chose à penser à mon lecteur. Il y a plusieurs malentendus que je prévois avec certitude et que j'aurais pu atténuer en quelques mots. Je n'ai pas non plus prononcé ces mots, parce que je tiens à soutenir le penser-par-soi-même. La doctrine de la science ne doit pas en général *s'imposer*, elle doit *être un besoin*, comme elle l'a été pour son auteur.

Je demande aux futurs juges de ce texte de l'envisager dans sa totalité, et de considérer chaque pensée singulière du point de vue du tout. Le recenseur de Halle exprime une supposition : j'aurais seulement voulu faire une plaisanterie ; les autres juges du texte *Sur le concept de la doctrine de la science,* semblent également l'avoir cru ; tellement ils traitent rapidement la chose, et leurs admonitions sont aussi cocasses que s'ils répondaient à la plaisanterie par la plaisanterie.

L'expérience qui m'a montré, lors des trois révisions de ce système, que mes pensées sur certaines propositions singulières se modifiaient à chaque fois, me fait penser que si je persévère dans cette réflexion, elles continueront à se transformer et à se former. Je travaillerai moi-même avec le plus grand soin à cette tâche, et tout avis d'autrui, s'il est utilisable, me sera bienvenu. – En outre, autant je suis intimement convaincu que les principes sur lesquels repose l'ensemble du système sont inébranlables, autant j'ai ici et là exprimé fortement avec tout le droit qui me revient, et autant ce serait vraiment une possibilité que je trouve jusqu'à présent impensable qu'ils soient pourtant ébranlés. Mais même cela me serait bienvenu, parce que la vérité serait ainsi gagnante. Que l'on se consacre à ces principes et que l'on essaie de les renverser.

Ce qu'est réellement mon système, et dans quelle classe on peut le caser, relève-t-il du criticisme développé authentiquement, comme je le crois, ou comme on voudra le nommer, cela ne change rien à l'affaire. Je ne doute pas qu'on lui trouvera toute sorte de noms, et qu'on lui imputera plusieurs hérésies directement opposées les unes aux autres. C'est possible ; cependant, que l'on ne me renvoie pas à d'anciennes réfutations, mais que l'on réfute soi-même.

Iéna, messe de Pâques, 1795.

PREMIÈRE PARTIE

Hypothèses de l'ensemble de la doctrine de la science

§ 1. *Première Hypothèse, tout simplement inconditionnée*

Nous devons *chercher* le principe absolu-premier, tout simplement inconditionné, de tout savoir humain. Il ne se laisse ni *démontrer*, ni *déterminer*, puisqu'il est le principe absolu-premier [91].

Il doit exprimer *l'acte effectif (Tathandlung)* qui n'apparaît pas et ne peut pas apparaître dans les conditions empiriques de notre conscience, mais se trouve plutôt à la base de toute conscience, et la rend seul possible[8]. Celui qui présente cet acte effectif ne craindra pas que l'on ne pense *pas* ce que l'on a à penser (la nature de notre esprit s'en est déjà soucié) mais plutôt que l'on pense ce que l'on n'a pas à penser. Ceci rend nécessaire une *réflexion* (*Reflexion*) sur ce que l'on pourrait d'abord en appréhender, et une *abstraction* (*Abstraktion*) de tout ce qui n'a pas vraiment de rapport avec ce sujet.

Même si l'on met en œuvre cette réflexion abstrayante, ce qui en soi n'est pas un fait *(Tatsache)* de la conscience ne peut pas le devenir [92]; mais elle permet de reconnaître que l'on doit nécessairement *penser* cet acte effectif comme base de toute conscience.

Les lois (celles de la logique générale) gouvernant la manière dont on doit penser cet acte effectif comme étant la base du savoir humain en général, ou (ce qui est la même chose) les règles selon lesquelles la réflexion citée est mise en œuvre, n'ont pas au début de preuves de leur validité, mais elles sont tacitement présupposées connues et définies. Ce

[8] C'est ce qu'ont méconnu tous ceux qui rappellent soit que ce que le premier principe fondamental énonce n'apparaît pas parmi les faits de la conscience, soit qu'il les contredit.

n'est que plus tard qu'elles seront dérivées du principe fondamental dont l'établissement n'est exact qu'à la condition qu'elles soient elles-mêmes exactes. Ceci est un cercle ; mais c'est un cercle inévitable. Or comme il est inévitable, et librement avoué, on est en droit lors de l'établissement du principe fondamental suprême d'en appeler à toutes les lois de la logique générale.

Nous devons, en empruntant le chemin de la réflexion que nous devons mener, partir d'un principe quelconque, que chacun nous concédera sans contradiction (*Widerrede*). Il devrait y avoir plusieurs principes de ce genre. La réflexion est libre ; et peu importe le point dont elle part. Nous choisissons celui dont la distance jusqu'à notre but est la plus courte.

Dès lors que ce principe est concédé, il faut en même temps que ce que nous voulons mettre à la base de l'ensemble de la doctrine de la science, soit reconnu comme acte effectif : et il doit résulter de la réflexion *que* celui-ci est reconnu comme tel, *en même temps que ce principe* – Un fait de la conscience empirique est établi ; et on détache de lui une détermination empirique, puis une autre, jusqu'à ce qu'il ne reste véritablement que ce qui ne peut tout simplement pas être éliminé par la pensée et ce dont on ne peut pas continuer à détacher quoi que ce soit.

1. Chacun accorde le principe[9] : A *est* A (ce qui est autant dire A=A, puisque c'est cela la signification de la copule logique) ; [93] et ce sans la moindre réserve à ce sujet : on reconnaît cette proposition comme pleinement certaine et déterminée.

Mais si jamais quelqu'un devait en demander une preuve, on ne s'engagerait jamais dans une telle démonstration, mais on affirmerait que ce principe est *tout simplement*, c'est-à-dire *sans aucune autre raison*, certain : et en faisant cela sans douter, avec une détermination totale, on s'attribue la faculté de poser quelque chose tout simplement.

2. En affirmant que le principe ci-dessus est en soi certain, on

• ne pose *pas* que A *est*. La proposition A *est* A n'a pas du tout la même valeur que A est, ou qu'il y a un A. (*Être*, posé sans prédicat, exprime quelque chose de tout à fait différent que être avec un prédicat ; nous en dirons plus ci-dessous.) Admettons que A désigne un espace compris entre deux lignes, alors cette première proposition est exacte, bien que la proposition : A est, soit manifestement fausse. Mais

• on pose : *si* A est, *alors* A est. Donc il n'est pas du tout question de savoir si en général A est ou n'est pas. Il n'est pas question du *contenu* de la proposition, mais seulement de sa *forme* ; non pas de ce dont on sait

---

[9] 1ère Synthèse quintuple du Je : [92-95] 1 à 5 (I-V).

quelque chose, mais de ce que l'on sait d'un objet quelconque, quel qu'il soit.

Donc, en affirmant que le principe cité est tout simplement certain, on établit *qu'il* y a un rapport nécessaire entre ce *si* et cet *alors* ; et c'est le *rapport nécessaire entre les deux* qui est *tout simplement* et *sans aucune raison* posé. J'appelle provisoirement cet état nécessaire =X.

3. Mais en considération de A lui-même, il n'est pas encore posé s'il est ou non. Surgit alors la question : dans quelles conditions A est-il donc ?

a) X en tout cas est posé *dans* le Je et *par* le Je – car c'est le Je qui juge dans le principe cité, et ce selon X, comme selon une loi qui est donnée au Je ; et comme il est tout simplement et sans aucune raison supplémentaire posé [94], il doit être donné au Je par le Je lui-même.

b) Nous ne savons pas *si* et *comment* A en général est posé ; mais comme X est censé désigner un rapport entre un poser inconnu de A, et (ce poser en étant la condition) un poser absolu du même A, alors, *au moins dans la mesure où ce rapport est posé*, A a été posé dans le Je et par le Je, tout comme X. –X n'est possible qu'en relation avec un A ; or X est réellement posé dans le Je. Donc A aussi doit être posé dans le Je, dans la mesure où X est en relation avec lui.

c) X est en relation avec le A qui dans la proposition ci-dessus occupe la place logique du sujet, et également en relation avec ce qui se trouve dans le prédicat ; car tous deux sont réunis par X. Tous deux sont donc, dans la mesure où ils sont posés, posés dans le Je ; et ce qui se trouve dans le prédicat devient, à condition qu'il soit posé dans le sujet, posé tout simplement ; et la proposition ci-dessus peut donc aussi être exprimée : si A est posé dans le Je, alors il est posé ; ou : alors il est.

4. Il est donc posé par le Je au moyen de X ; *A serait pour le Je jugeant, tout simplement, et uniquement en vertu de son être posé dans le Je en général ;* cela veut dire : il est posé que dans le Je (qu'il soit en particulier posant, jugeant, ou ce qu'il voudra), il est quelque chose qui est constamment égal à soi-même, constamment un et le même ; et le X posé tout simplement peut aussi s'exprimer ainsi : Je égal Je ; Je suis Je.

5. Par cette opération, nous sommes parvenus, sans le remarquer, à la proposition : *Je suis* (qui n'est certes pas l'expression d'un *acte effectif* [*Thathandlung*], mais d'un *fait* [*Thatsache*]). Car :

X est posé tout simplement ; c'est un *fait* de la conscience empirique. Or X est égal à la proposition : Je suis Je : donc celle-ci est aussi posée tout simplement.

Mais la proposition : Je suis Je, a une toute autre signification que la proposition A est A. – À savoir que cette dernière n'a de contenu qu'à une certaine condition [95]. *Si* A est posé, il est à vrai dire posé *en tant que* A, avec le prédicat A. Mais cette proposition ne décide pas encore s'il est en général posé, donc s'il est posé avec un quelconque prédicat. Cependant la proposition : Je suis Je, est valide de façon inconditionnée, et tout simplement, car elle est égale à la proposition X ; elle est valide non seulement quant à sa forme, mais aussi quant à son contenu. En elle, le Je est posé non pas sous condition, mais tout simplement, avec le prédicat de l'égalité avec soi-même ; il est donc posé ; et la proposition peut aussi être exprimée ainsi : *je suis*.

Cette proposition : Je suis, n'est jusqu'à présent fondée que sur un fait, et n'a aucune autre validité que celle d'un fait. Si la proposition A = A (plus précisément ce qui est posé en elle tout simplement = X) doit être certaine, alors la proposition Je suis doit aussi être certaine. Or c'est un fait de la conscience empirique que nous sommes obligés de tenir X pour tout simplement certain ; donc aussi la proposition Je suis – sur laquelle se fonde X. C'est donc une raison d'explication de tous les faits de la conscience empirique qu'avant tout poser dans le Je, le Je lui-même soit posé. – (De *tous* les faits, dis-je : et cela dépend de la démonstration de la proposition que X est le fait suprême de la conscience empirique, qui se trouve à la base de tous, et est contenu dans tous : ce qui d'ailleurs devrait être reconnu sans aucune preuve, même si l'ensemble de la doctrine de la science s'occupe à le démontrer).

6. Nous retournons au point dont nous sommes partis[10].

a) Dans le principe A=A s'accomplit un *jugement*. Mais tout juger est selon la conscience empirique un agir de l'esprit humain ; car il a toutes les conditions de l'action dans la conscience de soi (*Selbstbewusstsein*) empirique, conditions qui en ce qui concerne la réflexion doivent être présupposées connues et établies.

b) cette action se base sur quelque chose qui n'a pas de fondation supérieure, à savoir X = Je suis.

c) De ce fait, *ce qui est posé tout simplement*, et *fondé sur soi-même* – est fondement *d'une certaine* action (il apparaîtra [96] dans l'ensemble de la doctrine de la science que ce sont *toutes*) de l'esprit humain, et donc de son caractère pur : le caractère pur de l'activité en soi, abstraction faite des conditions empiriques particulières de celle-ci.

Donc le poser du Je par soi-même est l'activité pure de celui-ci. – Le Je *se pose soi-même*, et il est, grâce à ce simple poser par soi-même ; et inversement : le Je *est*, et il *pose* son être, grâce à son seul être. – Il est à la fois l'agissant et le produit de l'action ; l'actif, et ce qui est produit par

[10] 2e Synthèse quintuple du Je : [95-98] 6 à 10. (VI-X).

l'activité ; action *(Handlung)* et acte *(Tat)* sont une seule et même chose ; et de ce fait, le : *Je suis*, est l'expression d'un acte effectif ; mais aussi du seul acte effectif possible, comme le montrera l'ensemble de la doctrine de la science.

7) Nous considérons maintenant encore une fois la proposition : Je suis Je.

a) Le Je est posé tout simplement. Admettons que le Je qui occupe dans la proposition ci-dessus la place du sujet formel[11] est celui qui est *posé tout simplement* ; celui qui est à la place du prédicat en revanche signifie *l'étant* ; ainsi le jugement tout simplement valide que tous deux sont entièrement Un énonce, ou pose tout simplement que : *Je* est *parce qu*'il s'est posé.

b) Le Je de la première signification et celui de la seconde [97] doivent être égaux tout simplement. On peut donc renverser la proposition ci-dessus et dire : le je se pose lui-même, tout simplement parce qu'il est. Il se pose par son seul être, et est par son seul être posé.

Et cela rend particulièrement clair le sens dans lequel nous utilisons ici le mot Je, et nous conduit à une définition déterminée du Je en tant que sujet absolu. *Ce dont l'être (essence) repose seulement dans le fait qu'il se pose lui-même en tant qu'étant,* est le Je en tant que sujet absolu. Tout comme il se *pose, il est* ; tout comme il *est, il se pose* ; et le Je est de ce fait pour le Je, tout simplement et nécessairement. Ce qui n'est pas pour soi-même n'est pas un Je.

(Explication ! On entend bien poser la question : *qu*'étais-je donc avant de parvenir à la conscience de moi ? La réponse naturelle à cette question est : je n'étais rien du tout ; car je n'étais pas un Je. Le Je n'est que dans la mesure où il est conscient de lui. – La possibilité de cette question se fonde sur une confusion entre le Je en tant que *sujet* et le *Je* en tant qu'*objet* de la réflexion du sujet absolu, et elle est en soi tout à fait irrecevable. Le Je se représente lui-même, il adopte lui-même maintenant la forme de la représentation, et est désormais seulement *quelque chose*, un

[11] C'est ainsi aussi qu'il en va en ce qui concerne la forme logique de chaque principe. Dans le principe A égal A, le premier A et celui qui est posé dans le Je, soit tout simplement, comme le Je lui-même, ou pour une quelconque raison, comme tout Non-Je déterminé. Dans cette affaire, le Je se comporte comme sujet absolu ; et l'on appelle de ce fait le premier A le sujet. Le second A désigne ce qui trouve le Je qui se fait lui-même objet de la réflexion, en tant que *posé* en soi, parce qu'il *a* posé en soi celui-ci. Le Je jugeant prédique quelque chose, pas à proprement parler de A, mais de soi-même, à savoir qu'il trouve en soi un A : et c'est pourquoi le deuxième A s'appelle prédicat. – Ainsi, dans la proposition A = B, A désigne ce qui est maintenant posé ; B ce qui est déjà rencontré en tant que posé. – *Est* exprime la transition du Je du poser à la réflexion sur le poser.

objet ; la conscience reçoit dans cette forme un substrat, qui *est*, même sans conscience réelle, et qui en plus est pensé corporellement. On s'imagine un semblable état, et l'on demande : *qu'est-ce* que le Je était alors ; c'est-à-dire quel est le substrat de la conscience ? Mais même alors on pense, sans le remarquer, le *sujet absolu*, en tant qu'intuitionnant ce substrat, *en plus* ; on pense donc sans le remarquer précisément cela même dont on prétendait avoir fait abstraction ; et on se contredit soi-même. On ne peut pas du tout penser sans penser en plus son Je en tant que conscient de lui ; on ne peut jamais faire abstraction de sa conscience de soi : donc toutes les questions de l'espèce citée ne peuvent pas avoir de réponse, car, si l'on se comprend soi-même bien, elles ne sont même pas formulables).

8. Si le je n'est que dans la mesure où il se pose, il n'est aussi que *pour* le posant, et ne pose que pour l'étant. – *Le Je est pour le Je* – mais s'il se pose lui-même, tout simplement, ainsi qu'il est, alors il se pose nécessairement, et il est nécessairement pour le Je [98]. *Je ne suis que pour Moi (Mich) ; mais pour Moi je suis nécessairement.* (En disant *pour Moi*, je pose déjà mon être).

9) *Se poser soi-même*, et *être*, sont, utilisés par le Je, parfaitement identiques. La proposition : je suis, parce que je me suis moi-même posé, peut donc aussi être exprimée : *Je suis tout simplement parce que je suis.*

En outre, le Je se posant et le Je étant sont totalement identiques, une seule et même chose. Le Je est ce en quoi il se pose, et il se pose *en tant que ce qu'il* est. Donc : *Je suis tout simplement ce que je suis.*

10) L'expression immédiate de l'acte effectif développée maintenant serait la formule suivante : *je suis tout simplement*, c'est-à-dire *je suis tout simplement* **parce** *que je suis* ; *et je suis tout simplement* **ce que** *je suis ; et les deux fois* **pour le Je**.

Si l'on s'imagine l'exposition de cet acte effectif au sommet d'une doctrine de la science, elle devrait être exprimée de la manière suivante : *le Je pose originellement tout simplement son propre être.*

Nous sommes partis du principe A=A ; non pas comme si la proposition : Je suis, s'en laissait déduire, mais parce que nous devions partir d'un principe quelconque certain, donné dans la conscience empirique. Mais même dans notre discussion il est apparu que ce n'est pas le principe : A = A qui fonde la proposition Je suis, mais plutôt que c'est cette dernière qui fonde le premier.

Si dans la proposition : Je suis, on fait abstraction du contenu déterminé, le Je, et si on laisse la seule forme qui est donnée avec ce contenu, [99] *la forme de la consécution de l'être-posé à l'être,* ainsi que cela doit se passer pour la logique, alors on obtient comme *principe fondamental de la logique* le principe A=A, qui ne peut être démontré et déterminé que par la doctrine de la science. *Démontré* : A est A, parce que le Je, qui a posé A, est identique à ce dans quoi il est posé ; *déterminé* : tout ce qui est n'est que dans la mesure où il est posé dans le Je, et en dehors du Je il n'est rien. Aucun A possible dans la proposition ci-dessus (aucune *chose*) ne peut être autre chose qu'une chose posée dans le Je.

Si l'on fait abstraction en outre de tout jugement, en tant qu'action déterminée, et si l'on regarde simplement le type d'action de l'esprit humain en général, donné par cette forme, on obtient la *catégorie de la réalité*. Tout ce à quoi le principe A=A est applicable a, *pour autant qu'elle lui est applicable*, de la réalité. Ce qui est posé par le simple poser d'une chose quelconque (posée dans le Je), est en lui réalité, est son essence.

(Le scepticisme de Maimon se fonde en dernier recours sur la question de notre autorisation à employer la catégorie de la réalité. Cette autorisation ne peut être dérivée d'aucune autre, nous y sommes autorisés tout simplement. Il faut plutôt dériver d'elle toutes les autres possibles ; et même le scepticisme de Maimon la présuppose sans le remarquer, en reconnaissant l'exactitude de la logique générale. – Mais on peut montrer quelque chose dont toute catégorie est elle-même déduite : le Je, en tant que sujet absolu. Pour tout le reste possible auquel elle doit être appliquée, il faut montrer que de la réalité lui est transmise *à partir du Je* : que cela doit être pour autant que le Je est.)

Kant a indiqué notre principe, comme principe fondamental absolu de tout savoir, dans sa déduction des catégories ; mais il ne l'a jamais établi de façon déterminée en tant que principe fondamental. Avant lui, Descartes en avait indiqué un similaire : *cogito, ergo sum*, lequel n'est pas la mineure et la conclusion d'un syllogisme [100], dont la majeure serait : *quodcunque cogitat, est ;* mais peut très bien avoir aussi été considéré comme un fait immédiat de la conscience. Dans ce cas, cela signifierait : *cogitans sum, ergo sum* (comme nous dirions : *sum, ergo sum*). Mais alors, l'ajout de *cogitans* est tout à fait superflu ; on ne pense pas nécessairement, lorsque l'on est, mais on est nécessairement lorsque l'on pense. Le penser n'est pas du tout l'essence, mais seulement une détermination particulière de l'être ; et il y a en dehors de celle-ci nombre d'autres déterminations de notre être. – Reinhold avance le principe de la représentation, et sous forme cartésienne son principe fondamental serait : *repraesento, ergo sum,* ou plus exactement *repraesentans sum, ergo sum*. Il va notablement plus loin que Descartes ; mais, s'il désire établir la science elle-même, et non quelque simple propédeutique à celle-ci, il n'avance pas assez ; car le représenter lui aussi n'est pas l'essence de l'être, mais une détermination particulière de celui-ci ; et il y a en dehors de celle-ci encore d'autres déterminations de notre être, *bien qu'elles doivent passer par le médium de la représentation pour parvenir à la conscience empirique.*

Un auteur est allé au-delà de notre proposition dans le sens indiqué, c'est Spinoza. Il ne nie pas l'unité de la conscience empirique, mais il nie complètement la conscience pure. Pour lui, toute la série des représentations d'un sujet empirique se comporte par rapport au sujet pur unique comme une représentation par rapport à la série. Pour lui, le Je (ce qu'il appelle *son* Je, ou moi *mon* Je) n'est pas tout simplement parce qu'il est ; mais parce que *quelque chose d'autre* est. Le Je est certes selon lui Je pour le Je, mais il demande ce qu'il serait pour quelque chose en dehors du Je. Un semblable « en dehors du Je » serait également un Je, dont le Je posé (par exemple *mon* Je) et tous les Je posables possibles seraient des modifications. Il sépare la conscience *pure* et la conscience *empirique.* Il place la première en Dieu (*Gott*), qui n'est jamais conscient de lui, puisque la conscience pure [101] ne parvient jamais à la conscience ; la seconde dans les modifications particulières de la divinité (*Gottheit*). Ainsi établi, son système est totalement consistant, et irréfutable parce qu'il se trouve dans un champ sur lequel la raison ne peut pas le suivre ; mais il est sans fondement, car qu'est-ce qui le justifie donc à dépasser la conscience pure donnée dans la conscience empirique ? – On peut bien montrer ce qui le pousse vers son système : c'est la tendance nécessaire à produire l'unité suprême dans la connaissance humaine. Cette unité est dans son système ; et l'erreur réside uniquement dans le fait qu'il croit conclure à partir de raisons rationnelles théoriques alors qu'il est en fait uniquement poussé par un besoin pratique : en effet, il croyait établir quelque chose de réellement donné, alors qu'il ne faisait qu'établir un idéal posé à l'avance mais jamais accessible. Nous retrouverons son unité suprême dans la doctrine de la science ; non pas cependant comme quelque chose qui *est*, mais comme quelque chose qui *doit* être produit par nous, mais ne le *peut* pas. – Je remarque encore que lorsque l'on dépasse le *Je suis*, on en arrive nécessairement au spinozisme ! (Salomon Maimon montre dans un traité vraiment digne d'être lu : Sur les progrès de la philosophie etc., que le système leibnizien pensé dans son achèvement, n'est pas autre chose que le spinoziste.) Et qu'il n'y a que deux systèmes complètement conséquents : le système critique, qui reconnaît cette limite, et le spinoziste, qui la dépasse.

§ 2. *Deuxième Hypothèse, conditionnée selon son contenu*

Pour la même raison que le premier principe ne peut pas être démontré ni dérivé, le deuxième ne le peut pas non plus. Nous partons donc ici précisément, comme plus haut, d'un fait de la conscience empirique, et nous procédons avec lui de la même manière avec le même bien-fondé[12].

1) Le principe : –A n'est pas =A est sans aucun doute reconnu par chacun comme complètement certain et établi, et l'on s'attend peu à ce que quelqu'un en demande la démonstration.

2) Mais si une preuve de ce genre pouvait être possible [102], elle ne pourrait pas être menée dans notre système (dont l'exactitude est en soi à vrai dire toujours problématique jusqu'à l'achèvement de la science) autrement qu'à partir de la proposition : A=A.

3) Or une preuve de ce genre est impossible. Car posez le cas extrême, à savoir que le principe établi est parfaitement égal au principe : –A=–A, donc –A est égal à un Y quelconque posé dans le Je, et que maintenant il signifie autant que : *si* le contraire de A est posé, *alors* il est posé : ici donc, le même rapport (=X) serait posé tout simplement, comme plus haut ; et ce ne serait pas un principe dérivé du principe A=A et démontré par lui, mais ce serait ce principe lui-même... Et ainsi, la forme de ce principe, dans la mesure où il est simple principe logique, prend place aussi réellement parmi les formes les plus élevées, la *forméité (Förmlichkeit)* en général, l'unité de la conscience.

4) Nous n'avons pas du tout abordé la question suivante : le contraire de A est-il, et dans quelle condition *de forme de l'action simple* est-il posé ? C'est cette condition qui devrait être dérivée du principe A=A si le principe établi ci-dessus était lui-même dérivé. Mais une condition de ce genre ne peut pas résulter de lui, car la forme de l'opposer est si peu contenue dans la forme du poser que c'est plutôt elle qui lui est contraire. Il est donc opposé sans aucune condition et tout simplement. –A est *en tant que* tel posé, tout simplement *parce qu'il* est posé.

De ce fait apparaît parmi les actions du Je, aussi certainement que la proposition –A n'est pas =A se présente parmi des faits de la conscience empirique, un opposer ; et cet opposer est d'après sa seule forme une action tout simplement possible, qui n'a aucune condition, et n'est fondée par aucune raison supérieure.

---

12 1ère Synthèse quintuple du Non-Je : [101-103]. 1 à 5 (XI - XV).

(La forme *logique* du principe *en tant que* principe est (quand le principe établi est –A=–A) soumise à la condition de l'identité du sujet et du prédicat (c'est-à-dire du Je *représentant* et du Je *représenté* en tant que représentant). Mais même la possibilité d'opposer présuppose l'identité de la conscience ; et la marche du Je agissant dans cette fonction [103] est à proprement parler la suivante : A (celui qui est posé tout simplement) =A (celui sur qui on réfléchit). À ce A en tant qu'objet de la réflexion est opposé, par une action absolue, –A, et de celui-ci on juge qu'il est aussi opposé au A posé tout simplement, parce que le premier est similaire au dernier ; similarité qui se fonde sur l'identité du Je posant et du Je réfléchissant. – En outre on présuppose que le Je agissant dans les deux actions et le Je jugeant ces deux actions sont le même. S'il pouvait être opposé à lui-même dans les deux actions, alors –A serait =A. Donc, même la transition du poser à l'opposer n'est possible que par l'identité du Je.)

5. Par cette action absolue, et tout simplement par elle, l'opposé, dans la mesure où c'est un opposé (en tant que simple contraire en général) est posé. Tout contraire, dans la mesure où il l'est, est tout simplement, grâce à une action du Je, et non pour une autre raison. L'être-opposé en général est posé tout simplement par le Je.

6. Si un[13] quelconque –A doit être posé, il faut qu'un A soit posé. De ce fait, l'action de l'opposer est aussi conditionnée dans une autre direction. Savoir si une action est possible en général dépend d'une autre action ; l'action est de ce fait, quant à sa matière, en tant qu'agir en général, conditionnée ; c'est un agir en relation avec un autre agir. Qu'il faille agir de cette manière précisément et pas autrement est inconditionné ; l'action dans sa *forme* (en ce qui concerne le *comment*) est inconditionnée.

(La condition indispensable de possibilité de l'opposer est l'unité de la conscience du posant et de l'opposant. Si la conscience de la première action n'était pas en rapport avec la conscience de la deuxième, alors la première action ne serait pas en lien avec la conscience ; ainsi le deuxième poser ne serait pas un *opposer*, mais un poser tout simplement. Seule la relation avec un poser le fait devenir un opposé).

7. Jusqu'à présent, nous n'avons parlé que de l'action en tant qu'action simple, du *type* de l'action. Nous passons à son produit = –A [104].

Nous pouvons à nouveau distinguer deux choses dans – A ; sa *forme*, et sa *matière*. La forme détermine que c'est en général un contraire (d'un

13 2e Synthèse quintuple du Non-Je [103-105]. 6 à 11 (XVI-XX).

X quelconque). S'il est opposé à un A déterminé, alors il a de la *matière* ; mais il n'est pas quelque chose de déterminé.

8) La *forme* de –A est déterminée par l'action tout simplement ; c'est un contraire, parce qu'il est le produit d'un opposer : la *matière* par A ; il n'est pas ce que A est ; et toute son essence consiste en ce qu'il n'est pas ce que A est. – Je sais de –A, *qu'il* est le contraire d'un quelconque A. Mais je ne puis savoir si celui dont je sais cela est ou n'est pas, qu'à la condition de connaître A.

9) Rien d'autre que le Je n'est posé à l'origine ; et celui-ci est posé tout simplement (§ 1). De ce fait, il ne peut y avoir d'opposé qu'au Je tout simplement. Mais ce qui est opposé au Je est = *Non-Je.*

10) Autant l'aveu inconditionnel de la certitude absolue du principe : –A n'est pas =A survient avec certitude parmi les faits de la conscience empirique : *autant il est certain qu'au Je est opposé tout simplement un Non-Je.* De cet opposer originel, tout ce que nous avons dit de l'opposer en général est dérivé ; et cela vaut pour lui originellement : il est donc dans sa forme tout simplement inconditionné, dans sa matière cependant conditionné. Et ainsi le deuxième principe de tout savoir humain serait trouvé.

11) De tout ce qui échoit au Je, le contraire doit, en vertu de la simple opposition, être attribué au Non-Je.

(L'opinion habituelle considère que le concept de Non-Je est un concept discursif, obtenu par abstraction de tout ce qui est représenté. Mais la superficialité de cette explication peut facilement être démontrée. Si je dois représenter quoi que ce soit, il faut que je l'oppose au représentant. Maintenant, il peut et il doit à vrai dire se trouver dans l'objet de la représentation un quelconque X, par lequel il se signale comme ce qui est à-représenter, et non comme le représentant [105] : mais aucun objet ne peut me faire savoir ceci *que* tout ce en quoi réside ce X n'est pas le représentant, mais un à-représenter ; au contraire, ce n'est plutôt que sous la présupposition de cette loi qu'il y a en général un objet ; pour seulement pouvoir poser un *objet* quelconque, je dois déjà le savoir ; cela doit donc résider originellement en moi-même, le représentant, avant toute expérience possible. – Et cette remarque saute si bien aux yeux que celui qui ne la comprend pas, ct n'cst pas élcvé à partir d'cllc jusqu'à l'idéalisme transcendantal, doit être incontestablement aveugle mentalement).

À partir du principe matériel : *Je suis* s'est formé par abstraction de son contenu le principe purement formel et logique : A=A. De celui qui a été établi dans le présent § est né par la même abstraction le principe logique : –A non =A, que j'appellerais *le principe de l'opposer.* Ce n'est pas encore ici le lieu de le déterminer et de l'exprimer dans une formule verbale ; ce dont on trouvera la raison dans le § suivant. Enfin, si l'on fait totalement abstraction de l'action déterminée du juger, et si l'on considère seulement la forme de la déduction de l'être-opposé au non-être, on obtient la *catégorie de la négation*. Ici aussi, nous ne pourrons avoir d'aperçu dans cette catégorie que dans le paragraphe suivant.

§ 3. *Troisième Hypothèse, conditionnée selon sa forme* [14]

À chaque pas que nous faisons en avançant dans notre science, nous nous approchons de la zone dans laquelle tout cela sera prouvé. Pour le premier principe fondamental, on ne devait et on ne pouvait rien démontrer ; il était dans sa forme aussi bien que dans son contenu inconditionné, et certain sans aucune espèce de raison supérieure. Le deuxième, *l'action de l'opposer*, ne pouvait sans doute pas être dérivé ; mais si elle seule pouvait être posée inconditionnellement selon sa forme, il était strictement démontrable que *l'opposé*, lui, devait être = Non-Je. Le troisième est presque entièrement susceptible d'être prouvé, parce qu'il n'est pas déterminé comme le deuxième dans son contenu mais plutôt dans sa forme, et toujours contrairement à ce dernier, il n'est pas déterminé par un, mais par deux principes.

Il est déterminé dans sa forme et n'est inconditionné que dans son contenu, ce qui signifie que la *tâche de l'action* qui est établie par lui, est certainement donnée par les deux principes précédents, mais pas sa solution [106]. Cette dernière est produite inconditionnellement, et tout simplement par un décret de la raison.

Nous commençons donc une déduction avec laquelle nous irons aussi loin que possible. L'impossibilité à la continuer nous montrera sans aucun doute l'endroit où nous devrons l'interrompre et où nous devrons en appeler au décret inconditionnel de la raison, qui résultera de la tâche.

A.

1. Dans la mesure où le Non-Je est posé, le Je n'est pas posé ; car par le Non-Je, le Je est totalement supprimé.

---

[14] Contradiction synthétique transcendantale (contradiction pure spéculative). Synthèse quintuple : 1 à 5 (XXI-XXV). [105-122.]
A. 1, 2, 3, 4, 5 [106-107] 64-65 ;
B. 1, 2, 3, 4, 5, 6, 7, 8, 9 [107-109] 67-69 ;
C. 1, 2 [108-110] 67 ;
D. 1, 2, 3, 4, 5, 6, 7, 8, 9 [110-122] 67-76. Soit bien une série de 25 moments.

Or le Non-Je est posé *dans le* Je : car il est opposé ; et tout opposer présuppose l'identité du Je dans lequel il est posé et opposé au posé.

Donc le Je n'est pas posé dans le Je, dans la mesure où le Non-Je y est posé.

2. Mais le Non-Je ne peut être posé que dans la mesure où dans le Je (dans la conscience identique) un Je est posé auquel il peut être opposé.

Or, le Non-Je doit être posé dans la conscience identique.

Donc il faut que dans celle-ci, dans la mesure où le Non-Je doit être posé, le Je soit aussi posé.

3. Les deux conclusions sont opposées : toutes deux sont développées à partir du deuxième principe par une analyse, et donc toutes deux résident en lui. Ainsi le deuxième principe est opposé à soi-même, et se supprime lui-même.

4. Mais il ne se supprime que dans la mesure où le posé est supprimé par l'opposé, donc, dans la mesure où lui-même a de la validité. Or il doit être supprimé par soi-même et n'avoir aucune validité.

Donc il ne se supprime pas [107].

Le deuxième principe fondamental se supprime ; et aussi, il ne se supprime pas.

5. S'il en va ainsi avec le deuxième principe fondamental, il en ira aussi ainsi et pas autrement avec le premier. Il se supprime lui-même, et ne se supprime pas non plus. Car :

Si Je = Je, alors tout est posé de ce qui est posé dans le Je.

Maintenant, le deuxième principe doit être posé dans le Je, et aussi ne pas être posé dans le Je.

Donc Je n'est pas Je, mais Je = Non–Je, et Non–Je = Je.

B. Toutes ces conséquences sont dérivées des principes fondamentaux établis selon les lois de la réflexion présupposées valides ; elles doivent donc être exactes. Mais si elles sont exactes, l'identité de la conscience, le fondement un, absolu de notre savoir, est supprimé. C'est donc par cela que notre tâche est déterminée. Il faut en effet trouver un X quelconque, au moyen duquel tous ces enchaînements peuvent être exacts, sans que l'identité de la conscience soit supprimée.

1. Les opposés, qui doivent être réunis (vereinigt), sont dans le Je en tant que conscience. De ce fait, X doit aussi être dans la conscience.

2. Le Je aussi bien que le Non-Je sont tous deux des produits d'actes originaux du Je, et la conscience elle-même est un produit de ce genre, celui du premier acte originel du Je, le poser du Je par soi-même.

3. Mais, selon le raisonnement présenté plus haut, l'acte dont le produit est le Non-Je, l'opposer, n'est radicalement pas possible sans X.

Donc, X doit lui-même être un produit, et plus précisément un produit d'un acte originel du Je. Il y a de ce fait un acte de l'esprit humain = Y, dont le produit est = X.

4. La forme de cet acte est parfaitement déterminée par la tâche ci-dessus. Grâce à elle, le Je et le Non-Je opposés doivent être réunis, être posés identiques sans se supprimer réciproquement [108]. Les opposés en question doivent être admis dans l'identité de la conscience une.

5. Mais il n'est pas encore déterminé comment cela doit advenir et de quelle manière ce sera possible ; tout cela ne se trouve pas dans la tâche et ne peut être développé à partir d'elle d'aucune manière. Nous devons donc, comme ci-dessus, faire une expérience et nous demander : comment A et – A laissent-ils l'être et le non être, la réalité et la négation, se penser ensemble, sans qu'ils s'anéantissent et se suppriment ?

6. On ne peut s'attendre à ce que quelqu'un réponde à cette question autrement que de la manière suivante : ils vont se *restreindre* réciproquement. Donc, si cette réponse était exacte, l'action Y serait une *restriction* des deux opposés l'un par l'autre ; et X désignerait les *bornes*.

(Que l'on ne me comprenne pas comme si j'affirmais que le concept de bornes est un concept analytique, résultant de la réunion de la réalité à la négation, et qu'il peut être développé à partir d'elle. Certes, les concepts opposés sont donnés par les deux premiers principes fondamentaux, mais l'exigence de leur réunion réside dans le premier. Cependant, la manière dont ils peuvent être réunis réside non pas en eux, mais est déterminée par une loi *particulière* de notre esprit, qui par cette expérimentation doit être appelée à la conscience.)

7. Mais il y a dans le concept de bornes plus que le X recherché, il y a en effet en même temps en lui les concepts de réalité et de négation qui sont réunis. Nous devons donc, pour obtenir un X pur, entreprendre encore une abstraction.

8. *Restreindre* quelque chose signifie : supprimer la réalité de celui-ci par la négation, non pas *totalement* mais seulement en *partie*. Il y a donc dans le concept de bornes, en dehors de celui de réalité et de négation, celui de *divisibilité* (de *quantifiabilité* en général, pas précisément d'une quantité déterminée) [109]. Ce concept est le X recherché et par l'intermédiaire de l'action Y, *le Je est posé tout simplement divisible, et le Non-Je également*.

9) *Le Je aussi bien que le Non-Je sont posés divisibles* ; car l'action Y ne peut pas *suivre* l'action de l'opposer, c'est-à-dire qu'elle ne peut pas être considérée comme rendue possible par celle-ci seulement ; puisque, selon la preuve citée ci-dessus, sans elle l'opposé se supprime lui-même, et est donc impossible. En outre, elle ne peut pas *précéder* ; parce qu'elle est

simplement entreprise pour rendre l'opposition possible et que la divisibilité n'est rien sans un divisable. Ainsi, il avance immédiatement en lui et avec lui ; tous deux sont une seule et même chose, et ne sont différenciés que dans la réflexion. De même qu'un Non-Je est opposé au Je, le Je *auquel* quelque chose est opposé, et le Non-Je, *qui* est opposé, sont posés divisibles.

C. Maintenant nous n'avons plus qu'à examiner si l'action mise en œuvre a réellement résolu la tâche et si tous les opposés sont réunis.

1. La première conclusion est désormais déterminée de la manière suivante. Le Je n'est pas posé dans le Je où se trouvent les parties de la réalité avec lesquelles le Non-Je est posé. Une partie de la réalité, c'est-à-dire celle qui est affectée au Non-Je, est supprimée dans le Je. Ce principe n'est pas contredit par le deuxième. Dans la mesure où le Non-Je est posé, il faut aussi que le Je soit posé, c'est-à-dire qu'ils sont posés tous deux en général en tant que divisibles dans leur réalité.

Maintenant seulement, par l'intermédiaire du concept que l'on a établi, on peut dire d'eux qu'ils sont *quelque chose* [110] Le Je absolu du premier principe fondamental n'est pas quelque chose (il n'a pas de prédicat et il ne peut pas en avoir), il est tout simplement *ce* qu'il est, et cela ne peut pas être expliqué plus avant. Maintenant, par l'intermédiaire de ce concept, *toute* réalité est dans la conscience ; et de cette réalité, la part qui revient au Non-Je est celle-là même qui ne revient pas au Je et inversement. Tous deux sont quelque chose ; le Non-Je est ce que le Je n'est pas et inversement. Opposé au Je absolu, (auquel toutefois il ne peut être opposé que dans la mesure où il est représenté tel, non dans la mesure où il est en soi, comme on le verra en temps voulu), le Non-Je est *tout simplement rien* ; opposé au Je restreignant il est une *grandeur négative.*

2. le Je doit être égal à soi-même, et pourtant être opposé à soi-même. Mais il est égal à soi en vue de la conscience, qui est une : mais dans cette conscience le Je absolu est posé comme indivisible ; en revanche, le Je auquel le non je est opposé, l'est en tant que divisible. C'est donc le Je, dans la mesure où un Non-Je lui est opposé, qui est lui-même opposé au Je absolu.

Et ainsi donc tous les contraires sont réunis, sans altération de l'unité de la conscience ; et ceci est pour ainsi dire la démonstration que le concept établi était exact.

D. Puisque d'après notre présupposition, que seul l'achèvement d'une doctrine de la science permettra de démontrer, il n'y a pas plus d'Un principe fondamental possible en tant que principe tout simplement inconditionné, Un en tant que principe fondamental conditionné selon le contenu, et Un en tant que principe fondamental conditionné selon la forme, il se peut qu'en dehors de ceux qui sont établis, il n'y en ait pas d'autres. La masse de ce qui est inconditionné et tout simplement certain est désormais épuisée ; et je l'exprimerais volontiers dans la formule suivante : *j'oppose dans le Je, au Je divisible, un Non-Je divisible.*

Aucune philosophie ne dépasse cette connaissance ; mais toute philosophie fondamentale doit revenir vers elle ; et en le faisant, elle devient doctrine de la science. Tout ce qui doit désormais se présenter dans le système de l'esprit humain doit pouvoir être dérivé de ce qui a été établi.

1. Nous avons réuni le Je et le Non-Je opposés grâce au concept de divisibilité [111]. Si l'on fait abstraction du contenu déterminé du Je et du Non-Je, et si nous gardons *la forme pure de la réunion des opposés grâce au concept de divisibilité,* nous obtenons la proposition logique que l'on appelait jusqu'à maintenant principe de raison : A en partie = –A et inversement. Tout opposé est égal à son opposé par un caractère = X ; et : tout égal est opposé à son égal par un caractère = X. Semblable caractère = X s'appelle une raison, dans le premier cas la raison de *relation*, dans le deuxième la raison de *distinction* : car poser comme égaux des opposés, ou les comparer, s'appelle *relier* ; opposer des égaux veut dire les *distinguer*. Ce principe logique est *démontré* et *déterminé* par le principe fondamental matériel que nous avons édifié.

Il est *démontré*, car :

a) tout ce qui est opposé = –A est opposé à un A, et ce A est posé.

Par la position d'un –A, A est supprimé, et pourtant il n'est pas non plus supprimé.

Donc il n'est qu'en partie supprimé ; et au lieu du X en A, qui n'est pas supprimé, ce n'est pas en –A –X, mais X lui-même qui est posé : et donc A = –A en X. Ce qui était le premier pas.

b) Tout ce qui est posé-égal (= A = B) est égal à soi-même, grâce à son être posé dans le Je, A = A, B = B.

Maintenant on pose B = A, donc B n'est pas posé par A ; car s'il était ainsi posé, il serait = A et non = B. (Il n'y en aurait pas Deux posés, mais Un seul.)

Mais si B n'est pas posé par le poser de A, il est dans cette mesure = -A ; et par la position égale des deux, ce n'est ni A ni B, mais un quelconque X qui est posé, lequel est =X et =A et =B. Ce qui était le deuxième pas.

Tout cela montre comment la proposition A=B pourrait être valide, alors qu'en soi elle contredit la proposition A=A. X=X, A=X, B=X ;

donc A=B, dans la mesure où tous deux =X : mais A= –B, dans cette mesure tous deux = –X [112].

Ce n'est que dans *Une* partie que les égaux sont opposés, et les opposés égaux. Car s'ils s'étaient opposés dans plusieurs parties, c'est-à-dire s'il y avait dans les opposés eux-mêmes des caractères opposés, alors l'un des deux ferait partie de ce en quoi les termes comparés sont égaux, et de ce fait ils ne seraient pas opposés ; et inversement. Tout jugement fondé n'a donc qu'Une raison de relation et Une raison de distinction. S'il en a plusieurs, il n'est pas Un jugement, mais plusieurs jugements.

2. Le principe logique de raison est *déterminé* par le principe fondamental matériel cité ci-dessus, c'est-à-dire que sa validité est elle-même restreinte ; il ne s'applique qu'à une partie de notre connaissance.

C'est uniquement à la condition que, en général, diverses choses soient identiques ou opposées, qu'elles sont, quant à un quelconque caractère, opposées, ou posées comme identiques. Mais cela ne veut pas dire que, tout simplement et sans aucune condition, tout ce qui peut se présenter dans notre conscience doit être identique à un autre quelconque, et opposé à un quelconque tiers. Un jugement concernant quelque chose à quoi rien ne peut être identique et rien ne peut être opposé n'est pas du tout soumis au principe de raison, car il ne remplit pas sa condition de validité ; il n'est pas fondé, mais il fonde lui-même tout jugement possible ; il n'a aucun fondement, mais il donne lui-même le fondement de tout ce qui est fondé. L'objet de ces jugements est le Je absolu, et tous les jugements dont le sujet est la même chose sont valides tout simplement et sans aucune raison ; ce que nous développerons ultérieurement.

3. L'action par laquelle on recherche dans des termes comparés le caractère en quoi ils sont *opposés* s'appelle le procédé *antithétique* ; on l'appelle habituellement *analytique*, expression qui toutefois est moins commode, d'une part parce qu'elle maintient l'idée que l'on peut développer quelque chose à partir d'un concept, sans l'avoir auparavant introduit par une synthèse, d'autre part parce que la première dénomination indique plus nettement que ce procédé est le contraire du procédé synthétique [113]. Le procédé *synthétique*, en effet, consiste à rechercher dans des termes opposés le caractère en quoi ils sont *identiques*. Par la simple forme logique, qui fait abstraction de tout contenu de connaissance ainsi que de la manière dont on parvient à elle, on appelle les jugements produits par le premier procédé antithétiques ou négatifs, et ceux qui le sont par le second procédé, synthétiques ou affirmatifs.

4. Si les règles logiques qui régissent toute antithèse et toute synthèse sont dérivées du troisième principe fondamental de la doctrine de

la science, alors en général la puissance de toute antithèse et de toute synthèse est dérivée de lui. Mais nous avons vu dans la présentation de ce principe fondamental que l'acte originel qu'il exprime, celui de la liaison des opposés dans un tiers, n'était pas possible sans l'acte de l'opposer ; et que celui-ci également n'était pas possible sans l'acte de liaison : que donc tous deux sont dans les faits inséparablement liés et ne peuvent être distingués que dans la réflexion. Il en résulte que les actes logiques qui se fondent sur ces actes originels, et ne sont à proprement parler que des déterminations particulières plus précises de ceux-ci, ne peuvent pas eux non plus être possibles l'un sans l'autre. Aucune antithèse n'est possible sans une synthèse ; car l'antithèse consiste en ce que l'on recherche le caractère opposé dans les identiques ; mais les identiques ne seraient pas identiques, s'ils n'avaient pas d'abord été posés identiques par un acte synthétique. Dans la simple antithèse, on fait abstraction du fait que celle-ci a d'abord été posée identique par un acte de ce genre : les termes sont tout simplement admis en tant qu'identiques, sans que l'on sache d'où cela vient ; la réflexion n'est dirigée que sur ce qui est opposé en eux, et élevé par elle au niveau de la conscience nette et claire. – Ainsi, inversement, aucune synthèse n'est possible sans une antithèse. Les termes opposés doivent être réunis : mais ils ne seraient pas opposés s'ils ne l'avaient pas été par un acte du Je [114], dont il est fait abstraction dans la synthèse, afin d'élever uniquement la raison de relation par la réflexion à la conscience. – Il n'y a de ce fait en général, du point de vue du contenu, pas de jugement simplement analytique ; et avec eux uniquement, non seulement on ne va pas loin, comme le dit Kant, mais même on reste sur place.

5. La fameuse question que Kant place au sommet de la Critique de la raison pure : comment des jugements synthétiques *a priori* sont-ils possibles ? – a trouvé maintenant la réponse la plus générale et la plus satisfaisante. Nous avons entrepris dans le troisième principe fondamental une synthèse entre les Je et Non-Je opposés, au moyen de la divisibilité posée dans les deux, dont la possibilité ne pouvait pas être interrogée plus avant et pour laquelle on ne pouvait indiquer de raison ; elle est tout simplement possible, on a le droit de l'utiliser sans aucune raison. Toutes les autres synthèses qui doivent être valides doivent résider dans celle-ci ; elles doivent aussi avoir été entreprises en elle et avec elle : et ainsi, comme cela est prouvé, on obtient la preuve la plus convaincante qu'elles sont valides, comme elle.

6. *Elles doivent toutes être contenues en elle :* et cela nous donne en même temps l'esquisse la plus précise de la voie que nous devons continuer à suivre dans notre science. – Elles doivent être des synthèses, et donc

désormais, tout notre procédé (au moins dans la partie théorique de la doctrine de la science, car dans la partie pratique c'est l'inverse, comme nous le verrons en temps voulu) sera synthétique ; chaque principe contiendra une synthèse. – Mais aucune synthèse n'est possible sans antithèse préalable, dont nous faisons toutefois abstraction dans la mesure où elle est acte, et où nous ne recherchons que le produit, l'opposé. Nous devons donc, pour chaque principe, partir de la mise en évidence des opposés, qui doivent être réunis. – Toutes les synthèses établies doivent résider dans la synthèse suprême que nous venons d'accomplir, et se laisser développer à partir d'elle. Nous devons donc rechercher dans le Je et le Non-Je reliés par elle [115], dans la mesure où ils sont reliés par elle, des caractères opposés résiduels, pour les relier par une nouvelle raison de relation, qui à son tour doit être contenue dans la plus haute des raisons de relation : chercher à nouveau, dans les opposés reliés par cette première synthèse de nouveaux opposés, lier ceux-ci par une nouvelle raison de relation contenue dans celle qui a d'abord été dérivée, et continuer cela aussi longtemps que nous le pouvons jusqu'à ce que nous arrivions à des opposés qui ne se laisseront plus relier parfaitement, passant ainsi dans le domaine de la partie pratique. Et ainsi, notre marche est ferme et sûre et prescrite par la chose même, et nous pouvons savoir à l'avance qu'en accordant comme il convient notre attention à cette voie, nous ne pouvons pas nous égarer.

7. Autant l'antithèse (*Antithesis*) n'est pas possible sans la synthèse (*Synthesis*) et la synthèse sans l'antithèse ; autant toutes deux ne sont pas possibles sans thèse (*Thesis*) : sans un poser tout simplement, par lequel un A (le Je) n'est pas posé identique à un autre ou opposé à un autre, mais seulement posé tout simplement. Rapportée à notre système, elle donne au tout solidité et achèvement : il faut que ce soit un système Un ; l'opposé doit être lié aussi longtemps qu'il y a encore quelque chose d'opposé, jusqu'à ce que l'unité absolue soit produite ; laquelle à vrai dire, comme on le verra en temps voulu, ne pourrait être produite que par une approximation finie de l'infini, ce qui en soi est impossible. – La nécessité d'opposer et de lier de cette manière déterminée, repose immédiatement sur le troisième principe fondamental : la nécessité de lier en général repose, elle, sur le premier principe fondamental, le principe fondamental suprême, tout simplement inconditionné. La forme du système se fonde sur la synthèse suprême ; le fait qu'en général il doit exister un système se fonde sur la thèse absolue. – C'est assez sur l'application de la remarque concernant notre système en général ; mais il y a également une autre application encore plus importante de celle-ci sur la forme des jugements, qui ne peut être omise ici pour plusieurs raisons. En effet, de

même qu'il y avait des jugements antithétiques et synthétiques [116], il devrait, par analogie, y avoir aussi des jugements thétiques qui, dans une détermination quelconque, seraient précisément opposés à ces deux types. En effet l'exactitude de ces deux premières sortes présuppose un fondement, plus précisément un fondement double, un de la relation et un de la distinction, qui tous deux peuvent être mis en évidence, et doivent l'être s'il faut démontrer le jugement. (Par exemple, l'oiseau est un animal : ici se trouve la raison de relation, sur laquelle il y a réflexion, le concept défini de l'animal, qui est constitué de matière, de matière organisée, de matière dotée de vie animale ; mais la raison de distinction, dont on fait abstraction, est la différence spécifique des diverses espèces animales, selon qu'elles ont deux ou quatre pattes, des plumes, des écailles ou une peau poilue. Ou : une plante n'est pas un animal : ici la raison de distinction sur laquelle on réfléchit est la différence spécifique entre la plante et l'animal, mais la raison de relation, dont on fait abstraction, est l'organisation en général.) Mais un jugement thétique serait un jugement dans lequel quelque chose ne serait pas posé identique à un autre ni opposé à un autre, mais seulement posé identique à soi-même : on ne pourrait donc présupposer aucune raison de relation ou de distinction : mais le tiers, qu'il faut pourtant présupposer selon la forme logique, serait seulement une *tâche* pour un fondement. Le jugement originel le plus élevé de ce genre est celui-ci : Je suis, dans lequel rien n'est énoncé du Je, mais où la place du prédicat pour une détermination possible du Je est laissée vide à l'infini. Tous les jugements qui sont compris sous celui-ci, c'est-à-dire sous la position absolue du Je, sont de ce genre ; (même s'ils n'ont pas réellement toujours le Je comme sujet logique.) Par exemple l'homme est libre. Soit on considère ce jugement comme positif (auquel cas il signifierait : l'homme fait partie de la classe des êtres libres), alors il faudrait indiquer une raison de relation entre lui et les êtres libres, qui en tant que raison de la liberté serait contenue dans le concept d'êtres libres en général [117], et celui d'homme en particulier ; mais loin de là qu'une raison de ce genre puisse être indiquée, vu qu'on ne peut montrer une classe d'êtres libres. Ou bien on considère ce jugement comme un jugement négatif, et l'homme est alors opposé à tous les êtres qui sont placés sous la loi de la nécessité naturelle ; et en même temps, il faudrait pouvoir montrer un caractère dans lequel tous deux coïncident. Mais l'homme, dans la mesure où le prédicat de la liberté peut s'appliquer à lui, c'est-à-dire dans la mesure où il est sujet absolu et non représenté ni représentable, n'a rien de commun avec les êtres naturels et ne leur serait donc pas non plus opposé. Cependant, selon la forme logique du jugement, qui est positive, les deux concepts devraient être réunis ; cependant ils ne peuvent être réunis dans aucun concept, mais seulement dans l'idée d'un Je dont la conscience ne serait déterminée par rien en dehors d'elle, mais qui plutôt déterminerait elle-même tout ce qui se trouve en dehors d'elle par sa propre conscience : une idée toutefois qui elle-même n'est pas pensable, dès lors qu'elle contient pour nous une contradiction (*Widerspruch*). Mais pourtant, elle nous est présentée comme le but pratique le plus élevé. L'homme doit sans cesse s'approcher davantage de la liberté, inaccessible à l'infini. – Ainsi, le jugement de goût « A est beau » (pour autant qu'il y a en A un caractère qui se trouve aussi dans l'idéal du beau) est un jugement thétique ; car je ne puis comparer chaque caractère avec l'idéal puisque je ne connais pas l'idéal. C'est plutôt une tâche pour mon esprit, laquelle provient du poser absolu de celui-ci, de le trouver, mais qui ne pourrait être résolue qu'après une approximation parfaite de l'infini. – Kant et ses successeurs ont de ce fait très exactement appelé ces jugements infinis, bien qu'aucun d'entre eux [118], pour autant que je sache, ne les ait expliqués d'une manière nette et déterminée.

8. On ne peut donc indiquer aucune raison pour un quelconque jugement thétique déterminé ; mais le procédé de l'esprit humain dans les jugements thétiques en général se base sur le poser du Je tout simplement par soi-même. Il est utile, et cela donne l'aperçu le plus clair et le plus déterminé dans le caractère particulier du système critique, de comparer cette fondation des jugements thétiques en général avec celle des jugements antithétiques et synthétiques.

Tous les opposés dans un concept quelconque qui exprime leur raison de distinction coïncident dans un concept *supérieur* (plus général, plus englobant), que l'on appelle le concept de genre : c'est-à-dire que l'on présuppose une synthèse dans laquelle tout deux sont contenus, et ce dans la mesure où ils sont identiques. (Par exemple, l'or et l'argent sont en tant qu'identiques contenus dans le concept de métaux, lequel ne comprend pas le concept dans lequel tous deux sont opposés comme ici la couleur déterminée). D'où la règle logique de la définition, qui doit indiquer le concept de genre, qui contient la raison de relations, et la différence spécifique, qui contient la raison de distinction. – À leur tour, tous les posés identiques sont opposés dans un concept inférieur, qui exprime une quelconque détermination dont il est fait abstraction dans le jugement de relations, c'est-à-dire que toute synthèse présuppose une antithèse préalable. Par exemple, dans le concept de corps, on fait abstraction de la diversité des couleurs, de la détermination de la pesanteur, du goût, de l'odeur etc., et maintenant tout ce qui remplit l'espace, ce qui est impénétrable, et a une pesanteur quelconque, peut être un corps, quand bien même il serait opposé en considération de ces caractères entre eux. – (La doctrine de la science détermine *quelles* sont les déterminations les plus générales ou les plus spéciales, et donc *quels* concepts sont les plus élevés et les plus bas. Moins il y a de concepts intermédiaires en général qui permettent de dériver un concept du concept le plus élevé, celui de la réalité, plus le concept est élevé ; plus il y a de ces concepts intermédiaires, plus il est bas [119]. Y est déterminé comme un concept plus bas que X quand dans la série de sa dérivation depuis le concept le plus élevé, X apparaît : et inversement).

Avec ce qui est posé tout simplement, le Je, il en va tout autrement. Un Non-Je est posé identique à lui, alors qu'en même temps, il lui est opposé, non pas toutefois dans son concept *supérieur* (qui par exemple les contiendrait tous deux en lui et présupposerait une synthèse supérieure ou au moins une thèse), comme il en va dans toutes les autres comparaisons, mais *inférieur*. Le Je est lui-même rabaissé dans un concept inférieur, celui de divisibilité, afin de pouvoir être posé identique au Non-Je ; et dans le même concept, il lui est aussi opposé. Il n'y a donc pas ici *d'ascension*, comme d'habitude lors de chaque synthèse, mais une *descente*. Je et Non-Je, tels qu'ils sont posés identiques et opposés par le concept de la restriction réciproque, sont eux-mêmes tous les deux quelque chose (accidents) dans le Je, en tant que substance divisible ; ils sont posés par le Je, en tant que sujet absolu indéterminable, auquel rien n'est identique, et auquel rien ne s'oppose. – C'est pourquoi tous les jugements dont le sujet logique était le Je bornable et déterminable, ou quelque chose qui détermine le Je, doivent être bornés ou déterminés par quelque chose de supérieur : mais tous les jugements dont le sujet logique est le Je absolu indéterminable ne peuvent être déterminés par rien de supérieur, parce que le Je absolu n'est déterminé par rien de supérieur ; ils sont tout simplement fondés et déterminés par soi-même.

L'essence de la philosophie *critique* réside dans le fait qu'un Je absolu y est établi comme tout simplement inconditionné et déterminable par rien de supérieur, et quand cette philosophie tire ses conclusions de façon conséquente à partir de ce principe fondamental, elle devient doctrine de la science. Au contraire la philosophie est dite *dogmatique* quand elle identifie et oppose quelque chose au Je, et cela se produit dans le concept censé être supérieur de la *chose (Ens)* qui est établi de façon parfaitement arbitraire comme ce qu'il y a en général de plus élevé [120. Dans le système critique, la chose est ce qui est posé dans le Je ; dans le système dogmatique elle est ce en quoi le Je lui-même est posé : le criticisme et de ce fait *immanent*, parce qu'il pose tout dans le Je. Le dogmatisme est *transcendant*, parce qu'il dépasse le Je. Pour autant que le dogmatisme peut-être conséquent, le spinozisme en est le produit le plus conséquent. Si l'on procède maintenant avec le dogmatisme en cherchant les principes fondamentaux qui lui sont propres, comme on le doit en fait, on lui demandera pourquoi il admet sa chose en soi sans une raison supérieure, alors qu'il demande au Je un fondement supérieur ; pourquoi donc serait-elle absolue, puisque que le Je est censé ne pas l'être. Or il ne peut montrer aucun bien-fondé, et nous exigeons donc à juste titre que selon son propre principe : ne rien accepter sans fondement, il présente à nouveau un concept-genre supérieur pour le concept de chose, et autre pour celui-ci et ainsi de suite à l'infini. Un dogmatisme accompli nie donc soit que notre savoir en général a un fondement, qu'en général il y a un système dans l'esprit humain ; soit il se contredit lui-même. Le dogmatisme accompli est un scepticisme, qui doute qu'il doute ; car il doit supprimer l'unité de la conscience et avec elle l'ensemble de la logique : il n'est donc pas un dogmatisme, et se contredit lui-même, en prétendant en être [121] un[15].

(Ainsi, Spinoza place le fondement de l'unité de la conscience dans une substance, dans laquelle elle est déterminée nécessairement aussi bien quant à la matière (séries déterminées de représentation) que quant à la forme de l'unité). Mais je lui demande ce qu'est donc ce qui à son tour contient le fondement de la nécessité de cette substance, aussi bien quant à sa matière (les différentes séries de représentations contenues en elle) que quant à sa forme (selon laquelle *toutes* les séries représentatives *possibles* sont épuisés en elle et doivent constituer un *tout* complet). Or il m'indique qu'il n'y a pour cette nécessité aucun fondement supplémentaire, mais dit : c'est tout simplement ainsi ; et il dit cela parce qu'il est contraint d'admettre quelque chose de suprêmement absolu, une unité suprême : et s'il veut cela, il aurait dû en rester tout de suite à l'unité qui lui est donnée dans la conscience, et il n'aurait pas eu besoin d'en inventer encore une autre, ce à quoi rien ne le poussait).

---

[15] Il n'y a que deux systèmes, le système critique et le système dogmatique. Le scepticisme, comme nous l'avons déterminé ci-dessus, ne serait pas un système ; car il nie la possibilité d'un système en général. Mais il ne peut la nier que systématiquement, donc il se contredit lui-même et est tout à fait irrationnel. La nature de l'esprit humain fait d'ailleurs déjà en sorte qu'il soit impossible. Il n'y a encore jamais eu personne qui soit sérieusement sceptique de cette manière. Le scepticisme critique est un peu autre chose, celui de Hume, de Maimon, d'Ænésidème, qui découvre l'insuffisance des raisons avancées jusqu'à présent, et signale de ce fait justement la direction où l'on peut en trouver de plus tenable. Grâce à lui, la science gagne à chaque fois, et même si ce n'est pas toujours en contenu, c'est en tout cas sûrement en forme — et l'on connaît mal les avantages de la science si on refuse aux sceptiques sagaces le respect qui leur est dû.

Il serait tout simplement inexplicable qu'un penseur ait jamais pu dépasser le Je ou, l'ayant dépassé, ait pu rester immobile quelque part, si une donnée pratique ne pouvait se présenter comme raison d'explication parfaite de ce phénomène. C'était une donnée pratique, et non théorique, comme on a semblé le croire, qui avait poussé le dogmatique au-delà du Je ; à savoir le sentiment (*Gefühl*) de la dépendance de notre Je – dans la mesure où il est pratique – par rapport à un Non-Je qui n'est en général pas placé sous notre législation et est dans cette mesure libre : une donnée pratique l'a cependant contraint derechef à rester tranquille quelque part ; à savoir le sentiment d'une subordination et d'une unité nécessaires de tout le Non-Je parmi les lois pratiques du Je ; subordination et unité cependant qui ne sont pas quelque chose qui existe en tant qu'objet d'un concept, mais en tant qu'objet d'une idée, quelque chose qui doit exister et être produit par nous, comme on le verra en son temps.

Il apparaît donc ici en dernier lieu qu'en général le dogmatisme n'est pas du tout ce qu'il prétend être [122], que nous lui avons causé du tort avec nos conclusions précédentes et qu'il se cause lui-même du tort lorsqu'il se les attribue. Son unité suprême n'est réellement pas autre chose que celle de la conscience, et ne peut pas en être une autre ; et sa chose est le substrat de la divisibilité en général ou la substance suprême, où tous deux, le Je et le Non-Je (intelligence (*Intelligenz*) et extension de Spinoza) sont posés. Quand au Je absolu pur, bien loin de le dépasser, il ne s'élève pas du tout à son niveau : il va, lorsqu'il s'élève au maximum, comme dans le système de Spinoza, jusqu'à notre deuxième et troisième principe fondamental, mais pas jusqu'au premier tout simplement inconditionné ; habituellement, il ne s'élève jamais à ce point, et de loin.

Il était réservé à la philosophie critique de faire ce dernier pas et de parachever ainsi la science. La partie théorique de notre doctrine de la science, qui elle aussi n'est développée qu'à partir des deux derniers principes, le premier n'ayant ici qu'une valeur régulative, est réellement, comme on le verra en temps voulu, le spinozisme systématique ; sauf que chaque Je est lui-même la substance unique suprême. Mais notre système ajoute une partie pratique, qui fonde et détermine la partie théorique et parachève ainsi l'ensemble de la science. Elle épuise tout ce que l'on rencontre dans l'esprit humain, et réconcilie parfaitement l'entendement humain commun (*gemeinen Menschenverstand*), qui était lésé par toute la philosophie prékantienne et semblait, sans espoir de réconciliation avec notre système théorique, divisé d'avec la philosophie, elle le réconcilie donc avec celle-ci.

9. Quand on fait pleinement abstraction de la forme *déterminée* du jugement, à savoir qu'il y a un jugement *d'opposition* ou *de comparaison*, cons-

truit sur une *raison de distinction* ou *de relation,* et que seul reste l'universel du type de l'acte – le fait de limiter l'un par l'autre, – nous avons la catégorie de la *détermination* (*Begrenzung, Limitation* chez Kant). Une position de quantité en général, que ce soit la quantité de la réalité ou de la négation, s'appelle détermination [123].

DEUXIÈME PARTIE

Fondement du savoir théorique

§ 4. *Première thèse*

Avant d'emprunter notre chemin, une brève réflexion sur lui ! – Nous avons à présent trois principes fondamentaux logiques ; celui de *l'identité*, qui fonde tous les autres ; et ensuite les deux qui se fondent eux-mêmes réciproquement en lui, celui de *l'opposer*, et celui de la *raison.* Ces deux derniers principes fondamentaux rendent seuls possible le procédé synthétique ; ils établissent et fondent la forme de celui-ci. Nous n'avons donc besoin de rien de plus pour asseoir la certitude de la validité formelle de notre manière de procéder dans la réflexion. – Parallèlement, dans le premier acte synthétique (la synthèse fondamentale du Je et du Non-Je) est établi un contenu pour toutes les synthèses possibles futures, et nous n'avons besoin de rien de plus de ce côté-là aussi. C'est à partir de cette synthèse fondamentale que doit être développé tout ce qui est destiné à relever du domaine de la doctrine de la science.

Mais si quelque chose doit se développer à partir d'elle, il faut que se trouvent, contenu dans les concepts qu'elle réunit, d'autres concepts encore, qui jusqu'à présent n'ont pas été établis ; et notre tâche consiste à les trouver. On procédera ce faisant de la manière suivante. – Selon le § 3, tous les concepts synthétiques se forment par réunification d'opposés. Il faudrait donc d'emblée rechercher les critères opposés des concepts édifiés (ici du Je, et du Non-Je, dans la mesure où ils sont posés comme se déterminant réciproquement) ; et cela se produit par la réflexion, qui est un acte volontaire de notre esprit. J'ai dit *rechercher* ; il est donc présupposé qu'ils sont déjà présents, et pas seulement faits par exemple par notre réflexion [124], ou inventés (ce que la réflexion par ailleurs ne réussit pas à faire) c'est-à-dire que l'on présuppose une action antithétique, originellement nécessaire, du Je.

La réflexion doit accomplir cet acte antithétique : et elle est dans cette mesure d'emblée analytique. C'est-à-dire que des caractères opposés, qui sont contenus dans un concept déterminé = A, doivent être élevés à la conscience distincte par la réflexion *en tant qu'*opposés, ce qui signifie analyser le concept A. Mais ici, il faut remarquer en particulier que notre réflexion analyse un concept qui ne lui est encore aucunement donné, mais ne doit être trouvé que par l'analyse ; le concept analysé est jusqu'à l'accomplissement de l'analyse =X. La question se pose : comment un concept inconnu peut-il être analysé ?

Aucun acte antithétique (dont certains sont pourtant présupposés en général pour la possibilité de l'analyse), n'est possible sans un acte synthétique ; et notamment aucun acte antithétique déterminé n'est possible sans son acte synthétique déterminé (§ 3). Ils sont tous deux intimement réunis ; ils constituent un seul et même acte, et ne sont distingués que dans la réflexion. On peut donc conclure de l'antithèse à la synthèse ; le tiers terme, où les deux opposés sont réunis, peut également être établi : non en tant que produit, mais en tant que trouvaille de la réflexion, et cependant en tant que produit de cet acte synthétique originel du Je, qui pour cette raison, en tant qu'acte, ne doit précisément par parvenir à la conscience empirique, tout aussi peu que les actes jusqu'à présent accomplis. Nous rencontrons donc à partir de maintenant des actes synthétiques purs qui ne sont toutefois pas tout simplement des actes inconditionnés comme les premiers. Par notre déduction cependant, nous montrons que ce sont des actes, et des actes du Je. En effet, ils le sont certainement, aussi certainement que la première synthèse à partir de laquelle ils ont été développés, avec laquelle ils sont une seule et même chose, est une ; et celle-ci est une, aussi certainement que le plus haut acte effectif du je, celui par lequel il se pose lui-même, est un. – Les actes qui sont établis sont *synthétiques* ; mais la réflexion qui les établit est *analytique* [125].

Mais les antithèses en question, qu'il faut présupposer pour que soit possible une analyse par la réflexion, doivent être pensées en tant qu'antécédentes, c'est-à-dire telles que la possibilité des concepts synthétiques destinés à être mis en évidence en dépende. Mais aucune antithèse n'est possible sans synthèse. Donc, il faut admettre qu'une synthèse supérieure est déjà advenue ; et notre première tâche doit être de la rechercher et de l'établir de façon déterminée. Or celle-ci doit déjà avoir été établie dans le paragraphe précédent. Cependant, il se pourrait qu'en raison du passage à une nouvelle partie de la science, il faille pourtant rappeler quelque chose de particulier ici.

A. *Détermination du principe synthétique à analyser*

Le Je aussi bien que le Non-Je sont tous deux posés par le Je et dans le Je, comme limitables l'un par l'autre réciproquement, c'est-à-dire de telle manière que la réalité de l'un supprime la réalité de l'autre et inversement (§ 3)[16].

On trouve les deux principes suivants dans ce principe.

1. *Le Je pose le Non-Je comme borné par le Je.* Ce principe, qui dans le futur, et notamment dans la partie pratique de notre science, jouera un grand rôle, ne permet pas provisoirement, c'est du moins ce qu'il semble, un usage quelconque. Car jusqu'à présent le Non-Je est néant, il n'a aucune réalité, et on ne peut donc pas envisager comment une réalité peut être supprimée en lui par le Je, alors qu'il n'en a pas ; comment il peut être restreint alors qu'il n'est rien. Ainsi donc, ce principe semble complètement inutilisable, aussi longtemps que l'on ne peut pas attribuer au Non-Je, d'une manière quelconque, de la réalité. Le principe sous lequel il est subsumé : à savoir que le Je et le Non-Je se restreignent réciproquement, est certes posé ; mais c'est un grand problème que de savoir si ce qui est justement édifié et posé maintenant par lui est aussi contenu en lui. Le Je peut aussi simplement et uniquement être restreint par le Non-Je, comme il a d'abord lui-même restreint celui-là – lorsque la restriction est d'abord venue du Je [126]. Peut-être que le Non-Je ne restreint pas le Je en soi, mais seulement le restreindre du Je ; et ainsi le principe ci-dessus resterait quand même vrai et exact, sans que doive être attribuée au Non-Je une réalité absolue, et sans que le principe posé ci-dessus problématiquement soit contenu en lui.

2. Il y a dans ce principe le principe suivant : *le Je se pose soi-même, comme borné par le Non-Je.* On peut faire usage de ce principe ; il doit être admis comme certain car il se laisse dériver du principe établi ci-dessus.

Le Je est posé, d'emblée comme réalité absolue, et ensuite comme réalité restreignable susceptible de quantité, et ce par le Non-Je. Mais tout cela est posé par le Je ; et ce sont là les facteurs-clé de notre principe.

(On verra :

---

[16] Dialectique transcendantale. Histoire de la raison pure spéculative. 1ère Synthèse quintuple mineure : A, B, C, D ; [125, 127, 131, 136] (ABC : 125-136), puis 136-145 (D)] ; opposition du réalisme (Spinoza) et de l'idéalisme (Leibniz). (XXVI-XXX). Dans les 5 moments allant de A à E [125-148], on compte 25 moments subordonnés.
Synthèse A1 [125-127] divisibilité, détermination 79-80.

1. Que le dernier principe fonde la partie théorique de la doctrine de la science – cependant seulement après accomplissement de celle-ci, ce qui ne peut être autrement dans l'exposé synthétique.

2. Que le premier principe jusqu'à présent problématique fonde la partie pratique de la science. Mais comme lui-même est problématique, la possibilité d'une telle partie pratique reste également problématique. On comprend à présent à partir de cela :

3. Pourquoi la réflexion doit partir de la partie théorique ; sans tenir compte du fait qu'il apparaîtra dans la suite que ce n'est pas par exemple la faculté théorique qui rend possible la faculté pratique, mais que, inversement la faculté pratique rend seule possible la faculté théorique (c'est-à-dire que la raison en soi est seulement pratique et qu'elle ne devient théorique que dans l'application de ses lois à un Non-Je qui la restreint). – Elle l'est donc parce que la *pensabilité* du principe fondamental pratique se fonde sur la pensabilité du principe théorique. Mais il est déjà question de la pensabilité dans la réflexion.

4. Il ressort de cela que la division de la doctrine de la science en théorique et en pratique [127], que nous avons accomplie ici, est simplement problématique ; (raison pour laquelle nous ne devions la présenter qu'en passant, et que nous ne pouvions pas tracer leur frontière marquée qui, en tant que telle, n'est pas encore connue). Nous ne savons pas encore si nous achèverons la partie théorique ou si nous ne nous heurterons pas plutôt à une contradiction, qui sera tout simplement insoluble ; nous pouvons d'autant moins savoir si nous seront poussés depuis la partie théorique vers une partie pratique particulière).

B. *Synthèse*[17] *des opposés contenus dans la proposition établie en général*

Le principe : *le Je se pose comme déterminé par le Non-Je,* a également été dérivé de la troisième Hypothèse fondamentale ; si celle-là doit être valide, alors lui aussi est obligé de l'être ; mais celle-là est obligatoirement valide, aussi certainement que l'unité de la conscience n'est pas supprimée et que le Je ne doit pas cesser d'être Je (§ 3). Lui-même doit donc être certain tant que l'unité de conscience n'est pas supprimée.

Nous devons tout d'abord l'analyser, c'est-à-dire voir si des opposées sont contenus en lui, et lesquels.

Le Je se pose, comme *déterminé par le Non-Je*. Donc le Je ne doit pas déterminer, mais *être* déterminé ; le Non-Je toutefois doit déterminer,

[17] Synthèse B1 [127-131] : relation 80-83.

poser des limites à la réalité du Je. De ce fait, il y a d'emblée dans le principe que nous avons établi le principe suivant :

Le Non-Je détermine (activement) *le Je* (lequel dans cette mesure est subissant). *Le Je se pose* comme déterminé, par une activité absolue. Toute activité doit, pour autant que nous puissions le savoir jusqu'à présent, procéder du Je. Le Je a posé dans la quantité soi-même et le Non-Je, les deux. Mais le Je se pose comme déterminé, ce qui signifie manifestement la même chose que *le Je se détermine.* De ce fait il se trouve aussi dans le principe établi le principe suivant :

Le Je se détermine soi-même (par une activité absolue) [128].

Nous faisons jusqu'à nouvel ordre totalement abstraction de la question de savoir si chacun de ces deux principes se contredit, contient une contradiction interne, et de ce fait se supprime. Mais ce qui est évident, c'est que tous deux se contredisent réciproquement ; que le Je ne peux pas être actif s'il doit être subissant et inversement.

(Les concepts d'*activité* (*Tätigkeit*), et de *subir* (*Leiden*) ne sont à vrai dire pas encore, en tant qu'opposés, dérivés et développés ; mais il ne faut rien déduire non plus de ces concepts en tant qu'ils sont opposés ; on a utilisé ici ces termes pour être compréhensible. Pour autant il est manifeste que dans l'un des principes développés est affirmé ce qui dans l'autre est nié, et inversement ; et quelque chose de ce genre est bien une contradiction).

Deux principes, qui sont contenus dans un seul et même principe, se contredisent l'un l'autre, ils se suppriment donc : et le principe dans lequel ils sont contenus se supprime lui-même. C'est ainsi qu'il en va avec le principe établi ci-dessus. Il se supprime donc lui-même.

Mais il ne faut pas qu'il se supprime si l'unité de la conscience ne doit pas être supprimée : nous devons donc chercher à réunir les opposés indiqués ; (c'est-à-dire que nous ne voulons pas selon ce qui précède : imaginer pour eux par artifice, dans notre tâche de réflexion, un point de réunion ; mais, comme l'unité de la conscience, et en même temps le principe qui menace de la supprimer, sont posés, le point de réunion doit déjà être présent dans notre conscience, et nous avons à le chercher par notre réflexion. Nous avons ainsi analysé un concept synthétique = X, qui est réellement existant ; et à partir des opposés nous devons conclure grâce à l'analyse quel genre de concept est cet X inconnu.)

Nous passons à la résolution de notre tâche.

Dans un des principes est affirmé ce qui est nié dans l'autre. Ce sont donc la réalité et la négation qui se suppriment ; et qui ne doivent pas se supprimer, mais être réunies, ce qui se produit (§ 3) par restriction ou détermination [129].

Dans la mesure où l'on dit : le Je se détermine soi-même, on attribue au Je une totalité absolue de réalité. Le Je ne peut que se déterminer comme réalité, car il est posé comme réalité tout simplement (§ 1), et aucune négation n'est posée en lui. Pourtant, il devrait être déterminé par lui-même ; cela ne peut pas signifier qu'il supprime une réalité en soi, car ainsi il entrerait immédiatement en contradiction avec lui-même ; mais cela doit signifier : le Je détermine la réalité et, par le biais de celle-ci, soi-même. Il pose toute réalité comme un quantum absolu. En dehors de cette réalité il n'y en a pas d'autre. La réalité est posée dans le Je. Le Je est donc déterminé dans la mesure où la réalité est déterminée.

Il faut encore remarquer que ceci était un Acte absolu du Je ; c'est justement le même qui apparaît au § 3 où le Je se pose lui-même en tant que quantité ; et qui ici, pour la suite, devait être établi nettement et clairement.

Le Non-Je est opposé au Je ; et en lui, il y a de la négation comme il y a dans le Je de la réalité. Si la totalité absolue de la réalité est posée dans le Je : alors il faut nécessairement que dans le Non-Je la totalité absolue de la négation soit posée ; et la négation elle-même doit être posée en tant que totalité absolue.

Toutes deux, la totalité absolue de la réalité dans le Je, la totalité absolue de la négation dans le Non-Je, doivent être réunies par détermination. De ce fait le Je se détermine *en partie* et il est *en partie déterminé* – en d'autres termes : le principe doit être pris dans une signification *double*, chacune devant toutefois pouvoir consister à côté de l'autre.

Mais toutes deux doivent être pensées comme *Une seule et même chose,* c'est-à-dire que justement dans la mesure où le Je est déterminé, il doit se déterminer, et également dans la mesure où il doit se déterminer, il doit être déterminé.

Le Je *est* déterminé, cela signifie que de la réalité est supprimée en lui. Si de ce fait le Je pose en lui seulement *une partie* de la totalité absolue de la réalité, il supprime en soi par là le reste de cette totalité. Et pose la partie de la réalité égale à la réalité supprimée, au moyen de l'opposer (§ 2) et de l'égalité de la quantité avec soi-même, dans le Non-Je. (§ 3). Un degré est toujours un degré ; que ce soit un degré de réalité ou de négation. (Divisez [130] par exemple la totalité de la réalité en 10 parties égales ; posez en 5 dans le Je ; alors nécessairement cinq parties de la négation seront posées dans le Je.)

Autant le Je pose en soi de parties de négation, autant il pose de parties de réalité dans le Non-Je ; réalité qui, dans l'opposé, supprime la réalité en lui. (S'il y a par exemple cinq parties de négation posées dans le Je, alors cinq parties de réalité sont posées dans le Non-Je).

De ce fait, le Je pose de la négation en soi dans la mesure où il pose de la réalité dans le Non-Je, et de la réalité en soi, dans la mesure où il pose de la négation dans le Non-Je ; il se pose donc en *se déterminant*, dans la mesure où il *est* déterminé ; et en *étant* déterminé, dans la mesure où il se *détermine* : et la tâche, dans la mesure où elle était donnée plus haut, est résolue.

(Dans la mesure où elle était donnée ; car la question de savoir comment le Je peut poser de la négation en soi ou de la réalité dans le Non-Je n'a toujours pas de réponse ; et tant que cette question n'a pas trouvé de réponse, il ne s'est pour ainsi dire rien passé. Rappelons cela afin que personne ne se scandalise de l'apparente nullité et insuffisance de notre solution).

Nous avons ainsi entrepris précisément une nouvelle synthèse. Le concept, qui est établi en elle, est subsumé sous le concept générique supérieur de *détermination* ; car par lui il y a de la quantité qui est posée. Mais si ce doit être vraiment un autre concept et si la synthèse qu'il désigne doit réellement être une nouvelle synthèse, alors il faut que la différence spécifique de celui-ci avec la raison de distinction des deux concepts se laisse montrer. – Par la *détermination* en général, on se contente de *poser fermement de la quantité* ; sans chercher comment et de quelle manière : par notre concept synthétique établi à l'instant, la quantité *de l'un est posée par celle de son opposé,* et inversement. Par la détermination de la réalité ou de la négation du Je est en même temps déterminée la négation ou la réalité du Non-Je ; et inversement. Je puis partir de l'un des opposés ; comme je le veux ; [131] et j'ai à chaque fois par un acte de détermination en même temps déterminé l'autre. Cette détermination plus déterminée pourrait être correctement appelé *détermination alternante* (selon l'analogie avec l'action alternante). C'est la même chose qui s'appelle chez Kant relation.

C. *Synthèse*[18] *par détermination alternante des opposés contenus dans le premier des principes opposés eux-mêmes.*

On verra bientôt que par la synthèse au moyen de la détermination alternante on n'a rien gagné de notable concernant la solution de la difficulté principale en soi. Mais nous avons pris pied dans la méthode.

Si tous les opposés qui doivent être réunis ici sont contenus dans le principe fondamental établi au début de la section (et ils doivent y être

---

[18] Synthèse C1 [131-136] : causalité 83-87.
1, 2, 3, 4, 5

contenus, en vertu du rappel de la méthode que nous avons fait plus haut), s'ils ont en outre d'une manière générale dû être réunis par le concept de la détermination alternante ; alors les opposés, qui se trouvent dans les principes généraux déjà réunis, *doivent être déjà médiatement réunis par la détermination alternante.* De même que les opposés particuliers sont contenus dans les principes généraux établis, de même il faut aussi que le concept synthétique qui les réunit soit contenu sous le concept général de la détermination alternante. Nous devons donc procéder avec ce concept exactement comme nous avons procédé avec le concept de *détermination* en général. Nous l'avons *déterminé* lui-même, c'est-à-dire que nous avons restreint la sphère de son périmètre à une quantité plus faible en ajoutant que la quantité de l'un doit être déterminée par son opposé, et inversement, et nous avons ainsi obtenu le concept de la détermination alternante. En vertu de la preuve que nous venons ainsi de conduire, nous avons désormais à déterminer plus précisément ce concept lui-même, c'est-à-dire à restreindre sa sphère en rajoutant une condition particulière, et nous obtiendrons ainsi des concepts synthétiques qui sont subsumés sous le concept supérieur de la détermination alternante [132].

Nous sommes ainsi mis en état de déterminer ces concepts par leurs frontières tranchées, si bien que la possibilité de les confondre et de dériver du domaine de l'un dans le domaine de l'autre est tout simplement coupée. Toute erreur se révèle sur-le-champ par le manque de détermination tranchée.

Le Non-Je doit déterminer le Je, c'est-à-dire qu'il doit supprimer en lui de la réalité. Mais cela n'est possible qu'à la condition qu'il ait en lui-même la partie de la réalité qu'il veut supprimer dans le Je. Donc – *le Non-Je a en soi même de la réalité.*

Mais *toute réalité est posée dans le Je,* or le Non-Je est opposé au Je ; ce n'est donc pas de la réalité qui est posée en lui, mais uniquement de la négation. Tout Non-Je est négation ; et *n'a donc aucune réalité en soi.*

Les deux principes se suppriment réciproquement. Tous deux sont contenus dans le principe : le Non-Je détermine le Je. Ce principe se supprime donc lui-même.

Mais ce principe est contenu dans le principe fondamental que nous venons justement d'établir ; et celui-ci dans le principe de l'unité de la conscience ; s'il est supprimé, alors le principe fondamental dans lequel il est contenu et l'unité de la conscience dans laquelle celui-ci est contenu sont supprimés. Il ne peut donc pas se supprimer, au contraire les opposés qui se trouvent en lui doivent se laisser réunir.

1. La contradiction n'est pas déjà résolue par le concept de la détermination alternante. Posons donc la totalité absolue de la réalité comme

divisible ; c'est-à-dire comme pouvant être augmentée ou diminuée (et l'autorisation de faire cela elle-même n'est pas encore déduite) ; alors nous pouvons certes retirer volontairement des parties de celle-ci, et nous devons sous cette condition nécessairement les poser dans le Non-Je ; c'est ce que permet de faire le concept de la détermination alternante. *Mais comment en venons-nous à retirer des parties de la réalité du Je ?* C'est la question qui n'est pas encore abordée – la réflexion pose sans doute, en vertu de la loi de la détermination alternante, la réalité supprimée dans l'Un dans son opposé, et inversement si tant est qu'elle ait supprimé de la réalité [133]. Mais qu'est-ce qui la justifie ou l'oblige en général à entreprendre une détermination alternante ?

Expliquons-nous plus précisément ! – Il y a, posée dans le Je absolu, de la réalité. Dans le troisième principe fondamental, et de façon très déterminée, le Non-Je a été posé comme un *quantum* ; et ce quantum est *quelque chose*, donc aussi une *réalité*. Cependant le Non-Je doit être négation ; – donc pour ainsi dire une négation réelle (une grandeur négative).

D'après le concept de simple relation, il est totalement indifférent de savoir auquel des deux opposés on veut attribuer de la réalité et auquel on veut attribuer de la négation. Cela dépend duquel des deux objets la réflexion prend son départ. C'est ainsi qu'il en va réellement dans les mathématiques qui font abstraction de toute réalité et considèrent uniquement dans tous les cas la quantité. Savoir si je veux appeler grandeurs positives les pas en arrière ou en avant est en soi parfaitement indifférent ; mais cela dépend uniquement de savoir si c'est la somme des premiers ou celle des derniers qui peut être établie comme résultat ultime. C'est ainsi qu'il en va dans la doctrine de la science. Ce qui dans le Je est négation, était dans le Non-Je réalité, et inversement ; dans cette mesure, mais pas davantage, c'est le concept de détermination qui prescrit. Maintenant, que je veuille appeler ce qu'il y a dans le Je réalité ou négation est totalement abandonné à mon libre arbitre : il est simplement question de réalité relative[19].

Il apparaît de ce fait une duplicité dans le concept de réalité lui-même, qui est entraîné justement par le concept de détermination alternante. Si cette duplicité ne se laisse pas lever, alors l'unité de la conscience est supprimée [134] : le Je est réalité et le Non-Je est également

[19] Il est remarquable que dans l'usage commun, le mot *relatif* soit utilisé toujours exactement, constamment pour ce qui n'est différent que par la quantité, et ne peut être différent par rien d'autre ; et que pourtant aucun concept déterminé ne soit associé avec le mot *relation* dont il provient.

réalité ; et tous deux ne sont plus opposés et le Je n'est pas = Je, mais Non-Je.

2. Pour que la contradiction indiquée soit résolue de façon satisfaisante, il faut avant toutes choses que soit levée cette dualité, derrière laquelle cette contradiction peut se cacher et n'être pas une véritable contradiction mais seulement une contradiction apparente.

Le Je est source de toute réalité. Ce n'est que par et avec le Je que le concept de réalité est donné. Mais le Je *est*, parce qu'il *se pose*, et il *se pose*, parce qu'il *est*. De ce fait, *se poser* et *être* sont une seule et même chose. Mais le concept du *se-poser* et celui de l'*activité* en général sont à nouveau une seule et même chose. Donc – toute réalité est *active* ; et toute chose *active* est réalité. L'activité est réalité *positive* (à l'opposé de la simple réalité *relative*).

(Il est absolument nécessaire de penser ici très purement le concept d'activité. Celui-ci ne peut rien désigner qui ne soit contenu dans le poser absolu du Je par lui-même ; rien qui ne soit immédiatement dans la proposition : *Je suis*. Il est donc clair qu'il faut faire pleinement abstraction non seulement de toutes les *conditions de temps*, mais aussi de tout *objet* de l'activité. L'acte effectif du Je, dès lors qu'il pose son propre être, n'aboutit pas à un objet, mais retourne à lui-même. C'est alors seulement, quand le Je se représente lui-même, qu'il devient objet. – L'imagination peut difficilement se retenir de mêler le dernier critère, celui de l'objet, au concept pur de l'activité : mais c'est assez que l'on soit averti qu'elle produit une illusion, afin qu'au moins l'on fasse abstraction dans les déductions de tout ce qui pourrait provenir d'un tel mélange).

3. Le Je doit être déterminé, c'est-à-dire que de la réalité, ou comme ce concept vient d'être déterminé, de l'*activité* doit être supprimée en lui. Donc l'opposé de l'*activité* est posé en lui. L'opposé de l'activité toutefois s'appelle *subir*. Subir est une négation *positive* absolue, et est dans cette mesure opposée celle qui est simplement *relative*.

(Il serait souhaitable que le mot subir ait moins de significations accessoires [135]. Il n'est pas besoin de rappeler qu'ici nous ne pensons pas à une sensation douloureuse. Mais peut-être qu'il faut faire abstraction dans l'opposé de toutes les *déterminations temporelles*, et aussi jusqu'à présent encore *de toute activité causant le subir*. Subir est la simple négation de ce que nous venons d'établir comme pur concept d'activité ; et notamment de l'activité *quantitative*, car lui-même est quantitatif ; en effet, la simple négation de l'activité dont la quantité abstraite serait = zéro serait le *repos*. Tout ce qui dans le Je n'est pas compris immédiatement dans le : *Je suis*, tout ce qui n'est pas immédiatement posé par le poser du Je par lui-même, est pour celui-ci subir (affection en général).

4) Si, quand le Je est en état de subissement, la totalité absolue de la réalité doit rester conservée, il faut nécessairement, au moyen de la loi de la détermination alternante, qu'un degré identique d'activité soit transféré dans le Non-Je.

Et ainsi, la contradiction citée ci-dessus est résolue. *Le Non-Je n'a en tant que tel, en soi, aucune réalité, mais il a de la réalité dans la mesure où le Je subis ;* grâce à la loi de la détermination alternante. Ce principe : *le Non-Je n'a* (pour autant que nous puissions le savoir, au moins jusqu'à présent) *pour le Je de la réalité que dans la mesure où le Je est affecté ; et en dehors de la condition d'une affection du Je, il n'en a aucune,* est par ses conséquences très important.

5. Le concept synthétique maintenant dérivé est subsumé sous le concept supérieur de la détermination alternante ; car en lui la quantité de l'un, le Non-Je, est déterminée par la quantité de son opposé, le Je. Mais il est aussi spécifiquement différent de lui. En effet, dans le concept de la détermination alternante il était parfaitement indifférent de savoir lequel des deux opposés était déterminée par l'autre : lequel des deux se voyait attribuer la réalité et lequel la négation. La quantité était déterminée, – mais rien de plus que la simple quantité. – Dans la synthèse actuelle cependant, la confusion n'est pas indifférente ; il y est déterminé [136] lequel des deux membres de l'opposition se voit attribuer la réalité et non la négation, et lequel se voit attribuer la négation, et non la réalité. *L'activité* est donc posée par la synthèse actuelle, et ce au même degré d'activité dans l'un que de subir dans son opposé ; et inversement.

Cette synthèse est appelée la synthèse de *l'efficience* (causalité). Ce à quoi est attribuée *l'activité* et dans cette mesure *aucun subir,* s'appelle la *cause* (réalité primordiale, réalité positive posé tout simplement, qui est exprimée de façon pertinente par ce mot) ; ce à quoi le *subir* est attribué et, dans cette mesure, non l'activité, s'appelle *l'effectué* (l'effet, donc une réalité dépendant d'une autre et non primordiale). Tous deux pensés en relation s'appellent une opération *(Wirkung).* On ne devrait donc jamais appeler l'effectué *Wirkung.*

(Dans le concept d'efficience-causalité, comme nous venons de le déduire, il faut totalement faire abstraction des *conditions temporelles* empiriques ; et ce concept peut fort bien être pensé même sans elles. D'une part, le temps n'est pas encore déduit, et nous n'avons pas encore le droit de nous servir ici de son concept ; d'autre part il n'est pas du tout vrai que nous devons penser la cause, en tant que telle, c'est-à-dire dans la mesure où elle est active dans l'opération déterminée, comme précédant dans le temps l'effectué, comme on le verra dans le schématisme. Cause et effectué doivent bien, en raison de l'unité synthétique, être pensés comme une seule et même chose. Ce n'est pas la cause en tant que telle mais la substance, à laquelle l'efficience est attribuée, qui précède dans le temps l'opération, pour des raisons que l'on verra plus tard. Mais de ce point de vue, même la substance, sur laquelle il y a effectuation, précède dans le temps ce qui en elle est effectué.

D. *Synthèse*[20] *par détermination alternante des oppositions contenues dans le deuxième des principes opposés.*

Le deuxième principe établi comme contenu dans notre principe fondamental : le je se pose comme déterminé, c'est-à-dire qu'il se détermine, contient lui-même des oppositions [137] ; il se supprime donc. Mais comme il ne peut pas se supprimer sans que par voie médiate l'unité de la conscience soit aussi supprimée, nous devons réunir en elle les opposés dans une nouvelle synthèse.

a) Le Je se détermine ; il est le *déterminant*, et de ce fait il est actif.

b) Il se détermine ; il est celui qui *devient déterminé*, et de ce fait subissant. Donc le Je est dans une seule et même action à la fois actif et subissant ; il lui est attribué en même temps réalité et négation, ce qui sans aucun doute est une contradiction.

Cette contradiction doit être résolue par le concept de la détermination alternante ; et elle serait à vrai dire complètement résolue si au lieu des principes ci-dessus on pouvait penser le principe suivant : *le Je détermine par son activité son subir ; ou par son subir son activité.* Alors il serait dans un seul et même état actif et subissant en même temps : la seule question étant de savoir *si* et *comment* le principe ci-dessus peut-être pensé.

Pour que soit possible toute détermination en général (toute mesure), il faut un étalon déterminé. Cet étalon toutefois ne pourrait pas être autre chose que le Je lui-même, parce qu'originellement seul le Je est posé tout simplement.

Mais dans le Je, de la réalité est posée. Donc, le Je doit être posé comme *totalité absolue* (donc comme un quantum dans lequel tous les quanta sont contenus, et qui peut être une mesure pour tous) de la réalité ; et ce originellement et simplement ; si la synthèse ainsi établie progressivement est possible et si la contradiction doit être résolue de façon satisfaisante, alors

1. Le Je pose simplement, sans aucune raison, et sous aucune condition possible, une *totalité absolue de la réalité*, en tant que quantum, au-

---

[20] Synthèse D1 [136-141] : substantialité 88-90.
a), b), 1, 2, 3, 4, 5, 6, 7, 8, 9, 10 (a, b),

dessus duquel, simplement en vertu de cette position, aucun quantum plus grand n'est possible ; et ce maximum absolu de la réalité, il le pose *en soi-même.* – Tout ce qui est posé dans le Je est réalité : et toute réalité qui est, est posée dans le Je (§ 1). Mais cette réalité dans le Je est un quantum [138], et un quantum simplement posé (§ 3).

2. Par et dans cet étalon posé tout simplement, doit être déterminée la quantité d'un manque de réalité (d'un subir). Mais le manque est néant ; et ce qui manque est néant. Donc le manque peut uniquement être déterminé du fait que *le reste de la réalité* est déterminé. Donc, le Je ne peut déterminer que la quantité restreinte de sa *réalité* ; et par sa détermination il y a aussi détermination en même temps de la quantité de la *négation.* (Au moyen du concept de détermination alternante).

(Nous faisons ici encore complètement abstraction de la détermination de la négation, en tant qu'opposé de la *réalité en soi,* dans le Je ; et nous dirigeons notre attention uniquement sur la détermination d'un quantum de réalité, qui soit plus petit que la totalité).

3. Un quantum de réalité non identique à la totalité est lui-même une *négation*, à savoir une *négation de la totalité.* Il est, en tant que quantité limitée, opposé à la totalité ; tout ce qui est opposé cependant est négation de ce à quoi il est opposé. Toute quantité déterminée est non totalité.

4. Mais si un tel quantum peut-être opposé à la totalité, donc *comparé* avec elle (selon les règles de toute synthèse et antithèse), il doit y avoir une relation de raison entre celle-ci et le concept de *divisibilité* (§ 3). Dans la totalité absolue, il n'y a pas de partie ; mais elle peut être comparée avec des parties et être distinguée d'elles : et ainsi la contradiction ci-dessus peut être résolue de façon satisfaisante.

5. Pour voir cela très nettement, réfléchissons sur le concept de réalité. Le concept de réalité est comme le concept d'activité. Toute réalité est posée dans le Je, ce qui signifie : toute activité est posée dans celui-ci ; et inversement ; tout dans le Je est réalité, ce qui signifie : le je est uniquement actif ; il est simplement Je, dans la mesure où il est actif ; et dans la mesure où il n'est pas actif, il est Non-Je [139].

Tout subir est non-activité. Le subir ne se laisse donc pas autrement déterminer que par le fait qu'il est rapporté à l'activité.

Or cela correspond à notre tâche, selon laquelle au moyen de l'activité, par une détermination alternante, un subir doit être déterminé.

6. Le subir ne peut pas être rapporté à l'activité, sauf à la condition qu'il y ait une raison de relation avec lui. Mais cela ne peut pas être une autre raison que la raison de relation générale de la réalité et de la négation, celle de la quantité. Le subir est rattachable par la quantité à l'activité, ce qui signifie : *subir est un quantum d'activité.*

7) Pour pouvoir penser un quantum d'activité, on doit avoir un étalon de l'activité : c'est-à-dire de *l'activité en général* (ce qui s'appelait ci-dessus totalité absolue de la réalité). Le quantum en général est la mesure.

8) Si en général *toute* l'activité est posée dans le Je, alors le poser d'un *quantum de l'activité* est une diminution de celle-ci ; et dans la mesure où un quantum de ce genre n'est pas *toute* l'activité, il est un subir ; bien qu'*en soi* il soit en même temps activité.

9) De ce fait, par le poser d'un quantum d'activité, par opposition de celui-ci à l'activité, non dans la mesure où elle est *activité en général* mais dans la mesure où elle est *toute* l'activité, un subir est posé ; c'est-à-dire que ce quantum d'activité, *en tant que* tel, est lui-même posé en tant que subir ; et en tant que tel *déterminé*.

(*Déterminé*, dis-je. Tout subir est négation de l'activité ; par un quantum d'activité, la totalité de l'activité et niée. – S'il est en général considéré comme activité, alors il n'appartient pas à la sphère du subir, mais est exclu d'elle).

10. Nous avons ainsi mis en évidence un X, qui est à la fois réalité, et négation, activité et subir.

a) X est *activité* dans la mesure où il est rapporté au Non-Je, [140] parce qu'il est posé dans le Je, et dans le Je posant, agissant.

b) X est *subir* dans la mesure où il est rapporté à la totalité de l'agir. Ce n'est pas l'agir en général, mais c'est un agir *déterminé* : une modalité d'agir particulière contenue dans la sphère de l'agir en général.

(Tracez une ligne circulaire =A, alors l'ensemble de la surface qu'elle inclut =X est opposé à la surface infinie dans l'espace infini, qui est exclue. Tracez dans le cercle A une autre ligne circulaire =B, alors la surface inclue dans celle-ci =Y est d'emblée inclue dans le cercle de A, et en même temps avec lui opposée à la surface infinie exclue par A, et dans cette mesure parfaitement identique à la surface X. Mais dans la mesure où vous la considérez comme inclue par B, elle est opposée à la surface infinie exclue, donc aussi à la partie de la surface X, qui ne se trouve pas en elle. Donc, l'espace Y est à soi-même opposé ; il est en effet soit une partie de la surface X soit il est la surface Y existant pour elle-même).

Un exemple : *Je pense* est d'emblée une expression d'activité ; le Je est posé *pensant*, et dans cette mesure *agissant*. Il est en outre une expression de la négation, de la restriction, du subir ; car *penser* est une détermination particulière de l'être ; et au cours de celle-ci, toutes les autres modalités de l'être sont exclues. Le concept de penser est de ce fait opposé à lui-même ; il désigne une activité lorsqu'il est rapporté à l'objet pensé, il désigne un subir lorsqu'il est rapporté à l'être en général : car l'être doit être restreint pour que la pensée soit possible.

Tout prédicat possible du Je désigne une restriction de celui-ci. Le sujet : Je, est ce qui est tout simplement actif, ou étant [141]. Par le prédicat (par exemple je représente, j'aspire etc.) cette activité est enfermée dans une sphère limitée. (Il n'est pas encore question ici de savoir comment et par quoi cela se produit).

11. On[21] peut maintenant entrevoir parfaitement comment le Je, par son activité et au moyen de celle-ci, peut déterminer son subir, et comment il peut être à la fois actif et subissant. Il est *déterminant* dans la mesure où, par une spontanéité absolue, il se pose, parmi toutes les sphères contenues dans la totalité absolue de ses réalités, dans une sphère déterminée ; et dans la mesure seulement où il réfléchit sur ce poser absolu, mais fait abstraction de la limite de la sphère. Il est *déterminé* dans la mesure où il se considère en tant que posé dans cette sphère déterminée et est abstrait de la spontanéité du poser.

12. Nous avons trouvé l'action originellement synthétique du Je par laquelle la contradiction discutée est résolue, et par là un nouveau concept synthétique que nous devons encore examiner plus précisément.

Il est, tout comme le précédent, celui de l'efficience, une détermination alternante plus précisément déterminée ; et nous obtiendrons les aperçus les plus parfaits dans ces deux concepts si nous les comparons avec elle ainsi qu'entre eux.

Selon les règles de la détermination en général, il faut a) que tous deux soient identiques à la détermination alternante, b) opposés à elle, c) identiques l'un à l'autre, dans la mesure où ils sont opposés à elle, et d) opposés l'un à l'autre

a) Ils sont identiques à la détermination alternante en ce que dans les deux concepts, comme dans celle-ci, l'activité est déterminée par le subir ou la réalité par la négation (ce qui est précisément égal) et inversement.

b) Ils lui sont tous les deux opposés. Car dans la détermination alternante, seule une alternance en général est *posée* ; mais non *déterminée*. On peut en toute liberté passer de la réalité à la négation ou de la négation à la réalité. Dans les deux synthèses dérivées en dernier cependant, l'ordre de l'alternance est établi et déterminé [142].

c) C'est précisément dans le fait que dans les deux synthèses, l'ordre est établi, qu'elles sont identiques entre elles.

[21] Synthèse ABCD1 [141-145] : déterminabilité 90-93.
11, 12 (a, b, c, d), 13, 14

d) Sous l'aspect de l'ordre de l'alternance, toutes deux sont opposées. Dans le concept de la causalité, l'activité est déterminée par le subir ; dans celui qui vient d'être ainsi dérivé, le subir est déterminé par l'activité.

13. Dans la mesure où le Je est considéré comme le cercle total tout simplement déterminé qui embrasse toute réalité, il est *substance*. Pour autant que ce cercle est posé dans une sphère qui n'est pas tout simplement déterminée (on n'examinera pas pour l'instant comment et par quoi elle peut être déterminée) il est *accidentel* ; ou bien *il est en lui un accident*. La limite qui sépare la sphère particulière de l'ensemble du pourtour est celle qui fait de l'accident un accident. Elle est la raison de distinction entre substance et accident. Elle est dans le pourtour ; c'est pourquoi l'accident est dans et auprès de la substance : elle exclut quelque chose de l'ensemble du pourtour ; c'est pourquoi l'accident n'est pas substance.

14. Aucune substance n'est pensable sans relation à un accident : car ce n'est que par le poser de sphères possibles dans le cercle absolu que le Je devient substance ; ce n'est que par des accidents possibles qu'apparaissent des *réalités* ; puisqu'en dehors de cela toute réalité serait tout simplement une. Les réalités du Je sont ses types d'acte : il est substance dans la mesure où tous les types possibles d'acte (modes d'être) y sont posés.

Aucun accident n'est pensable sans substance ; car pour reconnaître que quelque chose est une réalité déterminée, je dois la rapporter à la *réalité en général*.

La substance est *toute alternance pensée en général* ; l'accident est un *déterminé, qui alterne avec un autre alternant*.

Il n'y a originellement qu'Une substance : le Je ; dans cette substance Une sont posés tous les accidents possibles, donc toutes les réalités possibles. – Nous verrons en son temps comment plusieurs accidents de la substance unique, identiques dans un caractère quelconque, peuvent être conçus ensemble, et même pensés comme des substances, dont les accidents sont déterminés *par la diversité de ces caractères* entre eux, qui existe à côté de l'égalité [143].

Note. Sont restés inexaminés et complètement dans l'obscurité d'une part l'activité du Je par laquelle il se différencie et se compare en tant que substance et accident. D'autre part ce qui incite le Je à accomplir cette action ; pour autant que nous puissions le supposer à partir de la première synthèse, ce pourrait bien être une opération du Non-Je.

Tout est donc, comme cela a coutume d'arriver dans chaque synthèse, correctement réuni et noué au milieu ; mais pas aux deux extrémités les plus externes.

Cette notation nous montre sous un nouveau jour la tâche de la doctrine de la science. Elle continuera toujours à intercaler des membres intermédiaires entre les opposés ; mais cela ne résout pas complètement la contradiction, et ne fait que la pousser plus loin. Si, quand un examen plus précis de membres réunis montre qu'ils ne sont en fait pas complètement réunis, un nouveau membre intermédiaire est intercalé, alors la contradiction présentée en dernier tombe, sans aucun doute ; cependant pour la résoudre, il faudrait admettre de nouveaux points terminaux qui, encore une fois, sont opposés et doivent être de nouveau réunis.

La véritable tâche, la plus élevée, celle qui contient sous elle toutes les autres tâches, est celle-ci : comment le Je peut-il opérer immédiatement sur le Non-Je ou le Non-Je sur le Je, puisqu'ils doivent tous deux être complètement opposés l'un à l'autre. On intercale entre eux deux un quelconque X sur lequel tous deux agissent, ce qui fait qu'ils agissent aussi immédiatement l'un sur l'autre. Mais on découvre bientôt que dans ce X il se trouve aussi un quelconque point dans lequel Je et Non-Je coïncident immédiatement. Pour empêcher cela, on interpose entre eux et à la place de la frontière marquée un nouveau membre intermédiaire =Y. Mais il apparaît rapidement [144] que dans celui-ci comme dans X, il doit y avoir un point dans lequel les deux opposés se touchent immédiatement. Et cela continuerait ainsi à l'infini, si, par un décret absolu de la raison, que ne profère pas le philosophe mais qu'il se contente d'indiquer par ceci : il ne *doit* pas (puisque le Non-Je ne se laisse réunir d'aucune manière avec le Je) y avoir le moindre Non-Je, le nœud n'était certes pas défait mais serait au moins tranché.

On peut prendre encore la chose d'un autre côté. – Dans la mesure où le Je est restreint par le Non-Je, il est fini, mais en soi, tel qu'il est posé par sa propreté activité absolue, il est infini. Ces deux éléments en lui, l'infinité et la finité, doivent être réunis. Mais une réunion de ce genre est en soi impossible. Certes, le conflit est pendant longtemps arrangé par des intermédiaires ; l'infini limite le fini. Mais en fin de compte, comme la complète impossibilité de la réunification recherchée doit être constatée, la finité en général doit être supprimée ; toutes les bornes doivent disparaître, le Je infini doit seul rester, en tant que Un et en tant que Tout.

Posez dans l'espace continu A, au point m, de la *lumière*, et au point n de *l'obscurité*, il faut nécessairement, comme l'espace est constant, et qu'il n'y a pas de *hiatus* entre m et n, qu'il y ait entre les deux points quelque part un point o qui soit à la fois lumière et obscurité, ce qui se contredit. – Vous posez entre eux deux un membre intermédiaire, le crépuscule. Il va de p à q, alors en p le crépuscule jouxtera la lumière, et en q l'obscurité [145]. Maintenant, en p, la claire lumière ne peut jouxter le crépuscule que parce que le point p est à la fois lumière et crépuscule ; et comme le crépuscule n'est différent de la lumière que parce qu'il est aussi obscurité ; – il est en même temps lumière et obscurité. De même pour le point q. – La contradiction ne peut donc être autrement résolue que de la manière suivante : la lumière et l'obscurité ne sont en général pas opposées ; mais seulement distinguables par degrés. L'obscurité est seulement une très petite quantité de lumière. – C'est précisément ainsi qu'il en va entre le Je et le Non-Je.

E. *Réunion*[22] *synthétique de l'opposition entre les deux types établis de la détermination alternante*

Le Je se pose en tant que déterminé par le Non-Je, tel était le principe fondamental dont nous sommes partis ; il ne pouvait pas être supprimé sans que l'unité de la conscience ne soit en même temps supprimée. Mais il y avait en lui des contradictions que nous devions résoudre. D'emblée s'est posée la question : comment le Je peut-il à la fois déterminer et être déterminé, – qui a reçu la réponse suivante : déterminer et être déterminé seront une seule et même chose par l'intermédiaire du concept de la détermination alternante ; de même que le Je pose en soi un quantum déterminé de négation, il pose en même temps un quantum déterminé de réalité dans le Non-Je et inversement. Il est resté ici la question : où la réalité doit-elle donc être posée, dans le Je ou dans le Non-Je, – laquelle a reçu grâce au concept de l'efficience la réponse suivante : négation et subir peuvent être posés dans le Je et, selon la règle de la détermination alternante en général, le même quantum de réalité ou d'activité doit être posé dans le Non-Je. – Mais comment donc un subir peut-il être posé dans le Je, a-t-on continué de demander, et l'on a répondu à ce sujet grâce au concept de substance : subir et activité dans le Je sont une seule et même chose, car subir est simplement un quantum plus petit d'activité.

Mais avec ces questions, nous nous sommes empêtrés dans un cercle [146]. Si le Je pose en soi un plus petit degré d'activité, il pose ainsi sans doute en soi un subir, et une activité dans le Non-Je. Mais le Je ne peut pas avoir la faculté de poser tout simplement un degré inférieur d'activité en soi ; car il pose, en vertu du concept de substantialité (*Substantialität*), toute l'activité en soi ; et il ne pose rien en soi que de l'activité.

[22] Début de la synthèse de la déterminabilité. Fin page [227] 153.
[145 - 146] 94 - 95.

Donc, le poser du degré inférieur d'activité dans le Je devrait être précédé par une activité du Non-Je ; celle-ci devrait d'abord réellement avoir anéanti une partie de l'activité du Je, avant que le Je puisse poser en soi une plus petite partie de celle-ci. Mais cela est précisément impossible, car en vertu du concept de l'efficience, le Non-Je ne peut se voir attribuer une activité que dans la mesure où un subir est posé dans le Je.

Nous[23] nous expliquerons en attendant, mais pas d'une manière scolaire ni précise, sur le point principal qui est en question. Que l'on me permette cependant de présupposer connu le concept de temps. – Posez, comme le premier cas dans le cadre du simple concept de l'efficience, que la restriction du Je provient uniquement et seulement de l'activité du Non-Je. Pensez qu'à l'instant A le Non-Je n'opère pas sur le Je, alors il y a dans le Je toute la réalité, et aucune négation, et il n'y a donc, d'après ce qui précède, aucune réalité posée dans le Non-Je. Pensez en outre qu'à l'instant B le Non-Je opère sur le moi avec 3 degrés d'activité, alors, selon le concept de l'interdépendance, il y a certes 3 degrés de réalité dans le Je qui sont supprimés, et en leur lieu et place 3 degrés de négation qui y sont posés. Mais ce faisant, le Je se comporte uniquement de façon subissante ; les degrés de la négation sont sans doute posés en lui ; mais ils *sont* aussi simplement *posés – pour n'importe quel être intelligent* placé en dehors du je, qui observe le Je et le Non-Je dans cette opération, et juge selon la règle de la détermination alternante – mais pas *pour le je lui-même* [147]. Pour cela, il faudrait qu'il puisse comparer son état au moment A avec celui au moment B, et distinguer les différents quanta de son activité aux deux moments : or on n'a pas encore montré comment cela pouvait être possible. Le Je serait dans le cas en question certes restreint, mais il ne serait pas conscient de sa restriction. Le Je serait, pour le dire avec les termes de notre proposition, certes *déterminé* ; mais il ne *se poserait* pas en tant que déterminé, seul un être quelconque en dehors de lui pourrait le poser comme déterminé.

Ou bien posez, comme le deuxième cas, dans le cadre du simple concept de la substantialité, que le Je, tout simplement et indépendamment de toute opération du Non-Je, a la faculté de poser en soi volontairement un quantum amoindri de la réalité ; c'est la présupposition de l'idéalisme transcendant, et notamment de l'harmonie préétablie, qui est un idéalisme de ce genre. Nous faisons ici totalement abstraction du fait que cette présupposition contredit déjà le principe fondamental absolu-premier. Donnez-lui aussi encore la faculté de comparer cette quantité amoindrie avec la totalité absolue et de la mesurer à elle. Posez, cette

---

[23] [146 - 148] 95 - 96.

présupposition étant faite, le Je au moment A avec 2 degrés d'activité diminuée ; au moment B avec 3 degrés ; on peut ainsi fort bien comprendre comment le Je peux se juger restreint, et comme plus restreint au moment B qu'au moment A ; mais on ne voit pas comment il pourrait rattacher cette restriction à quelque chose dans le Non-Je, en tant que cause de celle-ci. Il devrait plutôt se considérer lui-même comme la cause de celle-ci. En utilisant les termes de notre proposition : le Je se pose alors sans doute comme déterminé, mais non comme déterminé *par le Non-Je.* (L'idéaliste nie à vrai dire le bien-fondé de ce rapport à un Non-Je, et il est dans cette mesure conséquent : mais le fait de l'établissement du rapport, il ne peut pas le nier et il n'est encore venu à l'esprit de personne de le nier. Mais il est au moins tenu, même si l'on fait abstraction de son bien-fondé, d'expliquer ce fait admis. Or il n'y arrive pas en partant de sa présupposition, et sa philosophie est de ce fait incomplète. S'il admet en plus l'existence des choses en dehors de nous [148] par exemple, comme cela se produit dans l'harmonie préétablie, il est en outre inconséquent.)

Les deux synthèses, utilisées séparément, n'expliquent donc pas ce qu'elles devraient expliquer, et la contradiction blâmée ci-dessus persiste : si le Je se pose en tant que déterminé, il n'est pas déterminé par le Non-Je, s'il est déterminé par le Non-Je, alors il ne se pose pas comme déterminé.

I. Nous exposons maintenant cette contradiction de façon très déterminée[24].

Le Je ne peut poser en soi aucun subir, sans poser une activité dans le Non-Je ; mais il ne peut poser aucune activité dans le Non-Je sans poser en soi un subir : il ne peut pas faire l'un sans l'autre ; s'il ne peut pas faire l'un des deux tout simplement, il ne peut faire aucun des deux. Donc :

1. Le Je ne pose pas de subir en soi pour autant qu'il pose de l'activité dans le Non-Je ; ni de l'activité dans le Non-Je, dans la mesure où il pose en soi du subir : il ne pose en général rien : (ce n'est pas la *condition* qui est niée, mais le *conditionné*, ce qui doit bien être remarqué. Ce n'est pas la règle de la détermination alternante en général, en tant que telle ; mais l'emploi de celle-ci en général sur le cas actuel qui est considéré.) Comme on l'a démontré.

2. Mais le Je doit poser en soi du subir, et dans cette mesure de l'activité dans le Non-Je, et inversement : en vertu de la déduction tirée des principes posés tout simplement ci-dessus.

---

[24] 2e Synthèse quintuple mineure : I, II, III, IV, 1, 2 : [148-151] 96-98. (XXXI-XXXV).

II. Dans le premier principe est nié ce qui est affirmé dans le deuxième.

Tous deux se comportent donc comme négation et réalité. Mais négation et réalité sont réunies par la quantité. Les deux propositions doivent être valides ; mais elles doivent toutes ne l'être qu'en partie. Elles doivent être pensées ainsi :

1. Le Je pose *en partie* du subir en soi *dans la mesure* où il pose de l'activité dans le Non-Je ; mais il ne pose [149] *en partie pas* de subir en lui *dans la mesure* où il pose de l'activité dans le Non-Je : et inversement.

2. Le Je pose uniquement *en partie* du subir dans le Non-Je, dans la mesure où il pose de l'activité dans le Je, et *en partie il ne pose pas* de subir dans le Non-Je dans la mesure où il pose de l'activité dans le Je. (Cela signifierait positivement : il y a une activité qui est posée dans le Je, à laquelle ne s'oppose aucun subir dans le Non-Je, et une activité dans le Non-Je, à laquelle aucun subir n'est opposé dans le Je. Nous appellerons jusqu'à nouvel ordre cette modalité d'activité activité indépendante, jusqu'à ce que nous en fassions plus précisément connaissance).

III. Mais une telle activité indépendante dans le Je et dans le Non-Je contredit la loi de l'opposer, qui maintenant est plus précisément déterminée par la loi de la détermination alternante ; elle contredit donc en particulier le concept de la détermination alternante, qui occupe dans notre recherche actuelle une place dominante.

Toute activité dans le Je détermine un subir dans le Non-Je, et inversement. En vertu du concept de la détermination alternante. – Mais ainsi justement, le principe est établi :

Une certaine activité dans le Je ne détermine aucun subir dans le Non-Je ; et une certaine activité dans le Non-Je ne détermine aucun subir dans le Je, principe qui se comporte par rapport à celui qui est énoncé ci-dessus comme la négation par rapport à la réalité. De ce fait, tous deux doivent être réunis par la détermination, c'est-à-dire que tous deux ne peuvent être valides qu'en partie.

Le principe ci-dessus, qui est contredit, est la proposition de la détermination alternante. Elle ne doit être validée qu'en partie, c'est-à-dire qu'elle doit être elle-même déterminée, que sa validité doit être enfermée par une règle dans un certain périmètre.

Ou, pour nous exprimer d'une autre manière, l'activité indépendante du Je et du Non-Je est uniquement *dans un certain sens* indépendante. Ceci va devenir clair sur-le-champ. Car [150] :

IV. il doit y avoir dans le Je une activité qui détermine un subir dans le Non-Je, et qui est déterminée par celui-ci ; et inversement une activité dans le Non-Je qui détermine un subir dans le Je, et est déterminée par celui-ci ; en vertu de ce qui précède. C'est sur cette activité et ce subir que le concept de la détermination alternante est applicable.

Il doit en même temps y avoir dans les deux une activité qui n'est déterminée par aucun subir de l'autre ; comme nous l'avons postulé à l'instant, pour pouvoir résoudre la contradiction qui apparaissait.

Les deux principes doivent pouvoir consister l'un auprès de l'autre ; ils doivent de ce fait pouvoir être pensés par un concept synthétique comme dans un seul et unique acte. Ce concept toutefois ne peut être un autre que celui de la détermination alternante. Le principe dans lequel tous deux seraient pensés réunis, serait le suivant :

Par un agir et un subir alternants (l'agir et le subir se déterminant réciproquement par la détermination alternante) *l'activité indépendante apparaît ; et inversement l'agir et le subir alternants sont déterminés par l'activité indépendante.*

Si ce principe devait s'avérer, on verrait clairement :

1. dans quel sens l'activité indépendante du Je et celle du Non-Je se déterminent réciproquement ; et dans quel sens elles ne le font pas. Elles se déterminent non pas *immédiatement*, mais *médiatement*, par leur agir et leur subir pris dans l'alternance.

2. Comment le principe de la détermination alternante peut être en même temps valide et aussi peut-être non valide. Il est applicable sur l'alternance, et l'activité indépendante ; mais il n'est pas applicable sur l'activité indépendante et l'activité indépendante en soi. Alternance et activité indépendante sont placées sous elle, mais non l'activité indépendante et l'activité indépendante en soi.

Réfléchissons maintenant sur le sens du principe établi à l'instant. Il se trouve en lui les trois suivants [151] :

1. par l'agir et le subir alternants, une activité indépendante est déterminée.

2. Par une activité indépendante, un agir et un subir alternants sont déterminés.

3. Tous deux sont déterminés réciproquement l'un par l'autre, et il est indifférent de savoir si l'on passe de l'agir et du subir alternants à l'activité indépendante, ou si inversement on passe de l'activité indépendante à l'agir et au subir alternants[25].

[25] Foyer de la 2e synthèse quintuple : 3 propositions à démontrer.

I

En[26] ce qui concerne le premier principe, nous devons d'abord examiner ce que signifient en général qu'une activité indépendante est déterminée par un agir alternant ; puis nous devrons appliquer ce principe aux cas présents.

1. Par l'agir et le subir alternants, une activité indépendante *en général* est déterminée. – Rappelons que nous faisons en sorte de déterminer le concept de la détermination alternante lui-même, c'est-à-dire de *borner* le périmètre de sa validité par une règle. Mais la *détermination* se produit par la monstration de la raison. Dès lors que la raison de l'application de ce principe est indiquée, celui-ci est en même temps borné.

C'est-à-dire que d'après le principe de la détermination alternante, immédiatement, par le poser d'une activité dans un [domaine], un subir est posé dans son opposé et inversement. Maintenant, il est sans doute clair, à partir du principe de l'opposer, que si en général un subir doit être posé, il doit être posé dans l'opposé actif : mais la question de savoir *pourquoi en général* un subir doit être posé, et pourquoi les choses n'en restent pas à l'activité dans un [domaine], c'est-à-dire pourquoi en général une détermination alternante doit avoir lieu, ne trouve pas encore par là sa réponse. – Le subir et l'activité, en tant que tels, sont opposés ; pourtant, par l'activité, un subir doit être posé immédiatement [152], et inversement : ils doivent donc, selon le principe de la détermination, être aussi identiques dans un tiers = X (lequel tiers rend possible le passage du subir à l'activité et inversement, sans que l'unité de la conscience soit interrompue, ni, si je puis dire, qu'un *hiatus* apparaisse en elle.) Ce tiers est la *raison de relation* entre agir et subir alternants (§ 3).

Cette raison de relation n'est pas dépendante de la détermination alternante ; mais celle-ci est dépendante d'elle ; la raison de relation n'est pas rendue possible par la détermination alternante, mais celle-ci devient possible uniquement par la raison de relation. Cette dernière est donc

---

26 3e Synthèse quintuple centrale de la déterminabilité. C'est la synthèse synoptique centrale organisant la 1ère et la 2e, la 4e et la 5e synthèses mineures ; [151-171] ; I, II, III, 1. α, β, γ. Cette synthèse centrale définit le point de vue philosophique exact à partir des erreurs du réalisme et de l'idéalisme. Ce centre de la réflexion philosophique offrant aussi un point de vue mixte avec la réflexion naturelle, qui fonde la composition de la déduction de la représentation. Ce point de vue de la réflexion philosophique s'étend jusqu'à la déduction de la représentation [227] (XXXVI-XL). [151-227] 98-153.
I, 1 [151-152] 99-100.
2. a [152-153] 100. 5 §§.

sans doute posée dans la réflexion par la détermination alternante, mais en tant qu'indépendante d'elle et de ce qui alterne par son intermédiaire.

La raison de relation est en outre déterminée *dans la réflexion* par l'alternance, c'est-à-dire que quand la détermination alternante est posée, elle est posée dans la sphère qui englobe la sphère de la détermination alternante ; elle trace pour ainsi dire un périmètre supérieur autour de celui de la détermination alternante, pour l'assurer. Elle emplit la sphère de la détermination générale, mais la détermination alternante emplit seule une partie de celle-ci ; chose qui est claire par ce qui précède, mais doit être rappelée ici au vu de la réflexion.

Cette raison est une réalité ; ou, si la détermination alternante est pensée comme un acte, une activité. – Ainsi, par la détermination alternante en général, une activité indépendante est déterminée.

(On sait également par ce qui précède que la raison de toute détermination alternante est la totalité absolue de la réalité. Celle-ci ne peut pas en général être supprimée, c'est pourquoi le quantum de celle-ci qui est supprimé doit être posé dans son opposé.)

2. Nous[27] appliquons cette proposition générale sur les cas particuliers qu'elle subsume et qui apparaissent actuellement.

a) Au moyen de la notion d'alternance de *l'efficience*, une activité du Non-Je est posée par un subir du Je [153]. Celui-ci est une des modalités indiquées de l'alternance : par elle, une activité indépendante doit être posée et déterminée.

La détermination alternante procède du subir. Le subir est posé ; par et au moyen du subir, l'activité est posée. Le subir est posé *dans le* Je. Il est parfaitement fondé dans le concept de la détermination alternante que, *si* une activité doit être opposée à ce subir, celle-ci doit être posée dans l'opposé du Je, dans le Non-Je. – Dans cette transition il y a à vrai dire aussi et il doit y avoir, un maillon du rapport ; ou une raison qui est ici une raison de relation. Celle-ci est, on le sait, la quantité, qui est identique à elle-même dans le Je et le Non-Je, dans le subir et l'activité. Elle est la raison de relation que nous pouvons nommer convenablement la raison idéale. Donc, le subir dans le Je est la raison idéale de l'activité du Non-Je. – Le procédé maintenant éprouvé était parfaitement justifié par la règle de la détermination alternante.

Une question plus difficile est la suivante : la règle de la détermination alternante doit-elle être ici appliquée, et pourquoi doit-elle l'être en général ? Le fait que l'activité est posée dans le Non-Je est reconnu sans réticence, mais pourquoi de l'activité est-elle en général posée ? Cette

[27] 2. a [152-153] 100. 5 §§.

question ne doit pas encore être résolue par le principe de la détermination alternante, mais par le principe de raison, supérieur.

Un subir est posé dans le Je, c'est-à-dire qu'un quantum de son activité est supprimé.

Ce subir[28] ou cette *diminution* de l'activité doit avoir *une raison ;* car ce qui est supprimé doit être un *quantum*. Or chaque quantum [154] est déterminé par un autre quantum, grâce auquel il n'est ni un quantum plus petit ni un plus grand mais précisément ce quantum-ci ; et ce en vertu du principe de détermination (§ 3).

La raison de cette diminution ne peut pas se trouver dans le Je ; car le Je ne pose en soi que de l'activité, et non du subir ; il se pose simplement comme étant, mais pas comme non étant (§ 1). La raison ne se trouve pas dans le Je ; ce principe est, en vertu de l'opposer, selon lequel est attribué au Non-Je ce qui n'est pas attribué au Je, (§ 2) équivalent au suivant : dans le Non-Je se trouve la raison de la diminution.

Ici, il n'est plus question de la simple *quantité*, mais de la *qualité* ; le subir est opposé à l'essence du Je, dans la mesure où ce dernier consiste dans l'être, et ce n'est donc que dans cette mesure que la raison de celui-ci ne pouvait pas être posée dans le Je, mais devait l'être dans le Non-Je. Le subir est posé en tant que qualité opposée à la réalité, comme négation (pas simplement comme un quantum inférieur de l'activité, voir B dans notre section). Mais la raison d'une qualité s'appelle raison réelle (*Real-Grund*). Une activité du Non-Je, indépendante de l'alternance, déjà présupposée pour la possibilité de celle-ci, est la raison réelle du subir ; et elle est posée afin que nous ayons une raison réelle de celui-ci. – Il est donc posé, par l'alternance ci-dessus, une activité du Non-Je indépendante de l'alternance, présupposée par elle.

(Parce que nous sommes arrivés ici à un point à partir duquel l'ensemble du système peut commodément être envisagé, et aussi pour ne pas laisser au réalisme dogmatique (même pour une durée brève) une confirmation qu'il pourrait tirer du principe ci-dessus : nous attirons encore une fois expressément l'attention sur le fait que la déduction d'une raison réelle dans le Non-Je se base sur ceci que le subir dans le Je est quelque chose de qualitatif (ce que l'on doit à vrai dire admettre en réfléchissant sur le simple principe de l'efficience) ; que donc elle ne peut pas être plus valide [155] que cette présupposition ne peut l'être. – Quand nous examinerons le deuxième concept de l'alternance, celui de la substantialité, on verra que dans la réflexion sur lui le subir ne peut pas être

[28] [153-157] 101-103. 5 §§.

pensé comme quelque chose de *qualitatif*, mais seulement comme quelque chose de *quantitatif*, comme simple amoindrissement de l'activité ; que donc dans cette réflexion, où la raison fait défaut, où même ce que fonde la raison fait défaut, le Non-Je à nouveau devient simple raison idéale. – Pour le dire brièvement, si l'explication de la représentation, c'est-à-dire l'ensemble de la philosophie spéculative, part du fait que le Non-Je est posé en tant que cause de la représentation, et elle comme son effet, alors celui-ci est la raison réelle de tout ; il est tout simplement parce qu'il est, et il est ce qu'il est (le fatum spinoziste) ; le Je lui-même est seulement un accident de celui-ci, il n'est pas du tout substance ; et nous obtenons le spinozisme matériel, qui est un dogmatisme réaliste, un système qui présuppose le manque de l'abstraction possible suprême, celle du Non-Je, et, comme il ne pose pas la raison ultime, il est radicalement infondé. – Si au contraire l'explication de la représentation part du fait que le Je est sa substance, et elle son accident, alors le Non-Je n'est pas raison réelle mais seulement raison idéale de celle-ci : il n'a donc absolument aucune réalité en dehors de la représentation, il n'est pas substance, il n'est rien d'existant pour soi, de simplement posé, mais un simple accident du Je. Dans ce système, on ne pourrait indiquer aucune raison pour la restriction de la réalité dans le Je (pour l'affection par laquelle une représentation se forme.) L'examen qui porte sur lui est ici totalement coupé. Un semblable système serait un idéalisme dogmatique qui aurait toutefois accompli la plus haute abstraction, et serait de ce fait parfaitement fondé. En revanche, il serait incomplet parce qu'il n'expliquerait pas tout ce qui doit être expliqué. De ce fait, la véritable question problématique du réalisme et de l'idéalisme [156] est celle de savoir quel chemin doit être emprunté dans l'explication de la représentation. On verra que, dans la partie théorique de notre doctrine de la science, cette question reste totalement sans réponse, c'est-à-dire qu'elle trouve réponse dans la mesure suivante : à savoir que les deux chemins sont exacts ; sous une certaine condition on est contraint d'emprunter l'un et sous la condition opposée d'emprunter l'autre ; et par là la Raison (*Vernunft*) humaine, c'est-à-dire toute Raison finie, est mise en contradiction avec elle-même et prise dans un cercle. Un système dans lequel on met cela en évidence est un idéalisme critique, comme celui que Kant à édifié de la façon la plus conséquente et la plus complète. Ce conflit de la Raison avec elle-même doit être résolu, même si cela n'est pas possible dans la doctrine de la science théorique : et comme l'être absolu du Je ne peut pas être abandonné, il faut que le conflit soit tranché en faveur de la dernière modalité de déduction, tout comme dans l'idéalisme dogmatique (avec la seule différence que notre idéalisme n'est pas dogmatique mais pratique, et ne détermine pas ce qui *est*, mais ce qui *doit* être). Mais cela doit se passer d'une manière telle que ce qui doit être expliqué soit expliqué ; ce que le dogmatisme n'arrive pas à faire. L'activité amoindrie du Je dois être expliquée à partir du Je lui-même, la raison ultime de celle-ci doit être posée dans le Je. Ceci se produit de la manière suivante : le Je qui, de ce point de vue est pratique, est posé comme celui qui *doit* contenir en soi-même la raison de l'existence du Non-Je, qui amoindrit l'activité du Je intelligent : une idée infinie, qui elle-même ne peut pas être pensée, par laquelle de ce fait ce qu'il faut expliquer n'est pas tellement expliqué, ce qui se passe étant plutôt que l'on montre *que* et *pourquoi* il ne peut pas être expliqué ; le nœud n'est pas tant défait que repoussé à l'infini) [157].

Par l'alternance entre subir du Je et activité du Non-Je a été *posée* une activité indépendante de ce dernier ; elle est aussi *déterminée* par cette même alternance, elle est posée pour fonder un subir posé dans le Je ; son périmètre ne s'étend donc de ce fait pas plus loin que le périmètre de ce dernier. Il n'y a pas de réalité et d'activité originelle du Non-Je pour le Je, si ce n'est dans la mesure où ce dernier subit. Pas de subir dans le Je, pas d'activité dans le Non-Je : cela vaut aussi là ou l'on parle de cette activité comme d'une activité indépendante du concept d'efficience, qui est raison réelle. Même la chose en soi n'est que dans la mesure où dans le Je, la possibilité au moins d'un subir est posée : un canon qui ne trouvera que dans la partie pratique sa détermination et son applicabilité parfaites.

b) Au moyen[29] du concept de substantialité, l'activité dans le Je pose et détermine un subir dans le Je. Tous deux sont pris dans l'alternance ; leur détermination réciproque est la deuxième espèce de la détermination alternante établie plus haut ; et même par cette alternance, une activité indépendante d'elle et non inclue en elle, doit être posée et déterminée.

En soi, activité et subir sont opposés ; et comme nous l'avons vu plus haut, il est possible, par un seul et même acte qui pose dans un [terme] un quantum déterminé d'activité, que le même quantum de subir soit posé dans son opposé, et inversement. Mais le fait que ce n'est pas dans son opposé, mais par un seul et même acte que l'activité et le subir soient posés, est contradictoire (*widersprechend*).

Maintenant, certes, cette contradiction a déjà été levée ci-dessus par la déduction du concept de substantialité en général [158], car le subir en soi et dans sa qualité n'est autre chose que de l'activité ; dans sa quantité, toutefois, il doit être une activité inférieure à la totalité ; et ainsi on peut

[29] b [157-159] 103-105.

très bien penser en général qu'une activité moindre mesurée à la totalité absolue, du fait qu'elle n'est pas identique à celle-ci en quantité, peut être posée *comme* moindre.

La raison de relation des deux est maintenant l'activité. La totalité aussi bien que la non totalité des deux est activité.

Mais même dans le Non-Je, une activité est posée, et plus précisément une activité non identique à la totalité, mais bornée. La question se pose alors : par quoi différencier une activité bornée du Je d'une activité bornée du Non-Je ? C'est ni plus ni moins demander comment dans ces conditions Je et Non-Je en général doivent encore être distingués ; car la raison de distinction du Je et du Non-Je, grâce à laquelle le premier doit être actif et l'autre subissant, est tombée.

Si une telle distinction n'est pas possible, alors la détermination alternante exigée n'est pas non plus possible : et en général aucune de toutes les déterminations dérivées n'est possible. L'activité du Non-Je est déterminée par le subir du Je ; mais le subir du Je est déterminé par la quantité de *son* activité qui est restée après la diminution. Ici, pour que soit possible la relation à la totalité absolue de l'activité du Je, on présuppose que l'activité diminuée est activité *du Je*, précisément de ce Je dans lequel la totalité absolue [159] est posée. – L'activité diminuée est opposée à la totalité de celle-ci : mais la totalité est posée dans le Je : il faudrait donc, selon la règle de l'opposition (*Gegensetzung*) citée ci-dessus, que l'opposé de la totalité de l'activité diminuée soit posée dans le Non-Je. Mais si elle y était posée, elle ne serait liée par aucune raison de relation à la totalité absolue ; la détermination alternante n'aurait pas lieu, et tout ce qui a été jusqu'à présent dérivé serait supprimé.

Donc l'activité diminuée, qui en tant *qu'activité en général* ne serait pas référable à la totalité, doit avoir encore un caractère, qui puisse livrer la raison de relation ; grâce à laquelle elle pourrait être activité du Je, et tout simplement pas activité du Non-Je. Mais ce caractère du Je, qui ne peut absolument pas être attribué au Non-Je, est le *poser et l'être-posé tout simplement, et sans nulle raison* (§ 1). Cette activité diminuée devrait de ce fait être absolue.

Mais absolu et sans raison signifient (§ 3) totalement illimité ; et pourtant cette action du Je doit être limitée. À ce sujet, il faut répondre que ce n'est que dans la mesure où elle est en général un agir et rien de plus, qu'elle ne doit être limitée par aucune raison, par aucune condition ; il peut y avoir action ou non ; l'action en soi se produit avec une absolue spontanéité ; et dans la mesure où elle va se diriger vers un objet, elle est limitée ; il pourrait ne pas y avoir d'action (nonobstant l'affection par le Non-Je, si l'on veut penser possible pendant un instant une affection de ce genre sans implication du Je par la réflexion) ; mais s'il y a action, alors il *faut* qu'elle se dirige précisément sur cet objet, elle ne peut se diriger sur aucun autre.

De ce fait, une activité indépendante est *posée* par la détermination alternante indiquée. En effet, l'activité *prise dans l'alternance* est elle-même indépendante, pas toutefois dans la mesure où elle est prise dans l'alternance, mais dans la mesure où elle est activité. Dans la mesure où elle entre dans l'alternance, elle est restreinte, et dans cette mesure elle est un subir.

Cette activité indépendante est en outre déterminée par l'alternance, et ce dans la simple réflexion. Pour rendre l'alternance possible, l'activité devait être admise comme absolue ; il est donc établi que ce n'est pas une *activité absolue en général,* mais une *activité absolue qui détermine une alternance.* (Elle s'appelle *imagination*, comme on le verra en son temps). Elle n'est cependant posée que dans la mesure où une alternance doit être déterminée ; et son périmètre est de ce fait lui-même déterminé par le périmètre de cette alternance.

II[30]

Par une activité indépendante, un agir et subir en alternance est déterminé : c'est le deuxième principe que nous devons discuter [160]. Nous devons :

1. Expliquer ce principe en général, et distinguer strictement sa signification de celle du précédent.

Dans la proposition précédente, on partait de l'alternance ; elle était présupposée comme advenant ; il n'était donc pas du tout question de sa *forme*, comme d'une simple alternance (une transition de l'un à l'autre), mais de sa *matière*, des membres compris dans l'alternance. Si une alternance doit être présente – c'est ce que l'on a déduit en général ci-dessus – il doit y avoir des membres présents, qui peuvent être alternés. – Et nous avons ainsi montré qu'une activité indépendante constitue sa raison.

Ici toutefois, ce n'est pas à partir de l'alternance, mais de ce qui rend seul possible l'alternance *en tant* qu'alternance, et selon sa simple forme, comme une *transition* de l'un à l'autre, que l'on progresse jusqu'à l'alternance [161]. Là, il était question de la raison de la *matière*, ici il est question de la raison de la *forme* de l'alternance. Même cette raison for-

---

[30] Passage de l'histoire de la raison spéculative à la logique de la philosophie.
II, 1, 2, a, b [159-166] 105-109.

melle de l'alternance doit être une activité indépendante ; et cette affirmation, nous devons la démontrer.

Nous pouvons indiquer encore plus distinctement la raison de distinction de la forme de l'alternance et de sa matière si nous voulons réfléchir sur notre propre réflexion.

Dans le premier cas, l'alternance est présupposée comme *advenant* ; on fait donc totalement abstraction de la manière dont elle peut advenir ; et l'on réfléchit simplement sur la possibilité des membres compris dans l'alternance. – L'aimant attire le fer : le fer est attiré par l'aimant : ce sont des propositions qui alternent l'une avec l'autre, c'est-à-dire dont l'une est posée par l'autre. Ceci est un factum présupposé, et présupposé *comme fondé* ; et on ne demande donc pas *qui* pose l'un par l'autre ; et *comment* il en va en général du poser d'un principe par l'autre ; mais on demande seulement pourquoi parmi la sphère des principes qui peuvent être posés l'un à la place de l'autre, ce sont *précisément ces deux* qui sont contenus. Il doit y avoir dans les deux quelque chose qui sera apte à pouvoir être alterné, cela, donc le matériel, qui les transforme en principes alternants, doit être recherché.

Dans le deuxième cas on réfléchit sur *l'advenir* de l'alternance lui-même, et l'on fait donc totalement abstraction des principes entre lesquels il y a une alternance. La question n'est plus ainsi : de quel droit y a t-il alternance avec *ces* principes ; mais *comment* en général y a t-il une alternance. Et l'on trouve donc qu'un être intelligent doit être présent en plus du fer et de l'aimant, qui observe les deux, qui réunit les concepts des deux dans sa conscience, et est contraint de donner à l'un le prédicat opposé du prédicat de l'autre (attiré, être attiré) [162].

Dans le premier cas, il se produit une réflexion simple sur la manifestation – la réflexion de l'observateur ; dans le deuxième, il se produit une réflexion sur cette réflexion, – celle du philosophe sur la manière d'observer.

Après que nous ayons repéré que l'activité indépendante que nous recherchons doit déterminer la forme de l'alternance, mais pas sa simple matière ; rien ne nous empêche par une méthode heuristique de partir dans notre réflexion de l'alternance, ce qui facilite considérablement l'investigation.

2. Nous appliquons maintenant la proposition désormais expliquée en général sur les cas individuels compris sous elle.

a. Dans l'alternance de *l'efficience*, une activité est posée dans le Non-Je par un subir dans le Je, c'est-à-dire qu'une certaine activité n'est *pas* posée dans le Je ou en est retirée, et est en revanche *posée* dans le Non-Je. Pour obtenir sous un aspect pur la simple forme de cette alternance, nous devons faire abstraction aussi bien de *ce* qui est posé, l'activité, que des membres dans lesquels elle n'est pas posée et elle est posée : le Je et le Non-Je : ainsi il nous reste comme forme pure *un poser par un non poser* ou *un transférer* (*ein Übertragen*). Ceci donc était le caractère formel de l'alternance dans la synthèse de l'efficience : donc le caractère matériel de *l'activité qui alterne* (dans une signification active, qui accomplit l'alternance).

Cette activité est indépendante de l'alternance rendue possible et accomplie par elle ; et elle n'est pas uniquement possible par elle.

Elle est indépendante des membres de l'alternance *en tant que tels ;* car ce n'est que par elle que ce sont des membres alternants ; c'est elle qui les fait alterner. En soi, tous deux peuvent aussi toujours être sans elle ; c'est assez, ils sont isolés, et n'entretiennent aucune association alternante [163].

Mais tout poser est le caractère du Je ; donc, cette activité du transférer échoit *au Je* pour qu'une détermination par le concept d'efficience soit possible. Le Je transfère de l'activité dans le Non-Je à partir du Je ; il supprime donc dans cette mesure de l'activité en soi ; et cela signifie selon ce qui précède : qu'il pose par activité en soi un subir. Dans la mesure où le Je est actif dans le transférer de l'activité sur le Non-Je, le Non-Je est subissant ; de l'activité *est* transférée sur celui-ci.

(Que l'on ne se laisse pas prématurément troubler par le fait que ce principe, de la façon dont il est établi, contredit le premier principe fondamental à partir duquel désormais, lors de l'explication du principe suivant, une réalité du Non-Je indépendante de toute alternance est déduite. C'est assez, il coule par des déductions exactes tirées de prémisses démontrées, aussi bien que celui qu'il contredit. La raison de réunification des deux se montrera en son temps sans nulle intervention volontaire de notre part).

Il ne faut pas omettre de remarquer ce que l'on a dit plus haut, à savoir que cette activité est indépendante *de* l'alternance *qui est possible grâce à elle*. Il se pourrait donc encore qu'il y en ait une autre alternance qui ne soit pas seulement rendue possible par elle.

Avec toutes les restrictions que peut subir le principe établi, nous avons gagné grâce à lui que le Je lui-même, dans la mesure où il subit, doit *aussi* être actif même s'il n'est précisément pas *seulement* actif ; et il se pourrait bien que ce soit là un gain très important, qui récompense richement toute la peine de l'investigation.

b) Dans l'alternance de la *substantialité*, il faut, au moyen de la totalité absolue, que l'activité soit posée comme limitée : c'est-à-dire qu'est posé, en totalité absolue, ce qui est exclu par la limite [164], comme *non* posé par le poser de l'activité limitée, comme manquant dans celle-ci : donc le caractère simplement formel de cette alternance est un *non-poser* au moyen d'un poser. Le manquant est posé, dans la totalité absolue ; il n'est pas posé dans l'activité limitée ; il est posé *en tant que* non posé dans l'alternance. On part du poser tout simplement, et plus précisément d'un poser de la totalité absolue ; en vertu du concept établi ci-dessus de substantialité.

Le caractère matériel de l'action qui pose cette alternance elle-même doit de ce fait également être un non poser par un poser ; et ce par un poser absolu. Nous faisons totalement abstraction ici de la provenance du ne-pas-être-posé dans l'activité limitée, qui est alors considérée comme déjà donnée, et de ce que peut être ce qui le fonde. L'activité limitée existe, cela est présupposé, et nous ne demandons pas comment elle peut exister en soi ; nous demandons seulement comment elle peut alterner avec l'illimitation.

Tout poser en général, et tout particulièrement le poser absolu, échoit au Je : l'action qui pose l'alternance présente elle-même part du poser absolu : elle est de ce fait une action du Je.

Cette action ou activité du Je est totalement indépendante de l'alternance, qui est seule posée par elle. L'activité elle-même pose un des membres de l'alternance, la totalité absolue, tout simplement, et au moyen de celui-ci elle pose alors seulement son autre membre, *en tant qu'activité diminuée ;* plus petite que la totalité. Il n'est pas question de savoir d'où vient l'activité en tant que telle, car *en tant que telle* elle n'est pas un membre de l'alternance ; elle ne l'est qu'en tant qu'activité *diminuée*, et elle ne le devient que par le poser de la totalité absolue et par la relation à celle-ci.

L'activité indépendante que nous avons montrée procède du poser ; mais c'est le non poser qui importe à proprement parler [165] : nous pouvons donc la nommer dans cette mesure un *dessaisir*. Un quantum déterminé de la totalité absolue est exclu de l'activité posée comme diminuée ; il est considéré comme situé non dans celle-ci, mais en dehors d'elle.

Que l'on ne manque pas de remarquer la différence caractéristique entre ce *dessaisir* et le *transférer* établi à l'instant. Dans ce dernier à vrai dire, quelque chose est aussi supprimé du Je, mais nous en faisons abstraction, et nous ne réfléchissons que sur le fait que cela est posé dans l'opposé. – Ici en revanche, il y a simplement exclusion. Ce n'est pas, ici au moins, le lieu de considérer si cet exclu est posé dans quelque chose d'autre, et ce que peut être cette autre chose.

Un subir doit être opposé à l'activité du dessaisir que nous avons montrée ; et c'est ainsi qu'il en va de fait, une partie de la totalité absolue est dessaisie ; elle est posée comme non posée. L'activité a un objet ; une partie de la totalité est cet objet. Il n'est pas ici question de savoir à quel substratum de la réalité cette diminution de l'activité ou ce subir se rapporte, que ce soit au Je ou au Non-Je ; et il importe beaucoup que l'on ne déduise pas plus que ce que l'on peut déduire de la proposition établie, et qui appréhende la forme de l'alternance dans toute sa pureté.

(Toute chose est ce qu'elle est ; elle a les réalités qui sont posées tout comme elle-même est posée : A = A (§ 1). Quelque chose est un accident de la chose signifie dans un premier temps : ce quelque chose n'est pas posé par le poser de celle-ci ; il n'appartient pas à l'essence de celle-ci, et doit être exclu de son concept originaire. C'est cette détermination de l'accident que nous avons maintenant expliquée. Mais dans un certain sens, derechef, l'accident est attribué à la chose, et posé dans celle-ci. Nous verrons également en son temps ce que cela signifie).

III

Toutes deux [166][31], l'alternance et l'activité indépendante d'elle, doivent se déterminer elles-mêmes réciproquement. Comme avant, nous devons d'abord examiner ce que peut signifier en général ce principe, et ensuite l'appliquer sur les cas particuliers contenus sous lui.

1. Nous devons à nouveau distinguer deux choses dans l'activité indépendante aussi bien que dans l'alternance ; nous avons distingué la forme de l'alterner de sa matière ; et à la mesure de cette distinction, nous avons distingué une activité indépendante, qui détermine la première, d'une autre qui est déterminée par la seconde dans la réflexion. On ne peut donc pas soumettre à l'examen le principe à discuter exactement comme il est établi ; car si nous parlons maintenant d'alternance, c'est de façon ambiguë selon que nous considérons sa forme ou sa matière ; idem pour l'activité indépendante. De ce fait, il faut d'emblée réunir les deux dans les deux : or cela ne peut se faire autrement que par la synthèse de la détermination alternante. Il faut donc que soient contenus dans le principe indiqué les trois principes suivants :

α) L'activité indépendante de la forme de l'alternance détermine celle qui est indépendante de la matière, et inversement, c'est-à-dire que

[31] III, 1, α [165-168] 109-110.
Moment III de la 3e synthèse quintuple : α, β, γ.

toutes deux se déterminent réciproquement, et sont réunies synthétiquement.

β) La forme de l'alternance détermine la matière de celle-ci et inversement, c'est-à-dire que toutes deux se déterminent réciproquement, et sont synthétiquement réunies. Et c'est maintenant seulement que le principe peut être compris et discuté :

γ) L'alternance (en tant qu'unité synthétique) détermine l'activité indépendante (en tant qu'unité synthétique) et inversement, c'est-à-dire que toutes deux se déterminent réciproquement, et sont elles-mêmes synthétiquement réunies.

α) L'activité qui doit déterminer la forme de l'alternance ou l'alternance en tant que telle, mais doit être tout simplement indépendante d'elle [167], est un *transiter* d'un membre pris dans l'alternance vers l'autre, *en tant que* transiter (non par exemple en tant qu'action en général) ; celle qui détermine sa *matière* est une action qui pose dans les membres ce qui rend possible qu'il puisse y avoir transition de l'un à l'autre. – La dernière activité donne le X cherché plus haut, qui est contenu dans les deux membres-alternants, et ne peut être contenu *que dans eux deux*, et non dans un seul ; il rend impossible de se satisfaire du poser d'un membre (de la réalité, ou de la négation), mais nous contraint à poser en même temps l'autre, parce qu'il montre l'incomplétude de l'un sans l'autre ; – ce en quoi l'unité de la conscience se poursuit, et doit se poursuivre, si aucun *hiatus* ne doit apparaître en elle ; constituant pour ainsi dire son *guide*. La première activité est la conscience même, dans la mesure où elle se poursuit par-dessus les membres-alternants dans ce X, – elle est une, bien qu'elle alterne ses objets, ces membres, et qu'elle doive nécessairement les alterner pour être une.

Le premier détermine le dernier, signifierait : le transiter même fonde ce en quoi il transite ; par le simple transiter, le transiter devient possible. Le dernier détermine le premier, signifierait : ce en quoi il y a transition fonde le transiter en tant qu'action ; du fait que celui-là est posé, le transiter est immédiatement lui-même posé. Les deux se déterminent réciproquement, signifie donc : par le simple transiter, est posé dans les membres-alternants ce par l'intermédiaire de quoi il peut y avoir transition ; et du fait qu'ils sont posés comme membres-alternants, il y a immédiatement entre eux alternance. Le transiter devient possible du fait qu'il advient ; et il n'est possible que dans la mesure où il advient réellement. Il est fondé par lui-même ; il advient tout simplement parce qu'il advient, et est une action absolue, sans aucune raison de détermination

[168], et sans aucune condition en dehors d'elle-même. – La raison se situe dans la conscience même, et non en dehors d'elle, expliquant qu'il y a transition d'un membre à l'autre. La conscience, tout simplement parce qu'elle est conscience, doit transiter ; et il se formerait en elle un hiatus si elle ne transitait pas, tout simplement parce qu'elle ne serait pas alors une conscience.

β) La forme[32] de l'alternance et sa matière doivent se déterminer réciproquement.

L'alternance est, comme on l'a rappelé il y a peu, distincte *de l'activité présupposée par elle* en ce que l'on fait abstraction de cette activité (par exemple d'une intelligence observante, qui pose dans son entendement les membre-alternants comme devant être alternés). On se représente les membres-alternants comme alternant par soi-même ; on transfère sur les choses ce qui peut-être ne se trouve qu'en nous. On verra en son temps dans quelle mesure cette abstraction est valide ou non.

De ce point de vue, les membres alternent eux-mêmes. *L'engrènement* réciproque des deux l'un dans l'autre est la *forme* ; *l'activité et le subir* qui apparaissent immédiatement dans cet engrener et ce laisser-engrener est la *matière* de l'alternance. Par souci de brièveté, nous allons l'appeler le *rapport (Verhältnis)* réciproque des membre-alternants. Cet engrènement doit déterminer le rapport des membres, c'est-à-dire qu'immédiatement, et par le simple engrènement, par l'engrènement *en tant que tel,* sans aucune détermination supplémentaire, le rapport doit être déterminé : et inversement ; le rapport des membres-alternants doit déterminer leur engrènement, c'est-à-dire que par leur simple rapport, sans aucune détermination supplémentaire, il est posé qu'ils s'engrènent l'un dans l'autre. Par leur simple rapport, ici pensé comme déterminant *avant* l'alternance, leur engrènement est déjà posé (ce n'est pas par exemple un accident en eux, sans lequel ils pourraient aussi persister) [169], et par leur engrènement, pensé ici comme déterminant avant le rapport, leur rapport est en même temps posé. Leur engrènement, et leur rapport, est une seule et même chose. 1) Ils se comportent de telle manière l'un envers l'autre qu'ils alternent ; et en dehors de cela ils n'ont en général aucun rapport réciproque. S'ils ne sont pas posés comme alternant, ils ne sont pas posés en général. 2) Du fait qu'entre eux, *selon la simple forme*, une alternance, une alternance *en général* est posée, en même temps la matière de cette alternance est *déterminée*, c'est-à-dire sa modalité, la *quantité* de l'agir et du subir posés par elle, etc. sans aucune adjonction supplémentaire. – Ils *alternent* nécessairement, et ils n'alternent que d'une manière

32 [168-169] 111-112.

déterminée possible, tout simplement *du fait qu'ils* alternent. – S'*ils* sont posés, alors une alternance déterminée est posée ; et si une alternance déterminée est posée, alors *ils* sont posés. Eux et une alternance déterminée sont une seule et même chose.

γ) L'activité[33] indépendante (en tant qu'unité synthétique) détermine l'alternance (en tant qu'unité synthétique) et inversement, c'est-à-dire que toutes deux se déterminent réciproquement et sont elles-mêmes synthétiquement réunies.

L'activité en tant qu'unité synthétique est un *transiter* absolu ; l'alternance est elle un *engrènement* absolu complètement déterminé par soi-même. La première détermine la dernière, ce qui signifierait que du seul fait qu'il y a transition, l'engrènement des membres-alternants est posé. La dernière détermine la première, ce qui signifierait : de même que les membres s'engrènent, l'activité doit nécessairement passer de l'un à l'autre. Toutes deux se déterminent réciproquement, ce qui signifie que de même que l'Un est posé, l'autre est posé et inversement ; on peut et l'on doit passer de chaque membre de la comparaison à l'autre. Tout est une seule et même chose. – Mais l'ensemble est posé tout simplement ; il se fonde sur lui-même [170].

Pour rendre ce principe plus évident, et pour indiquer son importance, appliquons-le aux principes contenus sous lui.

L'activité qui détermine la forme de l'alternance détermine tout ce qui apparaît dans l'alternance, et inversement, tout ce qui apparaît dans l'alternance détermine l'activité. La simple alternance dans sa forme, c'est-à-dire l'engrènement des membres les uns dans les autres, n'est pas possible sans l'action du transiter ; c'est justement par le transiter qu'est posé l'engrènement des membres-alternants. Inversement, c'est par l'engrènement des membres-alternants qu'est posé le transiter ; de même qu'ils sont posés comme engrenants, il y a nécessairement transition. Pas d'engrènement, pas de transit, pas de transit, pas d'engrènement : tous deux sont une seule et même chose, et ne peuvent être distingués que dans la réflexion. En outre, la même activité détermine le matériau de l'alternance ; le transiter nécessaire est seul à poser, *en tant que tels,* les membres-alternants, et comme ils ne sont posés *que* comme tels, l'activité qui transite et doit transiter est posée. On peut donc partir du moment différencié que l'on veut ; de même que l'un d'eux est posé, les trois autres sont aussi posés. L'activité déterminant le matériau de l'alternance détermine l'ensemble de l'alternance ; elle pose ce sur quoi il peut y avoir

---

33 [169-170] 112-113.

transition, et pour cette raison ce sur quoi il doit y avoir transition, elle pose donc l'activité de la forme, et par là tout le reste.

L'activité retourne donc en soi-même au moyen de l'alternance ; et l'alternance retourne en soi-même au moyen de l'activité. Tout se reproduit soi-même, et il n'y a là aucun *hiatus* possible ; à partir de n'importe quel membre, on est pulsé (*getrieben*) vers tous les autres. L'activité de la forme détermine celle de la matière, celle-ci la matière de l'alternance, celle-ci sa forme ; la forme de l'alternance détermine l'activité de la forme etc. Tous sont un seul et même état synthétique [171]. L'action retourne en soi par un circuit. Mais l'ensemble du circuit est posé tout simplement. Il est parce qu'il est, et on ne peut en indiquer une raison supérieure.

L'application[34] de cette proposition ne se montrera que dans ce qui suit.

2. La proposition : l'alternance, et l'activité jusqu'à présent considérée comme indépendante d'elle, doivent se déterminer réciproquement, doit maintenant être appliquée aux cas particuliers contenus sous elle ; tout d'abord[35] :

a) *Au concept d'efficience*. – Nous examinons la synthèse ainsi postulée selon le schéma établi à l'instant : α) dans l'alternance de l'efficience, l'activité de la forme détermine l'activité de la matière, et inversement, β) dans l'alternance, la forme de l'alternance détermine la matière de celle-ci et inversement, γ) l'activité réunie synthétiquement détermine l'alternance réunie synthétiquement, et inversement : c'est-à-dire qu'elles sont elles-mêmes réunies.

α) L'activité à présupposer en vue de la possibilité de l'alternance postulée dans le concept d'efficience est dans sa forme simple *un transférer, un poser par un non poser* : du fait que (d'un certain point de vue) *il n'y a pas position*, *il y a* (d'un certain autre point de vue) *position*. L'activité *de la matière* de l'alternance doit être déterminée par cette activité *de la forme*. Elle était une activité indépendante du *Non-Je*, par laquelle seule le membre dont partait l'alternance, un subir dans le Je, a été rendu possible. La dernière est déterminée, fondée, posée par la première, ce qui veut manifestement dire : c'est cette activité du Non-Je lui-même qui est posée par la première, au moyen de sa fonction du poser ; et posé seulement *dans la mesure* où quelque chose n'est pas posé. (Nous n'avons pas ici à examiner

---

34 4e Synthèse quintuple : Déterminabilité appliquée à l'efficience (*Wirksamkeit*) [171-190] : III, 2, α), β), γ), 1., 2., 3. Explication de la composition synthétique transcendantale (Philonenko). [113-126] (XLI-XLV).

35 III, 2, a, α [171-178] 113-118.

ce que ce non-posé peut être) [172] – Une sphère limitée est ainsi prescrite à l'activité du Non-Je ; et l'activité de la forme est cette sphère. Le Non-Je n'est actif que dans la mesure où il est posé comme actif par le Je (auquel échoit l'activité de la forme) au moyen d'un ne-pas-poser. – Pas de poser par un non-poser – pas d'activité du Non-Je. Inversement, l'activité de la matière, donc l'activité indépendante du Non-Je, doit déterminer et fonder l'activité de la forme, donc le transférer, le poser, par un non poser. Manifestement, après tout ce qui précède, cela signifie qu'elle doit déterminer le transiter en tant que *transiter*, elle doit poser le X qui indique l'incomplétude d'un membre, et par là obliger celui-ci en tant que membre-*alternant* et par lui-même à en poser encore un deuxième, avec lequel il alterne. Ce membre est le subir *en tant que* subir. De ce fait, le Non-Je fonde le *non*-poser ; et détermine et conditionne par là l'activité de la forme. Celle-ci pose par un non-poser et tout simplement, pas autrement ; mais le non poser est subordonné à la condition d'une activité du Non-Je, donc toute l'action postulée. Le poser par un non poser est enfermé dans la sphère d'une activité du Non-Je. – Aucune activité du Non-Je – aucun poser par un non poser.

(Ici, nous sommes tout proches de la querelle blâmée ci-dessus, simplement un peu plus atténuée. Le résultat de la première espèce de réflexion fonde un idéalisme dogmatique : *toute réalité du Non-Je est uniquement une réalité transférée à partir du Je.* Le résultat de la deuxième manière de réfléchir fonde un réalisme dogmatique : *rien ne peut être transféré s'il n'est pas déjà présupposé une réalité indépendante du Non-Je, une chose en soi.* La synthèse qu'il convient maintenant d'établir n'est caractérisée par rien de moins [173] que par le fait qu'elle résout la querelle et montre le chemin intermédiaire entre idéalisme et réalisme).

Les deux propositions doivent être réunies synthétiquement, c'est-à-dire qu'il faut les considérer comme une seule et même chose. Cela se produit de la manière suivante : ce qui dans le Non-Je est activité est dans le Je subir (force du principe de l'opposer), nous pouvons de ce fait poser le *subir du Je* à la place de l'activité du Non-Je. Donc – en vertu de la synthèse postulée – dans le concept d'efficience, subir du Je et activité de celui-ci, ne pas poser et poser sont une seule et même chose. Dans ce concept, les principes : le Je ne pose pas quelque chose en soi – et – le Je pose quelque chose dans le Non-Je, disent radicalement une seule chose : ils ne désignent pas diverses actions mais une seule et même action. Aucun ne fonde l'autre ; l'un n'est pas fondé par l'autre : car tous deux sont un.

Nous continuons à réfléchir sur ce principe. Il contient en soi ce qui suit : a) le Je ne pose pas quelque chose en soi, c'est-à-dire qu'il pose la même chose dans le Non-Je. b) Ce qui est ainsi posé dans le Non-Je *est précisément ce qui* ne pose *pas* ce qui n'est pas posé dans le Je, ou le nie. L'action retourne en soi-même : dans la mesure où le Je ne doit pas poser quelque chose en soi, il est lui-même Non-Je. Mais comme il doit être, alors il doit poser : et comme il ne doit pas poser dans le Je, il doit poser dans le Non-Je. Mais ce principe a beau être maintenant fermement démontré, l'entendement humain sain n'en continue pas moins à se hérisser contre lui. Nous allons examiner la raison de cette réticence, pour donner au moins la paix aux exigences de l'entendement humain commun, au moins jusqu'à ce que, en montrant le domaine dans lequel elles dominent, nous les satisfassions réellement.

Il se trouve manifestement dans les deux principes ainsi établis un double sens dans la signification du mot *poser* [174]. Ce double sens, l'entendement humain commun le sent, d'où sa réticence. – Le Non-Je ne pose *pas* quelque chose dans le Je, ou le nie *(negiert)* : ce qui signifie que le Non-Je n'est pour le Je absolument pas posant, mais simplement supprimant ; de ce fait il est dans cette mesure opposé au Je quant à la *qualité*, et il est une *raison réelle* de la détermination de celui-ci. – Mais dire que le Je ne pose pas quelque chose dans le Je, ne signifie pas que le Je n'est absolument pas posant ; il est bien posant, car s'il ne pose pas quelque chose, il le pose en tant que négation : – mais cela signifie qu'il est seulement *en partie* non posant. De ce fait, le Je n'est pas opposé à lui-même quant à la qualité, mais seulement quant à la *quantité* ; il est de ce fait simplement la *raison idéale* d'une détermination en soi-même. – Il ne pose *pas* quelque chose en soi, et : il pose la même chose dans le Non-Je, sont une seule et même chose : le Je n'est donc pas autrement raison de la réalité du Non-Je qu'il n'est raison de la détermination en soi-même, de son subir ; il est simplement *raison idéale.*

Or, ce posé, uniquement *idealiter* dans le Non-Je, doit *realiter* devenir la raison d'un subir dans le Je, la raison idéale doit devenir raison réelle ; et cela, l'entendement humain commun ne veut pas se le laisser imposer. – Nous pouvons le placer dans un grand embarras, si nous laissons le Non-Je, dans la signification qu'il veut, être raison réelle, si nous le laissons opérer sur le Je sans aucune intervention de celui-ci, si nous lui faisons donner une matière, qui devrait d'abord être créée ; et maintenant nous nous demandons comment la raison réelle doit devenir une raison idéale ; – ce qu'elle doit bien devenir si jamais un subir doit être posé dans le Je, et parvenir à la conscience par la représentation – une question dont la réponse présuppose justement, comme celle d'en haut, la rencontre immédiate du Je et du Non-Je, et à laquelle ce bon sens et tous ses défenseurs ne pourront jamais nous donner aucune [175] réponse fondamentale. – Les deux questions ont une réponse par notre synthèse ; et elle ne le peuvent que par une synthèse, c'est-à-dire que l'une ne peut avoir de réponse que par l'autre et inversement.

De ce fait, le sens profond de la synthèse ci-dessus est le suivant : *raison idéale et raison réelle sont dans le concept d'efficience* (donc partout, car il n'apparaît de raison réelle que dans le concept de l'efficience) *une seule et même chose*. Cette proposition, qui fonde l'idéalisme critique et réunit par lui idéalisme et réalisme, ne veut pas entrer dans la tête des gens ; et le fait qu'il en soit ainsi tient au manque d'abstraction.

À savoir quand différentes choses en dehors de nous sont rapportées l'une à l'autre par le concept d'efficience – nous le verrons en son temps dans quelle mesure c'est à juste titre ou non – il y a distinction entre la raison réelle de leur rattachabilité et leur raison idéale. Il doit y avoir quelque chose d'indépendant de notre représentation dans les choses en soi au moyen duquel elles s'engrènent sans notre intervention l'une dans l'autre ; mais le fait que *nous* les rapportons l'une à l'autre, la raison doit s'en trouver en nous, par exemple dans notre sensation. Ainsi posons-nous aussi notre Je en dehors de nous, comme une chose existant sans notre intervention, et qui sait comment ; et maintenant, sans aucune intervention de notre part, une autre chose quelconque doit agir dessus ; comme l'aimant sur une pièce de fer[36].

Toutefois [176] le Je n'est rien hors du Je, mais est lui-même le Je. Si maintenant l'essence du Je consiste simplement et seulement dans le fait qu'il se pose lui-même, alors pour lui *se poser* et *être* sont une seule et même chose. En lui, raison réelle et raison idéale sont une. – Inversement, *ne pas se poser* et *ne pas être* sont à leur tour pour le Je Un ; la raison réelle et la raison idéale de la négation sont aussi une. Pour exprimer cela partiellement, les principes : le Je *ne pose pas* quoi que ce soit en lui, et : le Je *n'est pas* quoi que ce soit, sont à leur tour une seule et même chose.

[36] Faisons la remarque suivante, moins pour mes auditeurs que pour d'autres lecteurs — savants et — philosophes, auxquels cet écrit pourrait tomber entre les mains. – Il serait plus facile d'amener la plupart des gens à se prendre pour un morceau de lave lunaire que pour un *Je*. De ce fait, ils n'ont pas compris Kant, et n'ont pas pressenti son esprit ; c'est pourquoi ils ne comprendront pas cet exposé, bien que la condition de tout philosopher soit placée à sa tête. Celui qui là-dessus n'est pas encore unanime avec lui-même ne comprend pas la philosophie fondamentale et n'en a pas besoin. La nature dont il est la machine le dirigera sans aucune intervention de sa part dans toutes les affaires qu'il doit effectuer. L'autonomie appartient au philosopher : et celle-ci, on ne peut que se la donner à soi-même. — Nous ne devons pas vouloir voir sans yeux ; mais nous ne devons pas affirmer non plus que l'œil voit.

Quelque chose *n'est* pas *posé* dans le Je (*realiter*) signifie donc manifestement : le Je ne le *pose* pas en soi (*idealiter*) et inversement : le Je ne *pose* pas quelque chose en soi signifie : cela n'est pas posé dans le Je.

Dire que le Non-Je doit agir sur le Je, qu'il doit supprimer quelque chose en lui, signifie manifestement qu'il doit supprimer un poser en lui ; il doit faire que le Je ne pose pas quelque chose en soi. Si ce sur quoi il y a opération doit réellement être un Je, aucune opération sur lui n'est possible que celle d'un ne pas poser en soi.

Inversement, un Non-Je doit être pour le Je, ne peut signifier autre chose que : le Je doit poser de la réalité dans le Non-Je ; car il n'y a pas d'autre réalité pour le Je et il ne peut y en avoir d'autre qu'une réalité posée par lui.

Activité du Je et Non-Je sont une seule et même chose signifie [177] : le Je ne peut ne pas poser quelque chose en soi que du fait qu'il pose la même chose dans le Non-Je ; et ne poser quelque chose en soi qu'en ne le posant pas dans le Non-Je. Mais le Je doit en général poser, aussi certain qu'il est un Je ; seulement ne pas poser en soi. – Subir du Je, et subir du Non-Je sont aussi une seule et même chose. Le Je ne pose pas quelque chose en soi signifie : la même chose est posée dans le Non-Je. Activité et subir du Je sont une seule et même chose. Car dans la mesure où il ne pose pas quelque chose en soi, il pose (la même chose dans le Non-Je) – l'activité et le subir du Non-Je sont une seule et même chose. Dans la mesure où le Non-Je doit agir sur le Je, supprimer quelque chose en lui, la même chose est posée en lui par le Je. Et ainsi, la réunification synthétique complète est clairement démontrée. Aucun des moments cités n'est le fondement de l'autre ; mais ils sont tous une seule et même chose.

Cependant, la question : quel est le fondement du subir dans le Je, ne peut absolument pas trouver de réponse, et encore moins en présupposant une activité du Non-Je, comme chose en soi ; car il n'y a pas de pur subir dans le Je. Mais il reste bien une autre question, à savoir la suivante : quel est le fondement de l'ensemble de l'alternance établie à l'instant ? Dire : elle est en général posée tout simplement et sans aucune raison, et le jugement qui la pose comme présente est un jugement thétique, n'est pas permis ; car seul le Je est posé tout simplement ; or dans le simple Je il ne se trouve pas de telle alternance. Mais il est immédiatement clair que dans la doctrine de la science théorique une raison de ce genre est inconcevable, parce qu'elle n'est pas conçue en suivant le principe de celle-ci : le Je se pose, mais est plutôt présupposée par lui. Une telle raison devrait donc, si tant est qu'elle doive se laisser indiquer, se trouver en dehors de la limite de la doctrine de la science théorique [178].

Et ainsi, l'idéalisme critique qui domine dans notre théorie, est établi de façon déterminée. Il est dogmatique contre l'idéalisme dogmatique, et le réalisme, en prouvant que la simple activité du Je n'est pas le fondement de la réalité du Non-Je ; et que la simple activité du Non-Je n'est pas la raison du subir dans le Je ; mais dans l'optique de la question, dont on lui demande la réponse : quel est donc le fondement de l'alternance admise entre les deux ? Il se contente de son ignorance et montre que l'examen sur ce sujet se trouve en dehors des limites de la théorie. Il ne part dans son explication ni de la représentation ni d'une activité absolue du Je, ni du Non-Je, mais d'un être-déterminé, qui est en même temps un déterminer, parce que dans la conscience rien d'autre n'est immédiatement contenu, ni ne peut être contenu. Ce qui pourrait à nouveau déterminer cette détermination reste totalement indécidable dans la théorie ; et par cette incomplétude, nous sommes, par-delà la théorie, pulsés dans une partie pratique de la doctrine de la science.

En même temps, l'expression souvent utilisée : activité *diminuée, restreinte, limitée* du Je est parfaitement claire. On désigne ainsi une activité qui s'oriente vers quelque chose dans le Non-Je, vers un *objet*, donc un agir objectif. L'agir du Je en général, ou le poser de celui-ci n'est pas limité, et ne peut pas être limité ; mais son poser *du Je* est limité, du fait qu'il doit poser un Non-Je.

β) La forme[37] de la simple alternance dans le concept d'efficience et la matière de celle-ci se déterminent réciproquement.

Nous n'avons plus haut trouvé la simple alternance en général distinguable de l'activité indépendante d'elle qu'au moyen de la réflexion. Si l'alternance est posée dans les membres de l'alternance elle-même, alors on fait abstraction de l'activité, et l'alternance [179] est considérée seulement en soi, et *en tant qu'*alternance. On verra en son temps quelle modalité de considération est exacte, ou peut-être aucune des deux, appliquée seule.

Dans l'alternance en tant que telle, à nouveau, sa forme se laisse distinguer de sa matière. La forme de l'alternance est le simple engrènement réciproque des membres-alternants l'un dans l'autre en tant que tel. La matière est ce qui dans les deux fait qu'ils peuvent et doivent s'engrener réciproquement. – La forme caractéristique de l'alternance dans l'efficience est *un surgir par le truchement d'un passer* (un devenir par le truchement d'un disparaître). – (Il faut bien remarquer ici qu'il faut faire tout à fait abstraction de la substance sur laquelle il y a action, du substratum du passer, et donc de toute *condition temporelle*. Ceci étant posé,

---

37 [178-181] 118-120.

alors, *en relation avec cela*, le survenant est à vrai dire posé dans le temps. Mais même si cela doit susciter aussi fortement soit-il l'imagination, il faut en faire abstraction, car la substance n'entre pas dans l'alternance : seul *ce qui pénètre* en elle et ce qui par le pénétrant est *refoulé* (*das Verdrängte*) et *supprimé* entre dans l'alternance ; et il est simplement question de ce qui entre dans l'alternance, dans la mesure où il y entre. Par exemple X anéantit –X : –X était à vrai dire là *auparavant*, *avant* d'être anéanti ; s'il doit être considéré comme existant, il doit donc à vrai dire être posé dans la période précédente, et X au contraire dans la période suivante. Cependant il ne doit justement pas être pensé comme existant, mais comme *non existant.* Seulement l'existence de X et la non existence de –X sont tout simplement situées en des temps non différents, elles sont au *même moment.* Ils ne sont donc, s'il n'y a là rien qui nous contraint à placer ce moment dans une *série* de moments, pas du tout dans le temps. La matière de l'alternance à examiner est un *être-opposé essentiel* (incompatibilité selon la qualité) [180].

La forme de cette alternance doit déterminer sa matière, signifie ceci : parce que et dans la mesure où les membres de l'alternance se suppriment réciproquement, ils sont essentiellement opposés. La suppression réciproque (réelle) détermine le périmètre de l'être opposé essentiel. S'ils ne se suppriment pas, ils ne sont pas essentiellement opposés (*essentialiter opposita*). – Ceci est un paradoxe contre lequel s'élève de nouveau la mécompréhension indiquée à l'instant. À savoir que l'on va croire au premier abord que l'on conclut ici d'un fortuit à un essentiel ; de la suppression actuelle, on pourrait certes conclure à l'être-opposé essentiel ; mais pas inversement, de l'être-opposé essentiel à la suppression actuelle. Il faudrait pour cela que s'ajoute encore une condition, à savoir l'influence immédiate des deux l'un sur l'autre (par exemple pour les corps, la présence dans le même espace). Les deux termes essentiellement opposés pourraient être isolés, et être en dehors de toute liaison ; ils n'en seraient pas moins opposés, et pour cette raison pourtant ils ne se supprimeraient pas. – La source de cette mécompréhension ainsi que le moyen de la lever vont être présentés sur-le-champ.

La matière de cette alternance doit déterminer la forme de celle-ci, ce qui signifie que l'être-opposé essentiel détermine la suppression réciproque : ce n'est qu'à la condition que les membres soient opposés en essence, et dans la mesure où ils le sont, qu'ils peuvent se supprimer réciproquement. – Que le supprimer actuel soit certes posé en général dans la sphère de l'être opposé, mais qu'il doive non seulement ne pas emplir celle-ci, mais seulement emplir une sphère plus étroite, placée sous elle, dont la frontière détermine la condition rajoutée de l'influence réelle :

alors chacun sans réserve reconnaîtra ce principe et le paradoxe alors pourrait simplement être que nous l'avons d'abord posé expressément.

Or [181] la matière de l'alternance et la forme de celle-ci doivent se déterminer réciproquement, c'est-à-dire que le simple être-opposé doit être suivi par le supprimer réciproque, donc aussi par l'engrènement, l'influence immédiate, – et le supprimer réciproque doit être suivi par l'opposer. Les deux sont une seule et même chose : elles sont en soi opposées, ou bien elles se suppriment réciproquement. Leur influence et leur être-opposé essentiel sont une seule et même chose.

Réfléchissons encore sur ce résultat. Ce qui est vraiment posé par la synthèse entreprise entre les membres de l'alternance est la nécessité de leur liaison : ce X, qui montre l'incomplétude de l'un des deux, et ne peut être contenu que dans les deux. La possibilité de séparer un être en soi d'un être dans l'alternance est niée : tous deux sont posés comme membres alternants, et ne sont pas posés en dehors de l'alternance. – On conclue de l'être-opposé réel à l'opposer, et inversement : être-opposé réel et idéal sont une seule et même chose. – Le heurt qu'en reçoit l'entendement humain commun disparaît dès que l'on se souvient que l'un des membres de l'alternance est le Je, auquel n'*est* opposé que ce qu'il s'op*pose* ; et qui n'est opposé à rien qu'à ce qu'il s'oppose. Le résultat obtenu maintenant est donc, sous une autre figure, le précédent.

γ) Dans l'efficience[38], l'activité pensée comme unité synthétique, et l'alternance, pensée comme unité synthétique, se déterminent réciproquement et constituent elles-mêmes une unité synthétique.

Nous pouvons appeler l'activité, en tant qu'unité synthétique, un *poser médiat* (le mot poser dans un sens affirmatif : un poser de la réalité au moyen d'un non-poser de celle-ci) ; la simple alternance, en tant qu'unité synthétique [182], consiste en *l'identité de l'opposer essentiel et du supprimer réel.*

1. La première[39] est déterminée par la dernière signifie que la *médiateté* (*Mittelbarkeit*) du poser (dont il s'agit ici à proprement parler) est la condition et la raison du fait que l'opposer essentiel et le supprimer réel sont une seule et même chose ; parce que et dans la mesure où le poser est médiat, opposer et supprimer sont identiques. a) S'il y avait un poser *immédiat* des membres qui doivent alterner, alors être-opposé et supprimer seraient différents. Posons que les membres de l'alternance sont A et B. Posons que A soit en tout premier lieu =A et B=B, mais qu'ensuite, c'est-à-dire après une certaine quantité, A soit aussi égal à –B et B égal à –A : alors tous deux pourraient certes être posés selon leur première

[38] [181-190] 120-126.

[39] [182-185] 120-122.

signification, sans qu'ils se suppriment. On ferait abstraction de ce en quoi ils seraient opposés, ils ne seraient alors que posés en tant qu'opposés essentiellement (c'est-à-dire que leur essence consisterait dans le simple être opposé) et se supprimant réciproquement, parce qu'ils seraient posés *immédiatement*, indépendamment l'un de l'autre. Mais alors ils ne seraient pas posés en tant que de simples membres alternants, mais en tant que réalité en soi (A = A. § 1.) Les membres alternants ne peuvent être posés que médiatement ; A est égal à – B, et tout simplement rien de plus ; et B est égal à – A, et tout simplement rien de plus ; et de cette médiateté du poser suit l'être-opposé essentiel, et le supprimer réciproque, et l'identité des deux. Car b) si A est seulement posé comme le contraire de B, et n'est susceptible d'aucun autre prédicat, et si B est posé seulement comme le contraire de A, et susceptible d'aucun autre prédicat (pas même du prédicat *d'une chose,* que l'imagination, qui n'est pas encore habituée à une abstraction trop stricte, est toujours prête à mêler), donc si A ne peut être posé que comme réel, alors que B ne l'est pas – et si B ne peut être posé que quand A ne l'est pas [183] : ainsi, leur essence commune consiste manifestement en ce que chacun est posé par le non-poser de l'autre, donc en leur *être-opposé ;* et, si l'on fait abstraction d'une intelligence active qui pose, pour ne réfléchir que sur les membres alternants, en ce qu'ils se suppriment réciproquement. Leur être opposé essentiel, et leur supprimer réciproque sont de ce fait identiques dans la mesure où chaque membre n'est posé que par le non-poser de l'autre, et n'est tout simplement pas posé autrement.

Or, d'après ce qui précède, c'est le cas du Je et du Non-Je. Le Je (ici considéré comme absolument actif) ne peut transférer de la réalité sur le Non-Je qu'en ne posant *pas* celle-ci en soi ; et inversement, il ne peut transférer de la réalité en soi qu'en ne la posant pas dans le Non-Je. (On verra que ce dernier point ne contredit pas la réalité absolue du Je posée ci-dessus, en le déterminant plus précisément ; et c'est en partie ici déjà évident : il est question d'une réalité *transférée*, et non *absolue*.) L'essence de ceux-ci, dans la mesure où ils doivent alterner, consiste donc uniquement en ce qu'ils sont opposés, et se suppriment réciproquement. Donc :

La *médiateté* du poser (comme on le verra plus tard, la loi de la conscience : *pas de sujet, pas d'objet ; pas d'objet, pas de sujet*), et elle seule, fonde l'être-opposé essentiel du Je et du Non-Je, et par là toute réalité du Non-Je ainsi que du Je – dans la mesure où cette dernière doit être simplement posée *en tant que* posée, et idéale. Car celle qui est absolue reste ce faisant imperdue ; elle se trouve dans le *posant.* Elle doit, pour autant que nous soyons avancés dans notre synthèse, ne pas être derechef posée par ce qui par elle est fondé ; elle ne le peut pas non plus selon le procédé légal par le principe de raison. De ce fait, dans les fragments établis, dans la réalité du Non-Je, et dans celle idéale du Je [184], il n'y a pas la raison de cette médiateté. Cette raison devrait donc résider dans le Je absolu ; et cette médiateté devrait être elle-même absolue, c'est-à-dire fondée par et en soi-même.

Cette modalité de conclusion, ici tout à fait exacte, conduit à un nouvel idéalisme encore plus abstrait que ne l'était le précédent. Dans le précédent, une activité posée en soi était supprimée par la nature et par l'essence du Je. Elle, l'activité en soi tout à fait possible, était tout simplement et sans aucune raison supplémentaire, supprimée ; par là, un objet, et un sujet, etc., devenaient possibles. Dans cet idéalisme se sont développées les représentations, en tant que telles, d'une manière pour nous tout à fait inconnue et inaccessible, à partir du Je ; un peu comme dans une harmonie préétablie conséquente, c'est-à-dire simplement idéaliste.

Dans l'idéalisme actuel, l'activité en général a sa loi immédiatement en soi même ; elle est médiate et n'est tout simplement rien d'autre, absolue parce qu'elle est ce qu'elle est. Il n'y a de ce fait aucune activité qui soit supprimée dans le Je. L'activité médiate est présente, il ne doit tout simplement pas y avoir d'activité immédiate. Mais à partir de la médiateté de cette activité tout ce qui reste (réalité du Non-Je et dans cette mesure négation du Je, négation du Non-Je et dans cette mesure réalité du Je), peut être parfaitement expliqué. Ici, les représentations se développent à partir du Je selon une loi déterminée et reconnaissable qui régit sa nature. Pour elles, on peut indiquer une raison, mais pas pour la *loi*.

Ce dernier idéalisme supprime nécessairement le premier, parce qu'il explique réellement à partir d'une raison supérieure ce qui était inexplicable pour celui-là. Le premier idéalisme peut même être idéalistement réfuté. Le principe fondamental d'un système de ce genre serait : *le Je est fini, tout simplement parce qu'il est fini.*

Maintenant, bien qu'un idéalisme de ce genre s'élève plus haut, il ne s'élève pas aussi haut qu'on le devrait. C'est-à-dire jusqu'à ce qui est posé tout simplement et inconditionné [185]. Certes, une finité doit être posée tout simplement ; mais tout ce qui est fini est, en raison de son concept, limité par son opposé : et la finité absolue est un concept en soi contradictoire.

Pour établir une distinction, j'appelle le premier idéalisme qui supprime quelque chose posé en soi, l'idéalisme *qualitatif* ; le dernier, qui originellement se pose une quantité bornée, idéalisme *quantitatif.*

2. Du fait[40] que l'essence des membres alternants consiste dans le simple être-posé, la médiateté du poser est déterminée ; elle n'est possible qu'à la condition de se situer dans le premier idéalisme. Si l'essence des membres alternants consiste en autre chose qu'en le seul être-opposé, il est tout de suite clair que le poser de l'un, dans la totalité de son essence, n'entraîne pas que l'autre soit posé dans toute son essence ; et inversement. Mais si leur essence ne consiste en rien d'autre, ils ne peuvent, s'ils doivent être posés, être posés que médiatement ; comme il appert de ce qui vient d'être dit.

Mais ici, l'être-opposé essentiel, l'être-opposé en soi, est établi en tant que raison de la médiateté du poser. L'être-opposé est, tout simplement, dans ce système, et ne peut être expliqué plus avant ; la médiateté est fondée par lui.

De même que la première modalité de déduction établit un idéalisme quantitatif, de même, celle-ci établit un réalisme quantitatif, qui doit bien être distingué de celui qui a été établi ci-dessus, le réalisme qualitatif. Dans ce dernier, il se produit, par un Non-Je indépendant du Je et ayant réalité en soi-même, une impression sur le Je, ce qui fait repousser en partie l'activité de celui-ci ; le réaliste seulement quantitatif se contente à ce sujet de son ignorance, et reconnaît que le poser de la réalité dans le Non-Je n'advient pour le Je que selon la loi de la raison ; mais il affirme *la présence réelle d'une restriction du Je,* sans aucune intervention propre du Je lui-même ; ni par une activité absolue, comme l'idéaliste qualitatif, ni selon une loi résidant dans sa nature, comme l'affirme [186] l'idéaliste quantitatif. Le réaliste qualitatif affirme la réalité indépendante du Je d'un *déterminant* ; le quantitatif affirme la réalité, indépendante du Je, d'une simple *détermination.* Il existe une détermination dans le Je, dont la raison n'est pas à poser dans le Je ; c'est pour lui un factum : l'investigation sur la raison *en soi* lui est barrée, c'est-à-dire qu'elle est pour elle tout simplement et sans aucune raison là. Il doit toutefois, selon la loi de la raison qui réside en lui-même, rapporter celle-ci à quelque chose dans le Non-Je, en tant que raison réelle ; mais il sait que cette loi se trouve simplement en lui, et il n'en est pas trompé. Chacun peut voir avec évidence que ce réalisme n'est rien d'autre que celui que nous avons établi ci-dessus sous le nom d'idéalisme critique, Kant n'en ayant établi aucun autre que celui-ci, ne pouvant pas, au degré de réflexion où il s'était hissé, en établir un autre, et ne le voulant pas non plus[41].

---

40 [185-187] 122-124.

41 Kant démontre l'idéalité des objets à partir de l'idéalité présupposée du temps et de l'espace : nous démontrerons au contraire l'idéalité du temps et de l'espace à partir de

Le réalisme que nous établissons maintenant est différent de l'idéalisme quantitatif que nous venons de décrire, en ce que certes tout deux [187] admettent une finité du Je, mais le premier une finité posé tout simplement, le deuxième une finité contingente, qui d'ailleurs ne peut être expliquée plus avant. Le réalisme quantitatif supprime le qualitatif, en tant qu'il est infondé et superflu, en expliquant parfaitement sans lui, mais à vrai dire en commettant la même faute, ce qui doit être expliqué par lui : la présence d'un objet dans la conscience. Je dis en commettant la même erreur : à savoir qu'il ne peut tout simplement pas expliquer comment une détermination réelle peut devenir une détermination idéale, comment une détermination présente *en soi* peut devenir une détermination *pour le Je posant*. – Nous avons à présent sans doute montré comment la médiateté du posé était déterminée et fondée par l'être-opposé essentiel ; mais par quoi le *poser* en général est-il fondé ? *S'il* faut qu'il y ait position, ce ne peut être qu'une position médiate ; mais le poser en soir est une action absolue du Je qui dans cette fonction est tout simplement indéterminé et indéterminable. Ainsi donc, ce système est oppressé par l'impossibilité souvent indiquée du passage du limité à l'illimité. L'idéalisme quantitatif n'a pas à combattre cette difficulté, car il supprime en général ce passage ; mais en revanche il est anéanti par une contradiction manifeste, à savoir qu'il pose tout simplement un fini. – Il faut s'attendre à ce que notre investigation prenne précisément la direction indiquée ci-dessus ; et que par une réunification synthétique des deux synthèses se présente un idéalisme quantitatif *critique* en tant que voie intermédiaire entre les deux types d'explication.

3. La médiateté[42] du posé et l'être-opposé essentiel se déterminent réciproquement ; tous deux emplissent une seule et même sphère et sont un [188]. On voit tout de suite avec évidence comment cela doit être pensé pour pouvoir être pensé comme possible ; à savoir que l'*être* et

---

l'idéalité démontrée des objets. Il faut des objets idéaux pour emplir le temps et l'espace ; il faut le temps et l'espace pour pouvoir placer les objets idéaux. C'est pourquoi notre idéalisme, qui n'est pas dogmatique, mais critique, avance de quelques pas de plus que le sien.

Ce n'est pas ici le lieu de montrer ce qui d'ailleurs se laisse montrer de façon tangible que Kant *savait* aussi ce qu'il *ne disait pas* ; ni d'indiquer les raisons pour lesquelles il ne pouvait ni ne voulait dire ce qu'il savait. Les principes établis ici et à établir sont manifestement à la base des siens comme peut s'en convaincre celui qui veut se familiariser avec l'esprit de sa philosophie (qui doit bien avoir de l'esprit). Il a dit quelque fois que dans ses Critiques, il ne voulait pas établir la science, mais seulement sa propédeutique ; et il est difficile de concevoir pourquoi ses épigones n'ont pas voulu le croire uniquement sur ce point.

[42] [187-190] 124-126.

l'être-posé, le rapport, l'opposer, et l'être-opposé idéaux et réels doivent être une seule et même chose. En outre, on voit tout de suite avec évidence à quelles conditions cela est possible : à savoir quand, dans le rapport, le posé et le posant sont une seule et même chose, c'est-à-dire quand ce qui est posé dans le rapport est le Je. – Le Je doit se trouver, avec un X quelconque, qui dans la mesure où il est nécessaire doit être un Non-Je, dans un rapport tel qu'il doit être posé uniquement par le ne-pas-être-posé de l'autre, et inversement. Or, le Je, aussi certainement qu'il est un Je, ne se trouve dans un certain rapport que dans la mesure où il se pose en tant que se tenant dans ce rapport. Donc, parlant du Je, il est parfaitement égal que l'on dise qu'il est posé dans ce rapport, ou : qu'il se pose dans ce rapport. Il ne peut être posé (*realiter*) en lui que dans la mesure où il se pose (*idealiter*) en lui ; il ne peut s'y poser que dans la mesure où il est posé en lui, parce que par le truchement du seul Je, posé tout simplement, un tel rapport n'est pas posé, mais le contredit plutôt.

Développons encore plus distinctement le contenu important de notre synthèse. C'est (étant toujours présupposé le principe général, établi au début de notre section, du procédé théorique global, principe général dont nous avons développé tout ce qui précède ; mais aussi sans nulle autre présupposition) c'est, dis-je, une loi pour le Je, de ne poser qu'immédiatement le Je aussi bien que le Non-Je : c'est-à-dire le Je simplement par le non poser du Non-Je, et le Non-Je simplement par le non poser du Je. (Le Je est donc dans chaque cas tout simplement le *posant*, dont nous faisons toutefois abstraction dont notre investigation actuelle ; il n'est le *posé* qu'à la condition que le Non-Je soit posé, en tant que non posé ; qu'il soit nié.) – Exprimé en langage commun : le Je, tel qu'il est ici considéré, est seulement le contraire du Non-Je et rien de plus ; et le Non-Je est simplement le contraire du Je et rien de plus [189]. Pas de Tu, pas de Je ; pas de Je, pas de Tu. Nous voulons pour des raisons de distinction nommer à partir de maintenant, de ce point de vue, mais aussi d'aucun autre, le Non-Je *objet*, le Je *sujet* ; bien que nous ne puissions pas encore montrer ici ce qu'il y a d'approprié dans cette dénomination. Le Non-Je indépendant de cette alternance ne doit pas être appelé objet, et le Je indépendant d'elle ne doit pas être appelé sujet. Donc, le sujet est ce qui n'est pas objet, et en outre, il n'a jusqu'à présent pas de prédicat ; et l'objet est ce qui n'est pas sujet, et en outre, il n'a jusqu'à présent lui aussi aucun prédicat.

Si l'on place cette loi, sans chercher plus avant une raison, au fondement de l'explication de la représentation, on n'a besoin tout d'abord d'aucune action du Non-Je (celle que le réaliste qualitatif admet), pour fonder le subir présent dans le Je ; – alors on n'a pas besoin de ce subir lui-même (affection, détermination), que le réaliste quantitatif admet en vue de son explication. – Admettons que le Je doive, en général, poser, en vertu de son essence ; un principe que nous prouverons dans la synthèse générale qui suit. Or il ne peut que poser soit le sujet soit l'objet, et tous deux uniquement médiatement. Disons qu'il doit poser l'objet ; alors il supprime nécessairement le sujet, et il se fait en lui un subir, il rapporte ce subir nécessairement à une raison réelle dans le Non-Je, et ainsi naît la représentation d'une réalité du Non-Je indépendante du Je. – Ou bien il pose le sujet, supprime ainsi nécessairement l'objet posé, et il se produit à nouveau un subir, qui est toutefois rapporté à une activité du sujet, et engendre la représentation d'une réalité du Je indépendante du Non-Je (la représentation d'une liberté du Je, qui dans notre modalité actuelle de déduction est à vrai dire une liberté seulement représentée). – Ainsi, à partir du membre intermédiaire, comme cela doit à vrai dire se produire en vertu des lois de la synthèse, le subir (idéal) du Je [190] et l'activité indépendante (idéale) du Je autant que du Non-Je sont parfaitement expliquées et fondées.

Mais comme la loi établie est manifestement une *détermination* (de l'activité du Je, en tant que telle), elle doit avoir une raison, et la doctrine de la science doit montrer la raison de celle-ci. Or on ne peut chercher, si l'on n'interpose pas avec une nouvelle synthèse un membre intermédiaire, comme on le doit pourtant, la raison uniquement dans les moments limitant d'abord cette détermination, le poser du Je ou son subir. L'idéaliste quantitatif admet le premier en tant que raison de détermination, car il fait de cette loi la loi du posé en général ; le réaliste quantitatif admet le deuxième, car il la dérive du subir du Je. Selon le premier, cette loi est une loi subjective et idéale, qui a sa raison uniquement dans le Je ; pour le deuxième, elle est objective et réelle, et n'a pas sa raison dans le Je. – Où que ce soit qu'elle l'ait, ou même qu'elle en ait une en général, c'est à ce niveau que l'investigation est interrompue. À vrai dire, il faut rapporter l'affection du Je, établie en tant qu'inexplicable, à une réalité qui l'effectue dans le Non-Je ; mais cela ne se produit qu'à la suite d'une loi explicable, et expliquée justement par l'affection, dans le Je.

Ceci est le résultat de la synthèse que nous avons établie à l'instant, à savoir que tous deux ont tort ; que la loi n'est ni purement subjective et idéale, ni purement objective et réelle, mais que sa raison doit se trouver en même temps dans l'objet et le sujet. Comment en va-t-il dans les deux cas, c'est là que l'investigation est provisoirement interrompue, et que nous devons nous contenter de notre ignorance ; et ceci est donc l'idéalisme quantitatif critique, dont nous avions promis l'établissement plus haut. Comme toutefois la tâche donnée ci-dessus n'est pas encore complètement résolue, et que nous avons encore devant nous plusieurs synthèses, il se pourrait bien dans le futur que l'on puisse dire quelque chose de plus déterminé sur cette modalité de la fondation.

b) Tout comme nous avons traité le concept de l'efficience, nous traitons maintenant le concept de la substantialité [191] [43]; nous réunissons synthétiquement l'activité de la forme et de la matière ; puis la forme de la simple alternance avec la matière de celle-ci ; et enfin les unités synthétiques générées ainsi l'une avec l'autre.

α) Tout d'abord l'activité de la forme et de la matière (étant supposé connu par ce qui précède le sens dans lequel ces expressions sont ici utilisées).

Le principal, ce dont il s'agit à proprement parler pour ce moment aussi bien que pour tous les suivants, c'est d'appréhender de façon exacte et déterminée la *caractéristique* de la substantialité. (À cause de l'antinomie avec l'efficience.)

L'activité de la forme dans cette alternance particulière était selon ce qui précède un ne-pas-poser par le truchement d'un poser absolu ; – le poser de quelque chose comme non posé, comme posé par le biais du poser d'un autre : négation par affirmation. – Le non-posé doit donc pourtant être posé, il doit être posé en tant que non posé. Il ne doit donc pas en général être anéanti, comme dans l'alternance de l'efficience ; mais seulement être exclu d'une sphère déterminée. Il n'est donc pas nié par le poser en général, mais seulement par un poser déterminé. Par ce poser, qui est déterminé dans cette fonction qui est la sienne, et qui est donc aussi en tant qu'activité objective déterminant, le posé (en tant que posé) doit également être déterminé, c'est-à-dire qu'il doit être posé dans une sphère déterminée, en tant que l'emplissant. Et l'on peut ainsi comprendre comment, par un tel poser, un autre peut être posé, en tant que non posé : il n'est non-posé que dans cette sphère, et par là précisément il n'est pas posé en elle, ou bien il est exclu par elle, parce que le posé en elle doit l'emplir. – Par cette action, l'exclu n'est pas encore posé dans une sphère déterminée ; sa sphère ne reçoit ainsi tout simplement aucun autre prédicat qu'un prédicat négatif ; ce n'est pas cette sphère. De quelque sphère qu'il doive s'agir, ou qu'il s'agisse en général d'une sphère déterminée, reste donc par cela seul complètement [192] en suspens. – Donc, le caractère déterminé de l'activité formelle dans la détermination

---

[43] 5e Synthèse quintuple : substantialité [191-216] ; α, β, γ, a, b, c. Substantialität ; Kant, CRP, Inhärenz und Subsistenz (substantia et accidens) : Table Kant 3.1. (LXVI-L). Chacun de 5 moments de 191 à 196 comprend 5 moments, soit 25 moments en tout.
5.1e Synthèse quintuple : I-V [190-195] 127-130.
I et II [190-192] 127-128.

alternante par la substantialité est un exclure d'une sphère déterminée, emplie, et ayant dans cette mesure, de la totalité (de ce qui est contenu en elle).

La difficulté ici est manifestement celle-ci : le fait que l'exclu =B est à vrai dire posé, et non posé seulement dans la sphère de A, et que toutefois la sphère de A doit être posée en tant que totalité absolue, ce dont il devrait découler que B en général ne peut pas être posé. Il faut donc que la sphère de A soit posée en tant que totalité et en tant que non totalité en même temps. Elle est posée en tant que totalité en relation à A ; elle est posée en tant que non-totalité en relation à l'exclu B. Or la sphère de B lui-même n'est pas déterminée ; elle est seulement négativement déterminée, en tant que sphère de Non-A. A, si l'on prend en considération tout cela, serait posé en tant que partie déterminée, et dans cette mesure totale, complète, d'un tout indéterminé, et dans cette mesure non complet. Le poser d'une telle *sphère, supérieure, embrassant en soi les deux, la déterminée et l'indéterminée,* serait l'activité par laquelle l'activité formelle établie à l'instant deviendrait possible ; soit l'activité de la matière que nous recherchons.

(Soit le morceau de fer déterminé =C, qui est animé d'un mouvement continu. Vous posez le fer tout simplement, comme il est posé par son seul concept (grâce au principe A=A, § 1) =A, en tant que totalité absolue, et vous ne trouvez pas dans la sphère de celui-ci le mouvement =B ; vous excluez donc, par le poser de A, B de sa sphère. Pourtant, vous ne supprimez pas le mouvement du morceau de fer =C, vous ne voulez pas du tout nier sa possibilité : vous le posez donc en dehors de la sphère de A dans une sphère *indéterminée*, parce que *vous ne savez pas du tout dans quelle condition et pour quelle raison le morceau de fer C peut bien se mouvoir.* La sphère A est la totalité du fer [193], et ne l'est pourtant par non plus, car le mouvement de C, qui est pourtant lui aussi du fer, n'y est pas inclus. Vous devez donc tracer autour des deux sphères une sphère supérieure qui comprendra en elle les deux, le fer mû et l'immobile. Dans la mesure où le fer emplit cette sphère supérieure, il est substance (mais pas dans la mesure où il emplit la sphère A en tant que telle, comme on le pense habituellement de façon erronée ; de ce point de vue, il est chose déterminée pour soi par son seul concept, selon le principe A=A) ; mouvement et non-mouvement sont ses accidents. Nous verrons en son temps que le non-mouvement lui échoit dans un autre sens que le mouvement, et sur quoi cela se fonde.)

L'activité[44] de la forme détermine celle de la matière signifierait : c'est seulement dans la mesure où quelque chose est exclu de la totalité absolue, et posé en tant que non contenu en elle, qu'une sphère plus englobante, mais indéterminée, peut-être posée ; c'est uniquement à la condition de l'exclure réel qu'une sphère supérieure est possible ; pas d'exclure, pas de sphère plus englobante ; c'est-à-dire pas d'accident dans le Je, pas de Non-Je. Le sens de ce principe est immédiatement évident, et nous ajouterons seulement quelques mots sur son application. – Le Je est originellement posé en tant que *se posant* ; et le *se-poser* emplit dans cette mesure la sphère de son absolue réalité. S'il pose un objet, ce poser objectif doit être exclu de cette sphère, et doit être posé dans la sphère opposée du *ne-pas-se-poser*. Poser un objet, et – ne pas se poser, sont synonymes. C'est de cette action que part le raisonnement actuel ; il affirme : le Je pose un objet, ou bien il exclut quelque chose de lui, tout simplement parce qu'il exclut, et pour aucune raison supérieure : or c'est par cet exclure seulement que la sphère supérieure du poser en général (abstraction étant faite de savoir si le Je ou un Non-Je est posé) devient possible. Il est clair que cette modalité de déduction est idéaliste, et se rencontre avec l'idéalisme quantitatif établi ci-dessus [194], selon lequel le Je pose quelque chose comme un Non-Je, tout simplement, parce qu'il le pose. Dans un tel système, le concept de la substantialité devrait donc être expliqué directement comme il vient d'être à l'instant expliqué. – Il est en outre ici en général évident que le *se-poser* apparaît dans une double relation à la quantité ; une fois en tant que totalité absolue ; une fois en tant que partie déterminée d'une grandeur indéterminée. Ce principe devrait dans le futur avoir des conséquences extrêmement importantes. – En outre il est clair que la substance ne désigne pas le *durable*, mais *ce qui embrasse tout*. L'attribut du durable n'échoit qu'avec une signification très dérivée à la substance.

L'activité[45] de la matière détermine et conditionne la forme – cela signifierait : la sphère plus englobante, en tant que plus englobante (donc avec les sphères du Je et du Non-Je qui lui sont subordonnées) est posée tout simplement ; et par là seulement, l'exclure, en tant qu'action réelle du Je (à une condition qu'il nous faut encore ajouter), devient possible. – Il est évident que cette modalité de déduction conduit à un réalisme, et plus précisément à un réalisme qualitatif. Je et Non-Je sont, en tant qu'opposés, posés : le Je est en général posant ; le fait qu'à une certaine condition, à savoir lorsqu'il *ne* pose *pas* le Non-Je, il *se pose*, est contingent

44 III [193 l. 12 – 194 l. 11] 128-129.
45 IV [194 l. 12 – l. 23] 129.

et déterminé par la raison du poser en général, raison qui ne réside pas dans le Je. – Le Je est dans cette modalité de déduction une essence représentante, qui doit s'orienter selon la complexion des choses en soi.

Cependant, aucune[46] modalité de déduction des deux ne doit prévaloir, mais toutes deux doivent réciproquement être modifiées l'une par l'autre. Parce que le Je doit exclure de lui-même quelque chose, une sphère supérieure doit être et être posée, et parce qu'il y a une sphère supérieure et qui a été posée, le Je doit exclure de lui quelque chose. Bref : c'est un Non-Je, parce que le Je s'oppose quelque chose ; et le Je s'oppose quelque chose [195], parce qu'il y a un Non-Je et qu'il est posé. Aucun d'eux ne fonde l'autre, mais tous deux sont une seule et même action du Je, qui ne peut être distingué que dans la réflexion. – Il est tout de suite évident que ce résultat est identique au principe établi plus haut : la raison idéale et réelle sont une seule et même chose, et peut-être expliqué à partir de lui ; et de ce fait, par le résultat actuel ainsi que par le principe cité, l'idéalisme critique est établi.

β)[47] La forme de l'alternance dans la substantialité, et la matière de cette alternance doivent se déterminer réciproquement.

La forme de l'alternance consiste dans l'exclure réciproque et l'être-exclu des membres alternants l'un par l'autre. Soit A posé en tant que totalité absolue, alors B est exclu de la sphère de A, et posé dans la sphère indéterminée mais déterminable de B. – Inversement, quand B est posé (il y a réflexion sur B en tant que posé), et a été exclu de la totalité absolue, à savoir qu'il n'est plus subsumé sous le concept de celle-ci, la sphère A n'est plus maintenant la totalité absolue, mais elle est maintenant en même temps que B partie d'une sphère indéterminée mais déterminable. – Cette dernière proposition doit être notée et correctement appréhendée, car tout dépend d'elle. – Donc la forme de l'alternance est un exclure réciproque des membres alternant hors de la totalité absolue.

(Posez le fer en général et en soi, alors vous aurez un concept déterminé complet, qui remplit sa sphère. Posez le fer animé d'un mouvement continu ; vous avez alors un attribut qui ne se trouve pas dans le concept, et est donc exclu de lui. Mais comme vous attribuez ce mouvement au fer, le concept auparavant déterminé de fer ne vaut plus en tant que déterminé, mais seulement en tant que déterminable ; il lui manque une détermination, que vous déterminerez en son temps comme l'attraction par l'aimant.)

---

[46] I-V [194 l. 24 - 195 l. 7] 130.

[47] 5.2e Synthèse quintuple : [195 l. 8 - 199] 130-133 (VI-X).

β [195 l. 8 - 196] 130-131 (VI).

En ce qui concerne la *matière de l'alternance*, il est tout de suite clair que dans la forme de l'alternance [196], telle qu'elle a été présentée à l'instant, celle qui est la véritable totalité reste indéterminée : si B doit être exclu, alors la sphère de A emplit la totalité ; si au contraire B doit être posé, les deux sphères, celle de B et celle de A, emplissent la totalité certes indéterminée, mais déterminable. (Nous faisons ici tout à fait abstraction du fait que la sphère de A et de B doit aussi être encore déterminée.) Cette indétermination ne peut persister. La totalité dans les deux optiques est totalité. Maintenant, si chacune n'a pas encore en dehors de cet attribut un autre attribut, par lequel elles peuvent être distinguées l'une de l'autre, alors toute l'alternance postulée est impossible ; car alors, la totalité de l'alternance est Une, et il n'y a qu'Un membre d'alternance ; donc en général pas d'alternance. (Plus compréhensible mais moins contraignant ! – Représentez-vous comme le spectateur de cet exclure réciproque. Si vous ne pouvez pas distinguer la double totalité, entre lesquelles l'alternance flotte, alors il n'y a pour vous aucune alternance. Mais vous ne pouvez pas les distinguer s'il n'y a pas en dehors des deux, dans la mesure où elles ne sont rien si ce n'est des totalités, un X quelconque qui vous permette de vous orienter.) Donc, en vue de la possibilité de l'alternance postulée, on présuppose la *déterminabilité* (*Bestimmbarkeit*) de la totalité ; on présuppose que l'on peut distinguer les deux totalités par une chose quelconque ; et cette déterminabilité *est la matière de l'alternance,* ce en quoi l'alternance continue à courir, et par quoi, uniquement et seulement, elle est fixée.

(Si vous posez le fer[48], un peu comme il est donné par l'expérience commune sans connaissance érudite de la science de la nature, en soi, c'est-à-dire isolé, et en dehors de toute association que vous puissiez remarquer avec quelque chose en dehors de lui, entre autres aussi comme *persévérant en son lieu,* alors le mouvement n'appartient pas au concept de fer, et s'il vous est donné dans le phénomène comme continuant à se mouvoir, il sera tout à fait exact que vous rattachiez ce mouvement à quelque chose en dehors de lui [197]. Mais si vous attribuez quand même le mouvement au fer, ce en quoi vous aurez également tout à fait raison, alors ce concept n'est plus complet, et vous avez de ce point de vue à déterminer plus précisément, et par exemple à poser l'attractibilité par l'aimant dans son entourage. – Cela fait une différence. Lorsque vous partez du premier concept, alors *la persévérance dans le lieu est essentielle* pour le fer, et seul le mouvement en lui est contingent ; et si vous partez du deuxième concept, alors *la persévérance est tout aussi bien contingente* que le

48 [196-198] 131-132 (VII).

mouvement ; car la première se trouve précisément sous la condition de l'absence autant que la dernière se trouve sous la condition de la présence d'un aimant. Vous êtes donc désorientés, si vous ne pouvez indiquer une raison pour laquelle vous devez partir du premier et non du deuxième concept ou inversement ; c'est-à-dire qu'en général, on ne peut pas déterminer d'une manière quelconque sur quelle totalité on doit réfléchir, si c'est sur celle qui est posé tout simplemente et déterminée, ou sur celle qui par la survenue de ses attributs et de l'exclu est déterminablc, ou sur lcs dcux.)

La forme de l'alternance détermine sa matière signifierait : c'est l'exclure réciproque qui détermine la totalité dans le sens établi à l'instant, c'est-à-dire qui indique laquelle des deux totalités possibles est la totalité absolue, et de laquelle il faut partir. Ce qui exclut un autre de la totalité c'est, dans la mesure où il exclut, la totalité ; et inversement ; et en outre il n'y a aucun aucune raison de détermination de celle-ci. – Si, par le A posé tout simplement, B est exclu, alors dans cette mesure A est totalité ; et si l'on réfléchit sur B, et donc que l'on ne considère pas A comme totalité, alors dans cette mesure A + B, qui en soi est déterminée, est la totalité déterminable. Le déterminé ou le déterminable est la totalité selon celui que l'on prend. Certes, il semble, dans ce résultat, que nous n'ayons rien dit de nouveau [198], mais précisément ce que nous savions aussi déjà avant la synthèse ; mais avant, nous avions quand même l'espoir de trouver une quelconque raison de détermination. Or le résultat actuel abolit complètement cet espoir : aucune raison de détermination n'est en général possible, si ce n'est par relation.

(Dans l'exemple précédent, on peut partir du concept posé tout simplement de fer, et alors la persévérance dans le lieu est *essentielle* au fer ; ou bien, si l'on part du concept déterminable de celui-ci, cette persévérance est un *accident*. Les deux propositions sont exactes, selon le concept que l'on prend, et l'on ne peut à ce sujet donner aucune règle déterminante. La différence est seulement relative.)

La matière[49] *de l'alternance détermine sa forme* signifierait : l'indéterminabilité de la totalité, dans le sens expliqué, *qui est donc posée,* puisqu'elle doit déterminer quelque chose d'autre (c'est-à-dire que la détermination est réellement possible, et qu'il y a un X quelconque avec lequel elle advient, mais dont la recherche ne nous concerne pas ici), détermine l'exclure réciproque. L'un des deux, soit le déterminé, soit le déterminable, est toute totalité absolue, et l'autre ne l'est donc pas ; et il y a de ce fait aussi un exclu absolu, celui qui est exclu par cette totalité. Si par exemple le

[49] [198] 132 (VIII).

déterminé est toute totalité absolue, alors ce qui est ainsi exclu est l'exclu absolu. – Donc – ceci est le résultat de la synthèse actuelle – il existe une raison absolue de la totalité, et celle-ci n'est pas simplement relative.

(Dans l'exemple[50] cité ci-dessus, il n'est pas indifférent que l'on veuille partir du concept déterminé de fer ou du concept déterminable de fer, ou tenir la persévérance dans le lieu pour un élément essentiel ou pour un élément contingent. Si l'on admet qu'il faudrait, pour une raison quelconque [199], partir du concept déterminé de fer, alors seul le mouvement serait un accident absolu, mais pas la persévérance.)

Aucun[51] *des deux ne doit déterminer l'autre, mais tous deux doivent se déterminer réciproquement,* signifie, pour aller directement au fait sans long détour, que la raison absolue et relative de la détermination de la totalité doivent être une seule et même chose ; la relation doit être absolue, et l'absolu ne doit être rien de plus qu'une relation.

Nous allons chercher à rendre distinct ce résultat extrêmement important[52]. – La détermination de la totalité détermine en même temps ce qu'il faut exclure, et inversement : c'est aussi une relation, mais elle ne pose aucune question. La question est la suivante : laquelle des deux modalités de détermination possibles doit être admise et définie ? À ce sujet, le premier membre de la proposition donne la réponse suivante : aucune des deux ; mais il n'y a ici aucune règle déterminée si ce n'est celle-ci : si l'on admet l'une, on ne peut pas dans cette mesure admettre l'autre, et inversement ; mais *laquelle* des deux faut-il admettre, on ne peut déterminer quoi que ce soit à ce sujet. Le deuxième membre contient la réponse suivante : il faut admettre l'une des deux, et il doit y avoir à ce sujet une règle. Mais quelle est cette règle, cela naturellement a dû rester en suspens, parce que c'est la *déterminabilité*, et pas la *détermination*, qui doit être la raison de détermination de ce qu'il faut exclure.

Les deux principes sont réunis par le principe actuel ; il affirme de ce fait que c'est à vrai dire une règle, cependant non pas une règle qui établit l'une des deux modalités de détermination, mais qui établit les deux, *en tant que devant être déterminées l'une par l'autre réciproquement.* – Aucune singulièrement parmi celles qui ont été en tant que telles considérées ne constitue la totalité recherchée, mais les deux, déterminées réciproquement l'une par l'autre, constituent seules cette totalité. Donc – il est question *d'une relation des deux modalités de détermination* [200], celle par la relation, et l'absolue ; et c'est seulement par cette relation que la totalité recherchée

50 [198-199] 133 (IX).

51 [199] 133 (VI-X).

52 5.3e Synthèse quintuple [199 l. 9 - 200] 133-134 (XI).

est établie. Ce n'est pas A qui doit être la totalité absolue, ni non plus A+B, mais A déterminé par A+B. Le déterminable doit être déterminé par le déterminé, le déterminé doit l'être par le déterminable ; et l'unité qui en ressort est la totalité, que nous recherchons. Il est évident que ceci devait être le résultat de notre synthèse ; mais ce que cela peut vouloir dire est quelque chose de plus difficile à comprendre.

Le déterminé et le déterminable doivent se déterminer réciproquement signifie manifestement ceci : la détermination de ce qu'il faut déterminer consiste précisément en ce qu'il est indéterminable. C'est *un déterminable*, et rien de plus ; en cela consiste toute son essence. – Cette déterminabilité maintenant constitue la totalité recherchée, c'est-à-dire que la déterminabilité est un quantum déterminé, qu'elle a ses limites, par-dessus lesquels aucune détermination n'a plus lieu d'être ; et à l'intérieur de ces limites se trouve toute la déterminabilité possible.

Nous allons appliquer ce résultat au cas présent, et tout deviendra immédiatement évident[53]. – Le Je se pose. En cela consiste sa réalité posé tout simplement ; la sphère de cette réalité est épuisée, et contient de ce fait la totalité absolue (de la réalité du Je posée tout simplement). Le Je pose *un objet*. Nécessairement, ce poser objectif doit être exclu de la sphère du se-poser du Je. Pourtant, ce poser objectif doit être attribué au Je ; et par là nous obtenons la sphère A+B en tant que totalité (jusqu'à présent illimitée) des actions du Je. – Selon la synthèse actuelle, les deux sphères doivent se déterminer réciproquement : A donne ce qu'il a, une limite absolue ; A+B donne ce qu'il a, le contenu. Et maintenant le Je, posant, est un objet, et donc il n'est pas le sujet ; ou bien il est le sujet, et alors il n'est pas objet, – dans la mesure où il *se pose*, en tant que posant selon cette règle. Et ainsi, les deux sphères coïncident, et n'emplissent que réunies [201] une sphère unique *limitée* ; et dans cette mesure la détermination du Je consiste dans la déterminabilité par le sujet et l'objet.

La déterminabilité déterminée est la totalité que nous recherchions, et on l'appelle une *substance*. – Aucune substance n'est en tant que telle possible s'il n'y a pas sortie hors de ce qui est posé tout simplement, ici sortie hors du Je, qui ne se pose *que lui-même*, c'est-à-dire s'il n'y a pas quelque chose de lui-même qui est exclu, ici un Non-Je posé, ou un objet. – Mais la substance, qui en tant que telle n'est rien d'autre que déterminabilité, mais une déterminabilité qui doit être déterminée, fixée, définie, reste indéterminée, et n'est pas une substance (rien qui embrasse *tout*), si elle n'est pas à nouveau déterminée par ce qui est posé tout simplement, ici par le *se-poser*. Le Je *se pose* en tant que *se posant* du fait qu'il

---

53 5.3e Synthèse quintuple [200-202] 134-135 (XII).

exclut le Non-Je, ou bien *posant le Non-Je*, du fait qu'il s'exclut. Se poser apparaît ici deux fois ; mais d'un point de vue très différent. Le premier désigne un poser inconditionné, le deuxième désigne un poser conditionné et déterminable par un exclure du Non-Je.

(Si la détermination du fer en soi est la *persistance dans le lieu,* alors la modification du lieu est ainsi exclue ; et le fer dans cette mesure *n'est pas une substance*, car il *n'est pas déterminable.* Or la modification du lieu doit être attribuée au fer. Cela n'est pas possible dans le sens ou la persistance dans le lieu serait ainsi tout à fait supprimée, car alors le fer lui-même, tel qu'il est posé, seraient ainsi supprimé ; donc la modification du lieu n'est pas attribuée au fer, ce qui contredit l'exigence. Donc la persistance ne peut être qu'en partie supprimée, et la modification du lieu est déterminée et limitée par la persistance, c'est-à-dire que la modification locale n'a lieu que dans la sphère d'une certaine condition (par exemple la présence d'un aimant) [202], et n'a pas lieu en dehors de cette sphère. En dehors de cette sphère, la persistance a de nouveau lieu. – Qui ne voit pas que la persistance apparaît ici dans deux sens différents, une fois *inconditionnée*, la deuxième fois *conditionnée par l'absence d'un aimant ?*)

Pour[54] continuer l'application du principe fondamental établi ci-dessus, de même que A+B est déterminé par A, B lui-même est déterminé, car il a sa demeure dans le périmètre du déterminable à présent déterminé ; et A est maintenant lui-même, comme nous l'avons montré justement, indéterminable. Dans la mesure maintenant ou B lui-même est déterminé, A+B peut être lui aussi déterminé par B, et comme une relation absolue doit avoir lieu – elle seule doit emplir la totalité recherchée, eh bien il *doit* être par là déterminé. *Donc*, si A+B est posé, et dans la mesure où A est posé dans la sphère du déterminable, *A+B est derechef déterminé par B.*

Ce principe[55] deviendra immédiatement évident si nous l'appliquons au cas présent. – Le Je doit exclure quelque chose de soi : ceci est l'action jusqu'à présent considérée comme le premier moment de l'ensemble de l'alternance conçue dans l'investigation. Je déduis plus avant – et comme je me trouve ici dans le domaine de la raison (*Grund*), j'ai le droit de conclure plus avant –, si le Je doit exclure de soi le Quelque chose, alors celui-ci doit être posé en lui, avant l'exclusion, c'est-à-dire *indépendamment* de l'exclure ; donc il est, puisque nous ne pouvons citer aucune autre raison supérieure, posé tout simplement. Partons de ce point, alors *l'exclure du Je* est quelque chose, dans ce qui est posé tout simplement

[54] 5.3e Synthèse quintuple [202] 135 (XIII).

[55] 5.3e Synthèse quintuple [202-203] 135-136 (XIV).

(pour autant qu'il l'est) de non posé, et doit être exclu de la sphère de celui-ci ; il ne lui est pas essentiel. (Il est pour l'objet, si celui-ci est posé dans le Je d'une manière qui nous est totalement inconcevable (pour l'exclure possible), et doit être dans cette mesure à vrai dire un objet, il est donc pour l'objet *contingent* qu'il soit *exclu* [203], et, comme on le verra plus loin, il est à la suite de cet exclure *représenté*. Il serait en soi, non en dehors du Je, mais dans le Je, présent sans cet exclure. L'objet en général (ici B) est déterminé : l'être-exclu par le sujet (ici B+A) est le déterminable. L'objet peut être exclu ou ne pas l'être, et reste dans le sens cité ci-dessus toujours objet. – Ici, l'être-posé de l'objet survient deux fois ; mais qui ne voit pas que c'est dans des sens différents : une fois *inconditionné*, et tout simplement ; une fois *sous la condition d'un être-exclu par le Je ?*)

(Le mouvement doit être exclu du fer posé comme persistant. Le mouvement n'était pas posé dans le fer selon son concept, il doit maintenant être exclu du fer ; il doit donc être posé indépendamment de cet exclure, et notamment, en considération du ne-pas-être-posé par le fer, être posé tout simplement. [Cela signifie – d'une manière plus saisissable mais moins contraignante – que si l'on doit opposer le mouvement au fer, alors il doit être déjà *connu*. Mais il n'est pas censé être connu *par le fer*. Donc, il est connu *d'ailleurs* ; et, comme nous ne faisons ici référence à rien d'autre qu'au fer et au mouvement, – il est connu tout simplement.] Si nous partons de *ce* concept de mouvement, alors il est pour lui contingent que parmi d'autres il échoie aussi au fer. *Il* est l'essentiel, et *le fer* est pour lui le contingent. Le mouvement est posé tout simplement. De sa sphère est exclu le fer, en tant que persistant dans le lieu. Maintenant, la persistance est supprimée, et le mouvement est attribué au fer. – Ici, le concept de mouvement apparaît deux fois : une fois inconditionné ; la seconde fois conditionné par la suppression de la persistance dans le fer.)

Donc [56] – et c'était le principe synthétique établi ci-dessus – la totalité ne consiste que dans la relation complète [204], et il n'existe tout bonnement rien de solide en soi qui la détermine. La totalité consiste dans la complétude d'un *rapport*, mais pas d'une *réalité*.

(Les membres du rapport, considérés singulièrement, sont les *accidents*, leur totalité est *substance*, comme nous l'avons déjà dit ci-dessus. – Il ne reste plus ici qu'à établir expressément pour ceux qui n'arrivent pas à tirer eux-mêmes une conséquence aussi facile, que dans la substance il ne faut pas penser quoi que ce soit de fixe, mais une simple alternance. – Si une substance doit être *déterminée* (ce qui a été discuté à satiété) ou si quelque chose de *déterminé doit être pensé en tant que substance,* alors

[56] 5.3e Synthèse quintuple [203-204] 136-137 (XI à XV).

l'alternance doit à vrai dire partir *d'un membre quelconque*, qui est fixé *dans la mesure où* l'alternance doit être déterminée. Mais il n'est pas fixé *absolument* ; car je puis tout aussi bien partir de son membre opposé ; et alors c'est justement le membre qui auparavant était essentiel, établi, fixé, qui est contingent ; comme on peut l'expliquer à partir des exemples cités ci-dessus. Les accidents, réunis synthétiquement, donnent la substance ; il n'y a rien d'autre en elle que les accidents : la substance, analysée, donne les accidents, il ne reste radicalement rien après une analyse complète de la substance, en dehors des accidents. Il ne faut pas penser à un substrat durable, un porteur éventuel des accidents ; n'importe quel accident, celui que tu choisis maintenant précisément, est à chaque fois *son propre* porteur et le porteur *de l'accident opposé*, sans qu'il y ait pour cela encore besoin d'un porteur particulier. – Le Je posant, grâce à la plus merveilleuse de ses facultés, que nous déterminerons plus précisément en son temps, retient l'accident évanescent aussi longtemps qu'il faut pour que le Je ait comparé avec lui ce par quoi il est refoulé (*verdrängt*). – Cette faculté presque toujours méconnue qui noue une unité à partir d'opposés constants, – qui intervient entre des moments qui devraient se supprimer réciproquement [205], et conserve ainsi les deux moments ; – c'est ce qui rend possible toute vie et toute conscience, et en particulier la conscience en tant qu'une série temporelle permanente ; et tout cela, elle le fait uniquement en continuant à diriger en soi et à l'intérieur de soi des accidents qui n'ont aucun porteur *commun*, ni ne *pourraient* en avoir, parce qu'autrement ils s'anéantiraient réciproquement.)

γ) L'activité[57], en tant qu'unité synthétique, et l'alternance, en tant qu'unité synthétique, doivent se déterminer réciproquement, et constituer la même unité synthétique.

L'activité, en tant qu'unité synthétique, est décrite de la façon la plus brève *par un rassemblement et un maintien absolus des opposés,* un subjectif et un objectif, *dans le concept de la déterminabilité,* dans lequel ils sont pourtant aussi opposés. (Sur l'explication et l'édification d'un point de vue global plus élevé, que l'on se rapporte à la synthèse ici désignée avec la réunification, entreprise plus haut (§ 3), du Je et du Non-Je en général par la quantité. De même qu'auparavant le Je, selon la *qualité*, avait été posé tout simplement en tant que réalité absolue : il y a ici *quelque chose*, c'est-à-dire un élément déterminé par la quantité, posé tout simplement dans le Je, ou bien le Je est posé tout simplement, en tant que *quantité déterminée* ;

---

[57] Deux grandes synthèses quintuples (Philonenko 289).
1ère Synthèse quintuple : [205-212] 137-142 (XVI- XIX).
γ [205-207] 137-138 XVI.

il y a *quelque chose* de subjectif qui est posé, en tant qu'un subjectif tout simplement ; et ce procédé est une *thèse*, et plus précisément une thèse quantitative, à la différence de celle que nous avons traitée plus haut, qualitative. Toutes les modalités d'action du Je cependant doivent partir d'un procédé thétique. [Dans la partie théorique de la doctrine de la science notamment, et à l'intérieur de la limitation que nous nous sommes prescrite ici par notre principe fondamental, c'est une thèse parce que nous ne pouvons pas aller plus avant à cause de cette limitation ; bien qu'il puisse se montrer, si nous traversons un jour cette limite, que c'est également une synthèse ramenant à la thèse la plus élevée] [206]. De même que plus haut était opposé au Je en général un Non-Je, en tant que *qualité* opposée, c'est ici au subjectif qu'est opposé un objectif, par la simple exclusion de celui-ci hors de la sphère du subjectif ; donc seulement par et au moyen de la *quantité* (de la limitation, de la détermination), et ce procédé est une antithèse quantitative, de même que celle que nous avons présentée plus haut était qualitative. Or maintenant il faut que le subjectif ne soit pas anéanti par l'objectif ni l'objectif par le subjectif, comme plus haut le Je en général devait être supprimé par le Non-Je, ou inversement ; mais tout deux doivent persister l'un à côté de l'autre. Ils doivent donc être réunis synthétiquement, et le deviennent par un tiers, dans lequel ils se sont tous deux égaux, par la déterminabilité. Tous deux – pas le sujet et l'objet en soi – mais le subjectif et l'objectif posés par la thèse et l'antithèse, sont déterminables réciproquement l'un par l'autre, et c'est seulement dans la mesure où ils le sont qu'ils peuvent être rassemblés et fixés et maintenus par la faculté du Je active dans la synthèse (l'imagination). – Mais justement comme ci-dessus, l'antithèse n'est pas possible sans la thèse, parce qu'on ne peut opposer qu'à ce qui est posé ; mais même la thèse ici avancée peut elle aussi ne pas être possible dans sa matière, sans la matière de l'antithèse ; car avant que quelque chose puisse être déterminé tout simplement, c'est-à-dire que le concept de la quantité lui soit appliqué, il faut selon la qualité qu'il soit présent. Il faut donc en général que quelque chose soit présent dans lequel le Je actif trace une limite pour le subjectif, et laisse le reste à l'objectif. – Mais selon la forme, exactement comme ci-dessus, l'antithèse n'est pas possible sans la synthèse ; parce qu'en outre par l'antithèse, le poser serait supprimé, et donc l'antithèse ne serait pas une antithèse mais elle-même une thèse ; donc toutes les trois actions sont une seule et même action [207] ; et ce n'est que dans la réflexion sur elle que les moments singuliers de cette action Une peuvent être distingués.)

Concernant la seule alternance[58] – si la forme de celle-ci, l'exclure réciproque des membres alternants, et la matière, la sphère englobante (qui les contient toutes deux en elle, en tant qu'elles s'excluent) sont réunies synthétiquement, alors l'exclure réciproque est lui-même la sphère englobante, et la sphère englobante est elle-même l'exclure réciproque, c'est-à-dire que l'alternance consiste dans la simple relation *(Relation)* ; il n'y a là rien de plus si ce n'est l'exclure réciproque, la déterminabilité nommée à l'instant. – Il est facile de comprendre que cela devait être le membre intermédiaire synthétique, mais il est un peu plus difficile de s'imaginer quelque chose à propos d'une simple déterminabilité, d'une simple relation, sans quoi que ce soit qui se trouve en relation (ce quelque chose dont il faut ici et dans l'ensemble de la partie théorique de la doctrine de la science faire tout à fait abstraction en général), quelque chose qui ne soit pas absolument néant. Nous dirigeons l'imagination aussi bien que nous le pouvons. – A et B (on sait déjà qu'à proprement parler A+B déterminé par A, et le même A+B déterminé par B, sont désignés ainsi, et pour notre but nous pouvons en faire abstraction et les nommer directement A et B) ; A et B donc sont opposés et si l'un est posé, l'autre ne peut pas être posé : et pourtant ils doivent, et pas uniquement *en partie* (comme il avait été demandé auparavant) mais totalement, et *en tant qu'*opposés, se tenir ensemble, sans se supprimer réciproquement ; et la tâche est de penser cela. Mais ils ne peuvent d'aucune manière et sous aucun prédicat possible être pensés ensemble, si ce n'est esseulés, *dans la mesure où ils se suppriment réciproquement.* A ne peut être pensé, et B ne peut être pensé ; mais la *connexion*, – l'*engrènement* des deux peuvent être pensés, et c'est cela seulement qui est leur point de réunification.

(Posons dans le point physique X au moment temporel A de la lumière [208], et l'obscurité au moment temporel qui suit immédiatement, B : dans ce cas, lumière et obscurité sont séparées l'une de l'autre de façon tranchée, comme cela doit être. Mais les moments A et B se limitent immédiatement et il n'y a entre eux aucune lacune. Imaginons-nous la frontière marquée entre les deux moments =Z. Qu'est-ce qui est en Z ? Pas la lumière , car elle est dans le moment A, et Z n'est pas =A ; et tout aussi peu l'obscurité, car celle-ci est au moment B. Donc aucune des deux. – Mais je peux tout aussi bien dire : il y a en lui les deux, car si entre A et B il n'y a pas de lacunes, alors il n'y en a pas non plus entre lumière et obscurité, donc toutes deux se touchent immédiatement en Z. – On pourrait dire que dans la dernière modalité de déduction, j'étends

58 [207-208] 138-140 (XVII).

Z, qui est censée n'être qu'une limite, grâce à l'imagination elle-même, pour lui donner la taille d'un moment ; et c'est ainsi qu'il en est à vrai dire. [Les moments A et B ne sont eux-mêmes nés d'aucune autre manière que par une telle extension au moyen de l'imagination.] Je *puis* donc étendre Z par la seule imagination ; et je le *dois*, lorsque je veux penser la limitation immédiate des moments A et B – et c'est ici en même temps une expérience avec la merveilleuse faculté de l'imagination productive qui a été installée en nous, qui sera expliquée brièvement, sans laquelle rien dans l'esprit humain ne pourrait être expliqué – et sur laquelle l'ensemble du mécanisme de l'esprit humain pourrait se fonder très facilement.)

a) Que l'activité[59] expliquée à l'instant détermine l'alternance que nous avons expliquée, signifierait que la rencontre des membres alternants, en tant que tels, se trouve sous la condition d'une activité absolue du Je, par l'intermédiaire de laquelle celui-ci oppose un objectif et un subjectif, et réunit les deux. Ce n'est que dans le Je, et uniquement grâce à cette action du Je, qu'ils sont des membres alternants ; uniquement dans le Je, et grâce à cette action du Je, ils se rencontrent [209].

Il est clair que le principe établi est idéaliste. Si l'activité établie ici est prise pour l'activité épuisant l'essence du Je, dans la mesure où celui-ci est une intelligence, telle qu'elle doit d'ailleurs être prise, uniquement avec quelques restrictions, alors le représenter consiste en ce que le Je pose un subjectif et oppose à ce subjectif un autre en tant qu'objectif, etc. ; et nous voyons ainsi le début d'une série de représentations dans la conscience empirique. Plus haut, nous avons établi une loi de la médiateté du posé, et selon celle-ci aucun objectif n'a pu être posé (ce qui toutefois reste ici aussi valide) sans qu'un subjectif soit supprimé, et aucun subjectif sans qu'un objectif soit supprimé ; et en cela, l'alternance des représentations aurait été expliquée. Ici s'ajoute la détermination selon laquelle toutes deux doivent être réunies synthétiquement, toutes deux doivent être posées par un et exactement le même acte du Je ; et à partir de là, on pourrait expliquer l'unité de ce en quoi réside l'alternance, dans l'être-opposé de l'alternant, lequel n'était pas possible par la loi de la seule immédiateté. Et l'on aurait ainsi une intelligence avec toutes ses déterminations possibles seulement et uniquement par la spontanéité absolue. Le Je serait ainsi constitué *comme* il posait, comme il se posait, et *parce qu'*il se posait en tant que constitué ainsi. – Mais que l'on recule dans la série aussi loin que l'on veut, on ne peut qu'arriver à la fin à quelque chose de déjà présent dans le Je, dans lequel quelque chose est

---

59 a [208-209] 140-141 (XVIII).

déterminé comme subjectif, autre chose étant opposé comme objectif à celui-ci. La présence de ce qui doit être subjectif pourrait certes être expliquée par soi-même à partir du poser du Je tout simplement, mais pas la présence de ce qui doit être objectif ; car ce dernier n'est pas posé par le poser du Je tout simplement. – Le principe établi n'explique donc pas complètement ce qui doit être expliqué [210].

b) L'alternance[60] détermine l'activité, cela signifierait que sans doute ce n'est pas par la présence réelle d'opposés (*Entgegengesetzter*), et pourtant par leur seule rencontre ou contact dans la conscience, comme nous venons de l'expliquer, que l'opposer et le rassembler sont possibles par l'activité du Je : ce rencontrer est la condition de cette activité. Il s'agit seulement de le comprendre correctement.

Nous venons de rappeler, contre la modalité d'explication idéaliste établie, que si dans le Je quelque chose pouvait être déterminé comme un subjectif, et si un autre en tant qu'objectif pouvait être exclu hors de la sphère de celui-ci, alors il faudrait expliquer comment le dernier, ce qu'il faut exclure, peut être présent dans le Je, et cela ne peut pas être expliqué selon cette modalité de déduction. Cette objection trouve la réponse suivante par le principe actuel : l'objectif à exclure n'a pas besoin d'être présent ; il suffit (je m'exprime ainsi) que soit présent un heurt pour le Je, c'est-à-dire que le subjectif doit pour n'importe quelle raison résidant seulement en dehors de l'activité du Je, ne pas pouvoir être étendu au-delà. Une telle impossibilité d'extension supplémentaire constituerait donc l'alternance simple que nous avons décrite, ou le simple engrènement ; elle ne limiterait pas le Je en tant qu'actif ; mais lui donnerait la tâche de se limiter lui-même. Toute limitation cependant advient par l'opposé ; donc il faudrait que le Je, justement pour satisfaire à cette tâche, oppose quelque chose d'objectif au subjectif qu'il faut limiter, et ensuite réunisse les deux synthétiquement, comme on vient de le montrer ; et ainsi, on pourrait déduire toute la représentation. Cette modalité d'explication est, cela saute aux yeux immédiatement, réaliste ; seulement elle se base sur un réalisme bien plus abstrait que tous ceux qui ont été auparavant établis ; c'est-à-dire que n'est pas admis en lui un Non-Je présent en dehors du Je, ni même une détermination présente dans le Je, mais seulement la tâche pour une détermination à entreprendre par celui-ci même en soi, ou *la simple déterminabilité* du Je [211].

On pourrait croire un instant que cette tâche de la détermination est elle-même une détermination, et que le raisonnement actuel ne serait en rien différent du réalisme quantitatif établi ci-dessus, qui admettait la

[60] b [210-211] 141-142 (XIX).

présence d'une détermination. Mais la différence peut être démontrée de façon très lumineuse. Là, la détermination était donnée ; ici, elle doit d'abord être parachevée par la spontanéité du Je actif. (S'il est permis de jeter quelques regards vers l'avant, on pourra indiquer encore plus précisément la différence. On verra en effet, dans la partie pratique, que la déterminabilité dont il est ici question est un sentiment. Or un sentiment est une détermination du Je, mais pas du Je en tant qu'intelligence, c'est-à-dire du Je qui se pose, comme déterminé par le Non-Je ; or il n'est question ici que de celui-ci. Donc, cette tâche de détermination n'est pas la détermination elle-même.)

Le raisonnement actuel fait l'erreur de tout réalisme, c'est-à-dire qu'il considère le Je simplement comme Non-Je, et n'explique donc par la transition du Non-Je au Je, qui doit être expliquée. Si nous accordons ce qui est exigé, alors la déterminabilité du Je, ou la tâche de déterminer le Je, est à vrai dire posée, mais sans aucune intervention du Je ; et l'on pourrait bien maintenant expliquer à partir de cela comment le Je peut être déterminable par et *pour quelque chose en dehors du Je*, mais non par et *pour le Je* (comme cette tâche de détermination peut parvenir à sa science, si bien que cela se déterminerait soi-même grâce au savoir concerné), alors que c'est le dernier qui est exigé. Le Je n'est, grâce à son essence, déterminable que dans la mesure où il se pose déterminable, et ce n'est que dans cette mesure qu'il peut se déterminer ; mais comment cela est-il possible, ce n'est pas expliqué par la modalité de déduction établie [212].

c)[61] Les deux modalités de déduction doivent être réunifiées synthétiquement ; l'activité et l'alternance doivent se déterminer réciproquement.

On ne pouvait admettre que l'alternance ou un simple heurt présent sans aucune intervention du Je posant donne au Je la tâche de se limiter, parce que ce qu'il faut expliquer ne se trouvait pas dans la raison d'explication ; il fallait de ce fait admettre que ce heurt ne serait pas présent sans intervention du Je, mais qu'il se produirait précisément par l'activité de celui-ci dans le poser de lui-même ; qu'en quelque sorte son activité aspirant à dépasser serait repoussée (*zurückgetrieben*) (réfléchie) en soi-même, d'où résulterait très naturellement l'autolimitation, et de celle-ci tout le reste exigé.

De cette manière, l'alternance et l'activité seraient réellement déterminées l'une par l'autre et réunifiées synthétiquement, comme l'exige la démarche de notre investigation. Le heurt (non posé par le Je posant) advient par le Je, dans la mesure où il est actif, et ce heurt n'est de ce fait

[61] c [212] 142 (XVI-XX).

un heurt que dans la mesure où il est actif ; sa possibilité était conditionnée par l'activité du Je : pas d'activité du Je, pas de heurt. À son tour, l'activité du déterminer du Je par soi-même serait conditionnée par le heurt : pas de heurt, pas d'autodétermination. – En outre pas autodétermination, pas d'objectif, etc.

Nous allons essayer[62] de nous rendre plus familier le résultat final extrêmement important que nous avons trouvé ici. L'activité (du Je) dans le rassemblement des opposés, et la rencontre (en soi, et abstraite de l'activité du Je) de cet opposé doivent être réunifiées, elles doivent être une seule et même chose. – La différence fondamentale réside dans le rassembler et le rencontrer ; nous allons donc pénétrer au plus profond dans l'esprit du principe établi, en méditant sur la possibilité de réunifier ces deux termes [213].

Il est facile[63] de comprendre comment le rencontrer en soi se situe et doit se situer sous la condition d'un rassembler. Les opposés en soi son totalement opposés ; ils n'ont strictement rien de commun ; lorsque l'un est posé, l'autre ne peut pas être posé : ils sont en rencontre dans la mesure où la limite entre eux est posée, et cette limite n'est posée ni par le poser de l'un ni par le poser de l'autre ; elle doit être posée en particulier. – Mais la limite n'est alors rien de plus que ce qui est commun aux deux ; donc poser leurs limites signifie les rassembler, mais ce rassembler des deux n'est lui aussi pas autrement possible que par le poser de leurs limites. Ils sont en rencontre uniquement sous la condition d'un rassembler, pour et par le rassemblant.

Le rassembler[64], ou, comme nous pouvons dire maintenant de façon plus déterminée, le poser d'une limite est placé sous la condition d'un rencontrer, ou, puisque ce qui dans la limitation est actif lui-même, d'après ce qui précède, et ce seulement en tant qu'actif, doit être un des rencontrants, sous la condition d'un heurt de l'activité de celui-ci. Cela n'est possible qu'à la condition que l'activité de celui-ci, en soi et pour soi laissée à elle-même, aille dans l'illimité, l'indéterminé et l'indéterminable, c'est-à-dire à l'infini. Si elle n'allait pas à l'infini, il ne résulterait pas, d'une limitation de celui-ci, qu'un heurt de l'activité de celui-ci est arrivé ; ce pourrait être la limitation posée par son simple concept (comme il faudrait l'admettre dans un système dans lequel a été édifié tout simplement un Je fini). Il se pourrait bien alors, à l'intérieur des bornes que lui pose

---

[62] Deux grandes synthèses quintuples.
2e Synthèse quintuple : [212-216] 143-146 (XXI à XXV).
[212] 143 (XXI-XXII).

[63] [213] 143 (XXIII).

[64] [213] 143-144 (XXIV).

son concept, qu'il y ait de nouvelles limitations, qui feraient conclure à un heurt venu de l'extérieur, et cela devrait trouver à se déterminer ailleurs. Mais une conclusion de ce genre ne pourrait pas du tout être tirée de la limitation en général, comme on le conclut pourtant ici [214].

(Les opposés[65], dont il est ici question, doivent être opposés tout simplement ; il ne doit y avoir entre eux aucun point de réunification. Tout ce qui est fini cependant n'est pas à l'intérieur de soi tout simplement opposé : il est identique à soi dans le concept de déterminabilité ; l'un est constamment déterminable par l'autre. C'est l'attribut commun à tout ce qui est fini. De même tout ce qui est infini, dans la mesure où il peut y avoir plusieurs infinis, est identique à soi dans le concept de l'indéterminabilité. Donc, il n'y a pas rien d'exclusivement opposé et d'identique à soi dans aucun attribut, si ce n'est le fini et l'infini, et ceux-ci doivent donc être les opposés dont il est question ici.)

Tous deux doivent être une seule et même chose ; cela signifie brièvement : *pas d'infinité, pas de limitation ; pas de limitation, pas d'infinité ; infinité et limitation sont réunifiées dans un seul et même membre synthétique.* – Si l'activité du Je n'allait pas à l'infini, il ne pourrait pas limiter lui-même cette activité qui est la sienne ; il ne pourrait poser aucune limite à cette activité, comme il le doit pourtant. L'activité du Je consiste en un se-poser sans bornes : il se produit devant elle une résistance (*Widerstand*). Si elle cédait à cette résistance, l'activité qui se situe au-delà de la limite de la résistance serait totalement anéantie et supprimée ; le Je dans cette mesure ne poserait pas, en général. Mais en fait il doit poser aussi au-delà de cette ligne. Il doit se borner, c'est-à-dire qu'il doit se poser en tant que ne se posant pas ; il doit dans ce périmètre poser la limite indéterminée, illimitée, infinie (plus haut =B) ; et s'il doit le faire, il doit être infini. – En outre, si le Je ne se limitait pas, il ne serait pas infini – le Je n'est que ce en tant que quoi il se pose. Il est infini signifie qu'il se pose infini : il se détermine par le prédicat de l'infinité : donc il se limite lui-même (le Je), en tant que substrat de l'infinité ; il se distingue lui-même de son activité infinie [215] (deux choses qui sont en soi une seule et même chose) ; et c'est ainsi qu'il doit se comporter pour être infini. – Cette activité qui va à l'infini, qu'il distingue de lui, doit être son activité ; elle doit lui être attribuée : le Je doit donc en même temps, dans une seule et même action indivise et indistinguable, être prêt à admettre en soi cette activité (déterminer A+B par A). Mais s'il l'admet en soi, alors elle est déterminée, donc non infinie ; or il faut qu'elle soit infinie, et c'est ainsi qu'elle doit être posée en dehors du Je.

---

65 c [215-217] 144-146 (XXI-XXV).

Cette alternance du Je en soi et avec soi-même, puisqu'il se pose fini et infini à la fois – une alternance qui consiste en quelque sorte en un conflit avec soi-même, et qui par là se reproduit lui-même, dès lors que le Je veut réunifier de l'incompatible, qui cherche à présent à admettre l'infini sous la forme du fini, et maintenant, repoussé, le pose à nouveau en dehors de cette forme, et dans le même moment à nouveau essaye de l'admettre sous la forme de l'infinité – c'est la faculté de l'*imagination.*

Par là rencontrer et rassembler sont maintenant parfaitement réunifiés. Le rencontrer, ou la limite, est elle-même un produit de l'appréhendant, dans et pour l'appréhender (thèse absolue de l'imagination, qui dans cette mesure est tout simplement productive). Dans la mesure où le Je et ce produit de son activité sont opposés, les rencontrants sont eux-mêmes opposés, et aucun des deux n'est posé dans la limite (antithèse de l'imagination). Mais dans la mesure où tout deux à nouveau son réunifiés – où cette activité productive doit être attribuée au Je – les limitants sont eux-mêmes rassemblés dans la limite. (Synthèse de l'imagination ; qui est reproductive dans cette affaire antithétique et synthétique qui est la sienne, toutes choses que nous verrons plus nettement en son temps.)

Les opposés doivent être rassemblés [216] dans le concept de la simple *déterminabilité* (pas par exemple dans celui de la détermination). C'était un moment fondamental de la réunification exigée, et nous avons aussi à réfléchir encore sur ceci : par quelle réflexion ce qui vient d'être dit sera-t-il parfaitement déterminé et éclairé. En effet, si la limite posée entre les opposés (dont l'un est l'opposant lui-même, et l'autre, dans son existence, réside totalement en dehors de la conscience, et n'est posé qu'au profit de la limitation nécessaire) est posée en tant que ferme, fixée, immodifiable, alors tous deux sont réunifiés par la *détermination*, et non par la *déterminabilité* : mais alors, même la totalité exigée dans l'alternance de la substantialité ne serait pas emplie (A+B ne serait déterminée que par le A déterminé, et pas en même temps par le B indéterminé). De ce fait, cette limite ne doit pas être conçue comme une limite fixe. Et c'est ainsi d'ailleurs qu'il en était aussi, d'après l'explication donnée à l'instant relative à la faculté de l'imagination, active dans cette limitation. Elle pose, au profit d'une détermination du sujet, une limite infinie, en tant que produit de son activité qui va à l'infini. Elle essaye de s'attribuer cette activité (de déterminer A+B par A), si elle le faisait réellement, ce ne serait plus *cette* activité, elle est, en tant que poser dans un sujet déterminé, elle-même déterminée, et donc non infinie ; l'imagination est donc à nouveau repoussée dans l'infini (il lui est donné pour tâche la détermination de A+B par B). De ce fait, seule est présente la déterminabilité, l'idée, inaccessible sur cette voie, de la détermination, mais pas la détermination même. – L'imagination ne pose en général aucune limite fixe ; car elle n'a elle-même aucun point de vue fixe ; seule la Raison (*Vernunft*) pose quelque chose de fixe, en fixant d'abord elle-même l'imagination. L'imagination est une faculté qui flotte au milieu entre détermination et indétermination, entre fini et infini ; et de ce fait, elle détermine A+B *en même temps* [217] par le A déterminé et *en même temps* par le B indéterminé, ce qui est la synthèse de l'imagination dont nous parlions à l'instant. – Ce flottement (*Schweben*) justement désigne l'imagination par son produit ; elle produit celui-ci en quelque sorte pendant son flottement, et par son flottement.

(C'est ce flottement de l'imagination entre des inconciliables, ce conflit de ces derniers avec soi-même qui, comme on le verra dans l'avenir, étend l'état du Je en lui aux dimensions d'un moment *temporel* (*Zeit-Momente*) : (pour la simple Raison pure, tout est simultané ; ce n'est que pour l'imagination qu'il y a un temps.) L'imagination ne supporte pas cela longtemps, c'est-à-dire plus longtemps qu'un moment (en dehors du sentiment de sublime (*Gefühl des Erabnen*), où se produit un *étonnement* (*Staunen*), un arrêt de l'alternance dans le temps) ; la raison entre en jeu (ce qui entraîne une réflexion), et détermine celle-ci à admettre B dans le A déterminé (le sujet) : mais maintenant, le A posé comme déterminé doit à nouveau être limité par un B infini, avec lequel l'imagination procède exactement comme décrit ci-dessus ; et cela continue ainsi, jusqu'à la détermination complète de la Raison (ici théorique) par soi-même, où il n'est plus besoin d'aucun B limitant en dehors de la Raison dans l'imagination, c'est-à-dire *jusqu'à la représentation du représentant.* Dans le champ pratique, l'imagination continue à l'infini, jusqu'à l'idée tout simplement indéterminable de l'unité suprême, qui ne serait possible qu'après une infinité achevée, qui elle-même est impossible.)

*

1. Sans infinité[66] du Je (*Unendlichkeit des Ich*) – sans une faculté de production propre au Je, absolue, allant dans l'illimité et l'illimitable, la possibilité de la représentation ne peut pas être expliquée. C'est à partir de ce postulat, selon lequel il doit y avoir une représentation contenue dans le principe [218] : le Je se pose comme déterminé par le Non-Je[67], qu'est déduite et démontrée synthétiquement cette faculté de production

---

[66] Développement en 13 points [217- 221].

[67] Proposition fondamentale faisant transition entre les 25 premiers points et les 25 points suivants (Philonenko).

absolue. Mais on peut prévoir que dans la partie pratique de notre science, cette faculté sera hissée à un niveau encore supérieur.

2. Toutes les difficultés qui se mettaient sur notre chemin ont été levées de façon satisfaisante. La tâche était de réunifier les opposés, Je et Non-Je. Grâce à l'imagination, qui réunit ce qui se contredit, ils peuvent être parfaitement réunis. – Le Non-Je est lui-même un produit du Je qui se détermine soi-même, et rien d'absolu, de posé en dehors du Je. Un Je qui se pose, *en tant que* se posant lui-même, ou un *sujet (Subjekt)*, n'est pas possible sans un objet produit de la manière décrite (la détermination du Je, sa réflexion sur soi-même, en tant que déterminé, n'est possible qu'à la condition qu'il se limite lui-même par son opposé). – La simple question de savoir comment et par quoi se produit le heurt touchant le Je qu'il faut admettre pour expliquer la représentation, ne peut trouver ici de réponse ; car elle se trouve en dehors de la limite de la partie théorique de la doctrine de la science.

3. Le principe placé au sommet de l'ensemble de la doctrine de la science théorique : *le Je se pose comme déterminé par le Non-Je* – est totalement épuisé, et toutes les contradictions qui se trouvaient en lui sont supprimées. Le Je ne peut pas se poser autrement qu'en étant déterminé par le Non-Je (pas d'objet, pas de sujet) (*kein Objekt, kein Subjekt*). Dans cette mesure, il se pose comme déterminé. En même temps, il se pose aussi comme déterminant ; parce que le limitant dans le Non-Je est son propre produit (pas de sujet, pas d'objet). – Non seulement l'action alternante que l'on exigeait est *possible*, mais aussi ce qui est exigé par le postulat établi n'est aucunement pensable sans action alternante. Ce qui était considéré auparavant comme simplement problématique a maintenant une certitude apodictique. – De ce fait, il est démontré [219] en même temps que la partie théorique de la doctrine de la science est complètement close ; car toute science est close quand le principe fondamental est épuisé ; le principe fondamental est épuisé cependant que, dans le cours de l'investigation, on revient vers lui.

4. Si la partie théorique de la doctrine de la science doit être épuisée, il faut que tous les moments nécessaires à l'explication de la représentation soient établis et fondés ; et nous n'avons désormais rien de plus à faire qu'appliquer et relier ce qui a été jusqu'à présent démontré.

Mais avant d'emprunter ce chemin, il est utile et important pour les conséquences concernant la compréhension parfaite de la doctrine de la science, de réfléchir sur le chemin lui-même.

5. Notre tâche était d'examiner si et avec quelles déterminations le principe établi problématiquement : le Je se pose en tant que déterminé par le Non-Je, était pensable. Nous avons essayé de le faire avec toutes

les déterminations possibles, épuisées par une déduction systématique, de ce principe : nous avons par élimination de l'inutile et de l'impensable amené le pensable dans un cercle toujours plus étroit, et nous nous sommes ainsi toujours plus approché pas à pas de la vérité, jusqu'à ce que nous ayons trouvé la seule manière possible de penser ce qui doit être pensé. Si maintenant ce principe est en général, c'est-à-dire sans les déterminations particulières qu'il a désormais reçues, vrai – c'est un postulat reposant sur les principes fondamentaux les plus élevés qu'il l'est – il n'est vrai, en vertu de la déduction actuelle, que de la *seule* manière unique suivante : ce qui est établi est en même temps *un factum survenant originellement dans notre esprit.* – Je vais m'exprimer de manière plus distincte. Toutes les possibilités de pensée établies au cours de notre investigation, que nous avons pensées, que nous avons pensées avec la conscience de notre penser centré sur elles, étaient aussi des facta de notre conscience, dans la mesure où nous philosophions. Mais c'étaient des facta produits *artificiellement* par la spontanéité de notre faculté de réflexion suivant les règles de la réflexion. La possibilité de penser établie maintenant après élimination de tout ce qui a été démontré faux [220], la seule restante, est en tout premier lieu aussi un factum de ce genre, produit artificiellement par la spontanéité du philosopher ; il l'est dans la mesure où il a été élevé par le moyen de la réflexion jusqu'à la conscience (du philosophe) ; ou encore plus authentiquement, la *conscience* de ce factum est un factum produit par art. Or le principe placé au sommet de notre investigation doit être vrai, c'est-à-dire qu'il doit y avoir quelque chose dans notre esprit qui lui correspond ; et il ne doit pouvoir être vrai que de la *seule* manière établie, donc il faut qu'à notre pensée conforme à cette manière corresponde quelque chose de présent dans notre esprit, originellement, indépendamment de notre réflexion ; et, dans ce sens supérieur du terme, j'appelle un factum ce qui est établi et dans lequel ne sont pas les autres possibilités de penser que j'ai citées. (Par exemple l'hypothèse réaliste que la matière de la représentation puisse être donnée de l'extérieur est effectivement apparue au cours de notre investigation ; il a fallu la penser, et la pensée centrée sur elle était un factum de la conscience réfléchissante ; mais nous avons trouvé lors d'un examen plus précis qu'une telle hypothèse contredisait le principe fondamental établi, parce que ce à quoi une matière serait donnée de l'extérieur ne serait certes pas un Je, ce qu'il devrait être pourtant selon l'exigence, mais un Non-Je ; que donc, à une pensée de ce genre, rien en dehors d'elle ne pourrait correspondre, qu'elle est complètement vide, et doit être rejetée en tant que pensée d'un système transcendant, mais pas transcendantal.)

Il faut encore remarquer en passant que dans une doctrine de la science, il est vrai que des facta sont établis, par lesquels cette doctrine en tant que système d'un penser réel se distingue de la vacuité de toute philosophie de formulaire ; qu'elle ne permet pas cependant de postuler directement quelque chose comme factum, mais qu'il faut apporter la preuve que quelque chose est un factum, comme elle a été apportée dans le cas présent. En appeler aux facta qui se trouvent à l'intérieur du périmètre de la conscience commune, non dirigée par une réflexion philosophique [221], ne produit, si tant est que l'on soit conséquent, et que l'on n'ait pas déjà devant soi les résultats qui doivent apparaître, rien qu'une philosophie populaire trompeuse, qui n'est pas une philosophie. Mais si les facta établis se trouvent en dehors de ce périmètre, alors il faut bien savoir comment on est parvenu à la conviction qu'ils sont présents comme facta ; et l'on doit bien pouvoir communiquer cette conviction, et une telle communication de cette conviction est sans nul doute la preuve *que* ces facta sont des facta.

6. Selon toute attente, ce factum doit avoir des conséquences dans notre conscience. Si ce doit être un factum dans la conscience d'un Je, il faut en tout premier lieu que le Je le pose comme présent dans sa conscience ; et comme cela a ses difficultés, et ne pourrait être possible que d'une certaine manière, on peut peut-être exposer la manière dont il le pose en soi. – Pour s'exprimer plus nettement – le Je doit s'expliquer ce factum ; mais il ne peut se l'expliquer autrement que selon les lois de son essence, qui sont les mêmes lois selon lesquelles la réflexion que nous avons menée jusque-là a été mise en œuvre. Cette manière de travailler ce factum en soi, propre au Je, de le modifier, de le déterminer, l'ensemble de son comportement envers lui, est désormais l'objet de notre réflexion philosophique. – Il est clair qu'à partir de ce point, toute cette réflexion se trouve à un niveau totalement différent, et a une signification toute autre.

7. La série de réflexions qui précède, et celles qui sont à venir, sont en tout premier lieu différentes selon leur objet. Dans celles qui précèdent, la réflexion portait sur des possibilités de penser. C'était la spontanéité de l'esprit humain qui produisait l'objet de la réflexion – justement ces possibilités de penser, seulement selon les règles d'un système synthétique exhaustif – aussi bien que la forme de la réflexion, l'action du réfléchir lui-même. Il s'est trouvé que ce sur quoi elle réfléchissait contenait en soi sans doute quelque chose de réel [222], qui était cependant mélangé avec un supplément vide, qu'il fallut progressivement éliminer, jusqu'à ce que le vrai suffisant dans notre perspective, c'est-à-dire pour la doctrine de la science théorique, reste seul. – Dans la série de réflexions à

venir, la réflexion concerne les facta ; l'objet de cette réflexion est lui-même une réflexion ; à savoir la réflexion de l'esprit humain sur le datum qui est mis en évidence en lui (qui à vrai dire ne peut être appelé datum qu'en tant qu'objet de cette réflexion de l'esprit sur lui-même, car en outre il est un factum). Donc, dans la série de réflexions à venir, l'objet de la réflexion n'est pas *produit* par la même réflexion elle-même, mais seulement *élevé à la conscience* (*bloss zum Bewusstsein erhoben*). – Il ressort d'abord de cela que nous n'avons désormais plus affaire à de simples hypothèses, dont le peu de vrai contenu doit d'abord être séparé du supplément vide ; mais qu'il faut attribuer à tout ce qui est désormais édifié, avec tous les droits, la réalité. – La doctrine de la science doit être une histoire pragmatique de l'esprit humain. Jusqu'à présent nous avons travaillé simplement pour nous procurer une entrée dans celle-ci ; seulement pour pouvoir mettre au jour un factum indubitable. Nous avons ce factum ; et désormais, notre perception, non pas aveugle mais expérimentante, peut paisiblement suivre le cours des données.

8. Les deux séries de la réflexion sont différentes dans leur direction. – Que l'on fasse complètement abstraction provisoirement de la réflexion philosophique artificielle, et que l'on reste seulement auprès de la réflexion originellement nécessaire, que l'esprit humain doit mettre en œuvre sur ce factum (et qui sera à partir de maintenant l'objet d'une réflexion philosophique supérieure). Il est clair que ce même esprit humain ne peut réfléchir sur le factum donné selon nulle autre loi que selon celles qui ont permis de le trouver ; donc selon celles qui ont dirigé jusqu'à présent notre réflexion. Cette réflexion [223] est partie du principe : le Je se pose en tant que déterminé par le Non-Je, et elle a décrit son chemin jusqu'au factum ; la réflexion actuelle naturelle, et qu'il faut établir en tant que factum nécessaire, part du factum, et, puisque l'application des principes fondamentaux établis ne peut être close avant que ce principe lui-même se confirme comme factum (jusqu'à ce que le Je se pose en tant que se posant déterminé par le Non-Je), elle doit continuer jusqu'au principe. Elle décrit donc l'ensemble du chemin que celle-ci a décrit, mais *dans une direction inverse* ; et la réflexion philosophique, qui doit simplement la suivre, mais n'a pas le droit de lui donner de loi, prend nécessairement la même direction.

9. Si la réflexion emprunte à partir de maintenant la direction inverse, alors le factum établi est en même temps le point de retour pour la réflexion du philosopher ; c'est le point où sont nouées deux séries radicalement différentes, et où la fin de l'une s'articule au début de la seconde. Dans ce point, il doit se trouver de ce fait la raison de distinction entre la modalité de déduction précédente et celle qui est maintenant

valide. – Le procédé était synthétique et le reste constamment : le factum établi était lui-même une synthèse. Dans cette synthèse sont en tout premier lieu réunis deux opposés appartenant à la première série ; ce qui serait de ce fait le rapport de cette synthèse à la première série. – Puis il doit se trouver dans la même synthèse aussi deux opposés pour la deuxième série de la réflexion rendant possible une analyse et la synthèse qui en résulte. Puisque dans la synthèse il ne peut pas être réuni plus de deux opposés ; les éléments réunis en elle en tant que fin de la première série peuvent être justement ceux-là mêmes qui doivent être à nouveau séparés en vue du début d'une deuxième série. Mais si cela se comporte totalement de cette manière, alors cette seconde série n'est pas seconde ; c'est la première simplement inversée [224], et notre procédé est un résoudre qui se contente de répéter, ce qui ne sert à rien, n'accroît notre connaissance en rien, et ne nous fait pas avancer d'un pas. Il faut donc que les membres de la deuxième série, dans la mesure où ils le sont, diffèrent sous quelque aspect que ce soit de ceux de la première série, même si ce sont les mêmes ; et cette différence, ils ne peuvent l'avoir reçue purement et simplement qu'au moyen de la synthèse, et pour ainsi dire en parcourant celle-ci. – Il vaut la peine de faire connaissance correctement de cette différence des membres opposés, dans la mesure où ils sont membres de la première ou de la deuxième série, cela répand une lumière claire sur le point le plus important et caractéristique du système présent.

10. Les opposés sont dans les deux cas un subjectif et un objectif ; mais ils sont en tant que tels dans l'esprit humain d'une manière très différente avant la synthèse, et après elle. Avant la synthèse, ils sont seulement opposés et rien de plus ; l'un est ce que l'autre n'est pas, et l'autre est ce que l'un n'est pas ; ils désignent un simple rapport et rien de plus. Ils sont quelque chose de négatif, et tout simplement rien de positif (exactement comme dans l'exemple cité plus haut de la lumière et de l'obscurité en Z, quand on le considère comme une limite simplement *pensée*). Ils sont une simple pensée sans aucune réalité ; et encore la pensée d'une simple relation. – Quand l'un survient, l'autre est anéanti ; mais comme celui ci peut survenir uniquement sous le prédicat du contraire de l'autre, donc, avec son concept, le concept de l'autre survient en même temps et le détruit, même celui-ci ne peut pas survenir. Donc, rien n'est présent, et il ne peut rien y avoir de présent ; notre conscience n'est pas emplie, et il n'y a absolument rien de présent en elle. (Nous n'aurions à vrai dire nullement dû entreprendre toutes les investigations qui précèdent sans une bienfaisante illusion de l'imagination, qui sans le remarquer glissait un substrat sous ces simples opposés [225] ; nous n'aurions pas

pu penser sur eux, car ils n'étaient absolument rien, et l'on ne peut pas réfléchir sur rien. Cette illusion ne pouvait pas être évitée, et ne devait pas l'être ; son produit ne devait qu'être défalqué de la somme de nos conclusions et être exclu, comme cela est effectivement arrivé.) *Après* la synthèse, ils sont quelque chose qui peut-être appréhendé et maintenu dans la conscience, et qui pour ainsi dire emplit celle-ci. (Ils sont *pour la réflexion*, avec la favorisation et la permission de la réflexion, ce qu'ils étaient aussi à vrai dire auparavant, sans être remarqués, et avec une objection constante de la réflexion.) Exactement comme plus haut la lumière et l'obscurité en Z (comme la limite *étendue par l'imagination en un moment*) étaient à vrai dire quelque chose qui ne s'anéantissait pas absolument.

Cette métamorphose se produit avec eux, en quelque sorte pendant qu'ils traversent la synthèse, et il faut montrer comment et de quelle manière la synthèse peut leur communiquer quelque chose qu'ils n'avaient pas auparavant. – La faculté de la synthèse a pour tâche de réunir les opposés, de les *penser* en tant que un (car l'exigence est d'abord adressée, exactement comme toujours auparavant, à la faculté de penser). Or elle n'y réussit pas ; et pourtant la tâche est là ; et il se produit de ce fait un conflit entre l'impuissance de la faculté et l'exigence. L'esprit demeure dans ce conflit, flotte entre les deux termes ; il flotte entre l'exigence et l'impossibilité de la remplir, et dans cet état, mais uniquement en lui, il maintient les deux en même temps, ou, ce qui est la même chose, il en fait des termes qui peuvent être en même temps appréhendés et maintenus – du fait qu'il les touche, et qu'il est à nouveau repoussé par eux et qu'il les touche à nouveau, il leur donne *dans le rapport à soi* un certain contenu et une certaine extension (qui apparaîtra en son temps comme le multiple dans le temps et dans l'espace). Cet état s'appelle l'état de l'*intuitionner* (*Zustand des Anschauens*). La faculté active dans cet état a déjà été appelée plus haut imagination productive [226].

11. Nous voyons que c'est précisément la circonstance qui menaçait d'anéantir la possibilité d'une théorie du savoir humain qui ici devient la condition unique sous laquelle nous pouvons établir une théorie de ce genre. Nous n'apercevions pas comment nous pourrions jamais réunir des opposés absolus ; ici nous voyons qu'une explication des données serait en général tout à fait impossible dans notre esprit sans des opposés absolus ; puisque la faculté sur laquelle reposent toutes ces données, l'imagination productive, ne serait pas du tout possible s'il ne survenait pas des opposés absolus, des termes impossibles à réunir, totalement disproportionnés par rapport à la faculté d'appréhension du Je. Et cela sert en même temps à prouver de façon lumineuse que notre système est

exact, et qu'il explique de façon exhaustive ce qu'il faut expliquer. Le présupposé ne peut être expliqué que par le trouvé, et le trouvé ne peut être expliqué que par le présupposé. C'est précisément de l'être-opposé absolu que découle l'ensemble du mécanisme de l'esprit humain ; et l'ensemble de ce mécanisme ne peut être autrement expliqué que par un être-opposé absolu.

12. En même temps, une lumière totale est ici répandue sur une manifestation déjà survenue plus haut, mais pas encore totalement expliquée : comment l'idéalité et la réalité peuvent être une seule et même chose ; comment toutes deux sont différentes uniquement par la manière différente de les envisager, et permettent de conclure de l'un à l'autre. – Les opposés absolus (le subjectif fini et l'objectif infini) sont avant la synthèse quelque chose qui est seulement pensé, et, si nous prenons le terme que nous avons toujours utilisé ici, quelque chose d'idéal. Quand ils doivent être réunis par la faculté de penser, et ne le peuvent pas, ils obtiennent, par le flottement de l'esprit, lequel est appelé imagination dans cette fonction, de la réalité, parce qu'ils deviennent par la intuitionnables : c'est-à-dire qu'ils obtiennent de la réalité en général ; car il n'existe pas d'autre réalité que celle qui est médiatisée par l'intuition, et il ne peut y en avoir d'autre [227]. Quand on fait de nouveau abstraction de cette intuition, ce que l'on peut à vrai dire faire pour la simple faculté de penser, mais pas pour la conscience en général, cette réalité redevient quelque chose de simplement idéal ; elle a seulement un être né grâce aux lois de la faculté de représentation.

13. Ce qui est donc enseigné ici, c'est que toute réalité – comprenons ici *pour nous* (*für uns*), ce qui ne peut être compris autrement dans un système de philosophie transcendantale – n'est produite que par l'imagination. Un des plus grands penseurs de notre époque, qui, pour autant que je sache, enseigne la même chose, parle à ce sujet d'une tromperie par l'imagination. Mais toute tromperie doit s'opposer à la vérité, toute tromperie doit pouvoir être évitée. Or s'il est prouvé, comme on peut le prouver dans le présent système, que c'est sur cette action de l'imagination que se fonde la possibilité de notre conscience, de notre vie, de notre être pour nous, c'est-à-dire de notre être en tant que Je, alors l'imagination ne peut pas disparaître, afin que nous ne devions pas faire abstraction du Je, ce qui se contredit, puisque l'abstrayant n'a pas la possibilité de faire abstraction de soi-même ; donc, elle ne trompe pas, mais donne la vérité, et la seule vérité possible. Admettre qu'elle trompe signifie fonder un scepticisme qui enseigne à remettre en doute notre propre être.

Déduction de la représentation

I. Nous nous accrochons en tout premier lieu très fermement au point auquel nous étions arrivés[68].

Un heurt[69] se produit sur l'activité du Je qui va à l'infini, et dans laquelle du fait même qu'elle va à l'infini, rien ne peut être distingué [228] ; et l'activité, qui ce faisant ne doit pas être anéantie, est réfléchie, entraînée vers l'intérieur ; elle acquiert la direction précisément inverse.

Que l'on se représente l'activité allant à l'infini sous l'image d'une ligne droite, qui va de A en passant par B jusqu'à C etc. Elle pourrait être heurtée à l'intérieur de C ou au-delà ; mais que l'on admette qu'elle est heurtée justement en C ; et la raison s'en trouve, selon ce qui a été dit plus haut, non dans le Je, mais dans le Non-Je.

Avec la condition posée, la direction de l'activité du Je qui va de A à C est réfléchie de C à A.

Mais aussi certainement que le Je est un Je, aucune action ne peut s'effectuer sur lui, sans qu'il agisse en retour. Dans le Je, rien ne se laisse supprimer, et donc pas non plus la direction de son activité. Donc l'activité réfléchie vers A, dans la mesure où elle est réfléchie, doit en même temps agir en retour jusqu'à C.

Et nous obtenons ainsi entre A et C une double direction, conflictuelle avec elle-même, de l'activité du Je, dans laquelle celle qui va de C à A peut être considérée comme un subir, et celle qui va de A à C comme une simple activité ; lesquelles sont toutes deux un seul et même état du Je.

Cet état, dans lequel des directions radicalement opposées sont réunies, est précisément l'activité de l'imagination : et nous avons maintenant déterminé totalement ce que nous cherchions plus haut, une activité qui n'est possible que par un subir, et un subir qui n'est possible que par une activité. – L'activité du Je qui se trouve entre A et C est une activité *résistante*, mais elle n'est pas possible sans un être réfléchi de son activité ; car tout résister présuppose quelque chose à quoi il est résisté : elle est un subir, dans la mesure où la direction originelle de l'activité du Je est réfléchie : mais aucune direction ne peut être réfléchie si elle n'est pas présente en tant que cette direction, et précisément dans tous ses points. Les deux directions [229], celle vers A tout comme celle vers C, doivent être

[68] Synthèse quintuple de la déduction de la représentation : A (sensation [227-229]), B (imagination [229-231]), C (entendement [231-241]), D (Jugement [241-243]), E (Raison [243-246]). Développement en XI points [227-246]. Complété par le « Précis » de 1795.
[69] A : sensation [227-229] 154-155 (I).

simultanées, et le fait précisément qu'elles sont simultanées résout la tâche posée ci-dessus.

L'état du Je, dans la mesure où son activité se situe entre A et C, est un intuitionner ; car intuitionner est une activité qui n'est pas possible sans un subir, et un subir qui n'est pas possible sans une activité. – L'intuitionner est maintenant, mais seulement en tant que tel, déterminé pour la réflexion philosophique ; mais encore totalement indéterminé dans la perspective du sujet, comme accident du Je ; car alors il devrait se laisser distinguer d'autres déterminations du Je, ce qui jusqu'à maintenant n'est pas encore possible ; et il est aussi indéterminé dans la perspective de l'objet, car alors un intuitionné en tant que tel devrait se laisser distinguer d'un non intuitionné, ce qui jusqu'à présent est également impossible.

(Il est clair que l'activité du Je rendue à sa première direction originelle dépasse aussi C. Mais dans la mesure où elle dépasse C, elle n'est pas résistante, parce que le heurt ne se trouve pas au-delà de C, donc elle n'est pas non plus intuitionnante. Donc, en C, l'intuition est limitée, et l'intuitionné est limité. L'activité qui dépasse C n'est pas une intuition, et son objet n'est pas un intuitionné. Ce que tous deux peuvent être, nous le verrons en son temps. Ici nous voulons simplement faire remarquer ce que nous voudrons réadmettre.

II. Le Je doit intuitionner[70] ; si l'intuitionnant ne peut être réellement qu'un Je, cela signifie que *le Je doit se poser comme intuitionnant ;* car rien n'échoit au Je que ce qu'il s'attribue.

Le Je se pose comme intuitionnant signifie en tout premier lieu qu'il se pose comme *actif* dans l'intuition. Ce que cela peut signifier en plus apparaîtra de soi-même dans l'investigation. Or dans la mesure où il se pose comme actif dans l'intuition, il s'oppose à lui-même quelque chose, qui dans cette intuition n'est pas actif, mais subissant [230].

Pour nous orienter dans cette investigation, nous devons simplement nous rappeler ce qui a été dit plus haut sur l'alternance dans le concept de substantialité. Les deux opposés, l'activité et le subir, ne doivent pas s'anéantir et se supprimer, ils doivent consister l'un à côté de l'autre : ils doivent seulement s'exclure réciproquement.

Il est clair qu'à l'intuitionnant, en tant qu'actif, doit être opposé un intuitionné. Il se pose uniquement la question de savoir comment et de quelle manière un tel intuitionné peut être posé.

Un intuitionné, qui doit être opposé au Je, au Je qui dans cette mesure est intuitionnant, est nécessairement un Non-Je ; il en résulte en

[70] B : Imagination [229-231] 155-156 (II).

premier lieu qu'une action du Je posant un tel intuitionné n'est *pas une réflexion*, n'est pas une activité dirigée vers l'intérieur, mais vers l'extérieur, donc, pour autant que nous puissions en juger jusqu'à présent, une production. L'intuitionné, en tant que tel, est produit.

Il est clair en outre que le Je ne peut pas être conscient de son activité dans cette production de l'intuitionné en tant que tel, parce cette activité n'est pas réfléchie, pas attribuée au Je. (C'est seulement dans la réflexion philosophique que nous entreprenons maintenant que nous avons à distinguer soigneusement de la réflexion commune nécessaire, que cette activité est conférée au Je.)

La faculté productive est toujours l'imagination ; donc ce poser de l'intuitionné s'origine dans l'imagination, et est lui-même un intuitionner (un regarder-*vers* [dans une signification active] quelque chose d'indéterminé).

Maintenant, cette intuition doit être opposée à une activité dans l'intuition que le Je s'attribue à lui-même. Il faut que soit présente dans une seule et même action une activité de l'intuitionner, que le Je s'attribue par le moyen d'une réflexion, et une autre qu'il ne s'attribue pas. Cette dernière est un simple intuitionner [231] ; la première doit l'être aussi ; mais elle doit être réfléchie. La question est de savoir comment cela arrive, et ce qu'il en résulte.

L'intuitionner en tant qu'activité a une direction vers C, mais n'est un intuitionner que dans la mesure où elle résiste à la direction opposée vers A. Si elle ne résiste pas, alors il n'y a plus aucun intuitionner, mais tout simplement une activité.

Une telle activité de l'intuitionner doit être réfléchie, c'est-à-dire que l'activité du Je allant vers C (qui est toujours une seule et même activité) doit, et ce en tant que résistant à une direction opposée (car autrement ce ne serait pas *cette* activité, l'activité de l'intuitionner), être orientée vers A.

La difficulté ici est la suivante : l'activité du Je a déjà été réfléchie une fois par le heurt de dehors, et maintenant elle doit, et par une spontanéité absolue (parce que le Je doit se poser comme intuitionnant tout simplement, parce qu'il est un Je), être à nouveau réfléchie dans la même direction. Or si ces deux réflexions ne sont pas distinguées, aucune intuition n'est réfléchie, mais il y a de façon répétée intuition, d'une seule et même manière ; car l'activité est la même : c'est une seule et même activité du Je ; et la direction est la même de C à A. Elles doivent donc pouvoir être distinguées pour que la réflexion exigée soit possible ; et nous devons, avant d'aller plus loin, résoudre la tâche de savoir comment et par quoi elles sont distinguées.

III. Déterminons[71] plus précisément cette tâche. On peut comprendre à peu près dès avant l'investigation comment la première direction de l'activité du Je vers A peut être distinguée de la deuxième direction identique. La première en effet n'est réfléchie que par un simple heurt de dehors ; la deuxième est réfléchie par la spontanéité absolue [232]. Nous pouvons sans doute apercevoir cela depuis le niveau de notre réflexion philosophique où nous nous sommes placés volontairement au début de l'investigation ; mais la tâche consiste à démontrer justement que ce présupposé pour la possibilité de toute réflexion philosophique est un factum originel de la conscience naturelle. C'est la question de savoir comment l'esprit humain en vient à cette distinction entre une réflexion de l'activité de dehors, et une autre de dedans. C'est cette distinction qui doit être dérivée en tant que factum et démontrée précisément par cette dérivation.

Le Je doit être déterminé par le prédicat *intuitionnant*, qui doit être ainsi distingué du prédicat intuitionné. C'était l'exigence dont nous sommes partis, et nous ne pouvions partir d'aucune autre. Le Je, en tant que sujet de l'intuition, doit être opposé à l'objet de celle-ci, et être ainsi distingué en tout premier lieu du Non-Je. Il est clair que nous n'avons pas un point ferme dans cette distinction, mais que nous tournons dans un cercle éternel si l'intuition n'est pas d'abord fixée en soi, et en tant que telle. Alors seulement, on pourra déterminer le rapport du Je aussi bien que du Non-Je avec elle. La possibilité de résoudre la tâche donnée ci-dessus dépend donc de la possibilité de fixer l'intuition elle-même, et en tant que telle.

La dernière tâche est, comme celle que nous venons d'établir, de rendre distinguable la première direction vers A de la deuxième ; et l'une est résolue par l'autre. Une fois que l'intuition est fixée, la première réflexion vers A est déjà contenue en elle ; et sans crainte de confusion et de suppression réciproque, ce n'est pas la première direction vers A, mais l'intuition en général qui est réfléchie vers A.

Cette intuition, en tant que telle, doit être fixée, pour pouvoir être appréhendée comme une seule et même intuition. Cependant, l'intuitionner en tant que tel n'est rien de fixé, mais est un flottement de l'imagination entre des directions en conflit. Ce flottement doit être fixé, ce qui signifie que l'imagination ne doit pas flotter plus longtemps [233], ce qui anéantirait et supprimerait totalement l'intuition. Or cela ne doit pas arriver ; il faut donc que persiste au moins le produit de l'état dans

[71] C : Entendement [231-241] 157-164 (III-VII). 5 moments.

l'intuition, la trace des directions opposées, qui n'est aucune des deux, mais un composé des deux.

Trois choses conditionnent cette fixation de l'intuition, qui ne devient que par là intuition. En premier lieu l'action de fixer et d'arrimer. L'ensemble du fixer se produit en vue de la réflexion par *spontanéité*, il se produit par la spontanéité de la réflexion elle-même, comme on va le voir tout de suite ; donc, l'acte de fixer échoit à la faculté tout simplement posante dans le Je, ou Raison. – Ensuite, le déterminé ou le devenant-déterminé ; – et c'est, comme on le sait, l'imagination, à l'activité de laquelle est posée une limite. – En dernier lieu, ce qui est produit par la détermination ; – le produit de l'imagination dans son flottement. Il est clair que pour que le maintenir exigé soit possible, il doit y avoir une faculté de maintenir ; et cette faculté n'est ni la Raison, ni l'imagination productive ; il y a donc entre elles une faculté intermédiaire. C'est la faculté grâce à laquelle ce qui change *consiste (besteht), est compris (verständigt)* (pour ainsi dire mis debout *(zum Stehen gebracht)*), et qui s'appelle de ce fait à juste titre *entendement (Verstand).* L'entendement n'est entendement que dans la mesure où quelque chose est fixé en lui ; et tout ce qui est fixé n'est fixé que dans l'entendement. L'entendement peut être décrit comme l'imagination fixée par la Raison, ou comme la Raison pourvue d'objets par l'imagination. – L'entendement est une faculté quiescente, inactive de l'esprit, le simple contenant de ce qui est produit par l'imagination et de ce qui est et doit être déterminé par la Raison ; ce que l'on peut aussi avoir raconté de temps en temps sur les actions de l'entendement.

(C'est uniquement dans l'entendement qu'*est* la réalité (bien que ce soit uniquement par le truchement de l'imagination) ; il est la faculté du *réel* [234] ; en lui seulement, l'idéal devient réel ; [c'est pourquoi le terme *comprendre* exprime aussi une relation avec quelque chose qui nous vient sans notre intervention de l'extérieur, qui doit être uniquement interprété et perçu]. L'imagination produit la réalité ; mais il n'est en elle aucune réalité ; c'est uniquement par l'appréhension et la conception dans l'entendement que son produit devient quelque chose de réel.– À ce dont nous sommes conscients comme étant un produit de l'imagination, nous n'attribuons pas la réalité ; mais nous l'attribuons à ce que nous rencontrons comme contenu dans l'entendement, auquel nous n'attribuons aucune faculté de production, mais seulement celle de la conservation. – On verra que dans la réflexion naturelle, opposée à la réflexion artificielle de la philosophie transcendantale, grâce aux lois de celle-là, on ne peut reculer que jusqu'à l'entendement, et que l'on rencontre en celui-ci quelque chose de donné à la réflexion, comme une matière de la représentation ; mais on n'est pas conscient de la manière dont ce donné est parvenu à la conscience. D'où notre ferme conviction de la réalité des choses hors de nous, et sans aucune intervention de notre part, parce que nous ne sommes pas conscients de la faculté de leur production. Si nous étions conscients dans la réflexion commune, comme nous pouvons être conscients dans la réflexion philosophique de ce que ces choses n'arrivent que par l'imagination dans l'entendement, alors nous déclarerions de nouveau toute chose tromperie et nous aurions ce faisant autant tort par cette idée que par la première.)

IV. Nous reprenons le fil de notre raisonnement, là où nous l'avions laissé, parce qu'il était impossible de continuer à le suivre.

Le Je réfléchis son activité qui va dans l'intuition vers C. En tant que résistant à une direction opposée allant de C à A, elle ne peut pas être réfléchie, pour la raison citée plus haut. Cependant, elle ne peut pas non plus être réfléchie comme une activité allant en général vers l'extérieur, car alors ce serait toute l'activité infinie du Je qui ne pourrait pas être réfléchie ; mais pas celle qui survient dans l'intuition, dont la réflexion a pourtant été exigée [235]. Donc, elle doit être réfléchie comme une activité allant jusqu'à C, limitée et déterminée en C ; ce qui serait le premier point.

En C donc, l'activité intuitionnante du Je est limitée par l'activité absolue agissant dans la réflexion. – Or comme cette activité est simplement réfléchissante, mais pas (en dehors de notre réflexion philosophique actuelle) elle-même réfléchie, la limitation en C est opposée au Je, et attribuée au Non-Je. Au-delà de C dans l'infinité, un produit déterminé de l'imagination productive absolue est posé par une intuition obscure, non réfléchie, et qui ne parvient pas à une conscience déterminée ; ce qui limite la faculté de l'intuition réfléchie ; précisément selon la règle et pour la raison à partir desquelles le premier produit indéterminé a en général été posé. Ce qui serait le second point. – Ce produit est le Non-Je, dont l'opposition (*Entgegensetzung*) pour la finalité actuelle déterminera en général le Je *en tant que* Je, – ce qui seul rend possible le sujet logique de la proposition : le Je est intuitionnant.

L'activité ainsi déterminée du Je intuitionnant, est, au moins en ce qui concerne sa détermination, fixée et conçue dans l'entendement pour une détermination ultérieure, car sans cela, des activités contradictoires du Je se gêneraient, et s'anéantiraient l'une l'autre réciproquement.

Cette activité va de A vers C et doit être appréhendée dans cette direction, mais par une activité réfléchissante, allant donc de C vers A. Il est clair que dans cette appréhension, des directions opposées apparaissent, que donc cette appréhension advient grâce à la faculté de l'opposé, l'imagination, et doit donc être elle-même une intuition. Ce qui serait le troisième point. L'imagination dans sa fonction présente ne produit pas, mais appréhende (pour poser dans l'entendement, non pour conserver) presque exclusivement ce qui est déjà produit et conçu dans l'entendement, et s'appelle de ce fait reproductive.

En ce qui concerne l'intuition, et ce en tant que telle [236], c'est-à-dire en tant qu'activement déterminée, il faut que lui soit opposée une activité qui n'est pas la même, mais une autre. Or l'activité est toujours activité, et jusqu'à présent rien n'a pu être distingué en elle en tant que direction. Une direction opposée de ce genre se trouve cependant dans la direction de C vers A née de l'être-réfléchi de dehors et conservée dans l'entendement. Ceci serait le quatrième point.

Cette direction opposée, dans la mesure où celle qui est présente dans l'intuitionné doit être déterminée par elle, doit elle-même être intuitionnée ; et ainsi, est présente avec la détermination de l'intuitionnant, en même temps, une intuition de l'*intuitionné*, mais non réfléchie.

Mais l'intuitionné lui-même doit être déterminé *en tant qu'*un intuitionné, pour qu'il soit opposé à l'intuitionnant. Et ceci n'est possible que par réflexion. La seule question est de savoir quelle activité dirigée vers l'extérieur doit être réfléchie ; car ce doit être une activité dirigée vers l'extérieur qui est réfléchie, or l'activité qui va de A vers C dans l'intuitionner donne l'intuition de l'intuitionnant.

Nous avons rappelé plus haut qu'en vue de la limitation de l'intuition en général en C, l'activité productive du Je doit dépasser C et aller dans l'indéterminé. Cette activité est réfléchie à partir de l'infinité en passant par C vers A. Mais de C à A se trouve la première direction dont la trace est conservée dans l'entendement, qui résiste dans l'intuition à l'activité attribuée au Je allant de A vers C : et qui en relation avec celle-ci, doit être attribuée à l'opposé du Je, c'est-à-dire au Non-Je. Cette activité opposée est intuitionnée comme opposée ; ce qui serait le cinquième point.

Cet intuitionné doit être déterminé en tant que tel, et ce comme intuitionné opposé à l'intuitionnant ; donc par un Non-Intuitionné, mais qui est pourtant un Non-Je. Or on en trouve un comme absolu produit de l'activité de l'activité du Je par-delà C (la chose en soi et pour soi, en tant que noumène. D'où la distinction naturelle entre la représentation et la chose représentée en elle.) À l'intérieur de C et A toutefois se trouve l'intuitionné, qui est appréhendé selon sa détermination dans l'entendement comme quelque chose de réel [237]. Ce qui serait le sixième point.

[Chose et représentation] se comportent réciproquement comme activité et subir (réalité et négation), ils sont de ce fait réunis tous deux par détermination alternante. Pas d'intuitionné, pas d'intuitionnant, et inversement. De même, si et dans la mesure où un intuitionné est posé, un intuitionnant est posé et inversement.

Tous deux doivent être déterminés, car le Je doit se poser en tant que l'intuitionnant, et dans cette mesure s'opposer au Non-Je ; dans les deux cas cependant il faut une raison de distinction solide entre l'intuitionnant et l'intuitionné ; mais selon les explications qui ont précédé, la détermination alternante ne donne pas cette raison de distinction.

Si *l'un* est déterminé plus avant, *l'autre* est par là-même déterminé, justement parce qu'ils se trouvent dans la détermination alternante. – Mais un des deux doit pour la même raison être déterminé *par soi-même*, et non par l'autre, parce qu'autrement nous ne pourrions pas sortir du cercle de la détermination réciproque.

V. L'intuitionnant en soi, c'est-à-dire en tant qu'activité, est déjà déterminé du fait qu'il se trouve dans la détermination alternante ; c'est une activité à laquelle correspond dans l'opposé un subir, une activité *objective*. Cette activité objective est déterminée plus avant par une activité non objective, donc *pure*, une activité en général et tout simplement.

Toutes deux sont opposées ; toutes deux doivent aussi être réunifiées synthétiquement, c'est-à-dire déterminées réciproquement l'une par l'autre :

1. L'activité objective par l'activité tout simplement. L'activité en général est la condition de toute activité objective, elle est la raison réelle de celle-ci. 2. L'activité en général par l'activité objective ; elle ne peut pas être déterminée si ce n'est par son opposé, le subir ; donc par un objet de l'activité, et donc par une activité objective. L'activité objective est la raison [238] de détermination ou la raison idéale de l'activité en général. 3. Toutes deux alternativement, c'est-à-dire que la limite entre elles deux doit être posée. C'est le passage de l'activité pure à l'activité objective, et inversement : la *condition* sur laquelle il peut y avoir réflexion, ou abstraction.

Cette condition, en tant que telle, c'est-à-dire en tant que limite entre l'activité pure et l'activité objective, est intuitionnée par l'imagination, fixée dans l'entendement ; dans les deux cas de la manière décrite ci-dessus.

L'intuition est activité objective soumise à une certaine condition. Inconditionnée, elle ne serait pas une activité objective, mais une activité pure.

Grâce à la détermination par l'alternance, l'intuitionné lui aussi n'est qu'à une certaine condition un intuitionné. En dehors de la condition, il ne serait pas un intuitionné, mais un simple posé, une chose en soi : un subir tout simplement, en tant que contraire d'une activité tout simplement.

VI. Aussi bien pour l'intuitionnant que pour l'intuitionné, l'intuition est quelque chose de conditionné. Cet attribut ne permet donc pas encore de distinguer les deux, l'intuitionnant et l'intuitionné, et nous devons continuer à les déterminer. – Nous cherchons à déterminer la condition de l'intuition pour eux deux ; si par exemple ils pourraient être distingués grâce à elle.

L'activité absolue devient objective en raison de cette condition, ce qui signifie manifestement que l'activité absolue est en tant que telle, supprimée et anéantie ; et par rapport à elle, un *subir* est présent. Donc la condition de toute activité objective est un subir.

Ce subir doit être intuitionné. Mais un subir ne se laisse pas intuitionner autrement que comme une impossibilité de l'activité opposée ; un sentiment de contrainte (*Gefühl des Zwanges*) à accomplir une action déterminée, qui est possible toutefois pour l'imagination [239]. Cette contrainte est fixée dans l'entendement comme *nécessité*.

Le contraire de cette activité conditionnée par un subir est une action libre, intuitionnée par l'imagination elle-même comme un flottement entre accomplir et ne pas accomplir une seule et même action ; appréhender ou ne pas appréhender un seul et même objet dans l'entendement ; appréhendée dans l'entendement comme *possibilité*.

Les deux types d'activité, qui sont opposés en soi, sont réunis. 1. La contrainte est déterminée par la liberté ; l'activité se détermine soi-même à l'agir déterminé (*auto-affection*) ; 2. La liberté par la contrainte. Ce n'est qu'à la condition d'une détermination déjà présente par subir que se détermine à une action déterminée l'auto-activité encore toujours libre dans l'autodétermination. (La spontanéité ne peut réfléchir qu'à la condition d'une réflexion déjà déclenchée par un heurt de dehors : mais elle n'est pas obligée même sous cette condition de réfléchir.) 3. Toutes deux se déterminent réciproquement dans l'intuition. L'action alternante de l'auto-affection de l'intuitionnant, et d'une affection de dehors, est la condition à laquelle l'intuitionnant est un intuitionnant.

Par là, l'intuitionné est aussi en même temps déterminé. La chose en soi et pour soi est objet de l'intuition à la condition d'une action alternante. Dans la mesure où l'intuitionnant est actif, l'intuitionné est subissant, et dans la mesure où l'intuitionné, qui dans cette mesure est une chose en soi, est actif, l'intuition est subissante. En outre, dans la mesure où l'intuitionnant est actif, il n'est pas subissant, et inversement ; c'est le cas aussi de l'intuitionné. Cela ne donne pas une détermination solide, et nous n'en sortons pas pour autant de notre cercle. Il faut par conséquent déterminer plus avant. Nous devons en effet chercher à déterminer la participation de l'un des deux à l'action alternante mise en évidence par soi-même [240].

VII. À l'activité de l'intuitionnant, à laquelle correspond un subir dans l'objet, et qui de ce fait est inclus dans cette opération alternante, est opposée une activité, à laquelle aucun subir ne correspond dans l'objet ; qui va de ce fait vers l'intuitionnant (celle de l'auto-affection) ; et par elle la première devrait donc être déterminée.

Une telle activité déterminante devrait être intuitionnée par l'imagination, et être fixée dans l'entendement, exactement comme les modalité de celle-ci présentées jusqu'ici.

Il est clair que même l'activité objective de l'intuitionnant ne peut avoir d'autre raison que l'activité de l'autodétermination : si cette dernière activité se laissait donc déterminer, alors même la première, et avec elle la part prise par l'intuitionnant à l'action alternante, ainsi que par elle la part de l'intuitionné, serait déterminée.

Les deux modalités d'activité doivent se déterminer réciproquement : 1. *Celle qui retourne en soi-même* doit déterminer l'*objective*, comme on vient de le montrer à l'instant, 2. L'activité objective doit déterminer celle qui revient en soi. Autant il y a d'activité objective, autant il y a d'activité se déterminant elle-même pour déterminer l'objet. Mais l'activité objective peut être déterminée par une détermination de l'objet, et donc par elle celle qui apparaît dans l'autodétermination. 3. Toutes deux se trouvent donc dans la détermination alternante, comme on l'a montré maintenant ; et nous n'avons une fois encore aucun point solide de la détermination.

L'activité de l'intuitionné dans l'opération alternante, dans la mesure où elle va vers l'intuitionnant, est également déterminée par une activité qui retourne en soi-même, par laquelle l'intuitionné se détermine pour opérer sur l'intuitionnant.

Après explication donnée plus haut, l'activité de l'autodétermination est détermination d'un produit fixé de l'imagination dans l'entendement par la Raison : donc un *penser*. L'intuitionnant se détermine lui-même en le *penser* d'un objet [241].

Dans la mesure où l'objet est déterminé par le penser, il est un pensé.

Or il a été déterminé à l'instant comme se *déterminant lui-même ;* pour une opération sur l'intuitionnant. Mais cette détermination était uniquement possible par ce qu'un subir devait être déterminé dans l'intuitionnant opposé. Pas de subir dans l'intuitionnant, pas d'activité originelle et retournant en soi dans l'objet, en tant qu'activité pensée. Aucune activité de ce genre dans l'objet, aucun subir dans l'intuitionnant. Une telle détermination alternante est selon l'explication précédente celle qui a lieu par *l'efficience.* Donc l'objet est pensé comme *cause* de subir dans l'intuitionnant, en tant qu'*effet* de ce dernier. – L'activité intérieure de l'objet, par laquelle il se détermine à l'efficacité, est une pure pensée (un *noumène*, si l'on donne par l'imagination un substrat à cette activité, comme on le doit).

VIII. L'activité d'une autodétermination[72] pour déterminer un objet *déterminé* doit être déterminée plus avant ; car nous n'avons encore aucun point ferme. Mais elle est déterminée par une activité de l'intuitionnant, qui ne détermine aucun objet (= A) en tant que déterminé ; qui ne se dirige vers aucun objet (donc par exemple vers un objet en général, en tant que simple objet).

Une activité de ce genre devrait par autodétermination se donner comme objet A ou –A. Elle serait de ce fait en considération de A ou –A totalement indéterminée et libre ; libre de *réfléchir* sur A, ou d'en faire *abstraction.*

Une telle activité doit en premier lieu être intuitionnée par l'imagination ; mais comme elle flotte au milieu entre les opposés, entre l'appréhension et la non appréhension de A, elle doit être intuitionnée aussi en tant qu'imagination, c'est-à-dire dans sa liberté de flotter de l'un à l'autre (un peu comme si l'on regardait une *loi*, dont nous ne savons ici à vrai dire encore rien, comme une délibération de l'esprit avec soi-même). – Mais comme il faut que l'un des deux, soit A soi –A [242], soit appréhendé (A étant posé comme ce sur quoi il faut réfléchir, ou comme ce dont il faut abstraire) par cette activité, elle doit aussi dans cette mesure être intuitionnée comme entendement. – Tous deux, derechef réunis par une nouvelle intuition, et arrimés dans l'entendement, s'appellent *faculté de juger.* La faculté de juger est la faculté jusqu'à présent libre, de réfléchir sur des objets déjà posés dans l'entendement ou d'abstraire d'eux, et à la mesure de cette réflexion ou de cette abstraction, de les poser avec une détermination supplémentaire dans l'entendement.

Les deux activités, le simple entendement en tant que tel, et la faculté de juger en tant que telle, doivent à nouveau se déterminer réciproquement. 1. L'entendement détermine la faculté de juger. Il contient déjà en soi les objets dont la faculté de juger abstrait ou qu'elle réfléchit, et il est de ce fait la condition de possibilité d'une faculté de juger en général. 2. La faculté de juger détermine l'entendement ; elle lui détermine l'objet en général en tant qu'objet. Sans elle, il n'y a en général pas de réflexion ;

---

[72] D : Jugement [241-243] 164-165 (VIII).

sans elle, il n'y a donc rien de fixé dans l'entendement, qui soit d'abord posé par la réflexion et en vue de la réflexion, donc aussi en général aucun entendement ; et ainsi, la faculté de juger est derechef la condition de possibilité de l'entendement, et tous deux 3. se déterminent donc réciproquement. Rien dans l'entendement, pas de faculté de juger ; pas de faculté de juger, rien dans l'entendement *pour l'entendement*, aucun penser du pensé comme tel.

Selon la détermination alternante, l'objet est ainsi lui aussi déterminé. Le pensé, en tant qu'objet du penser, donc dans cette mesure en tant que subissant, est déterminé par un non-pensé, donc par un simple pensable (qui doit avoir la raison de sa pensabilité en soi-même, et non dans le pensant, qui donc doit être actif dans cette mesure, et le pensant en relation avec lui doit être subissant). Tous deux, le pensé et le pensable, sont maintenant réciproquement déterminés l'un par l'autre : 1. Tout pensé est pensable, 2. tout pensable est pensé en tant que pensable, et n'est pensable que dans la mesure où il est en tant que tel pensé. Pas de pensable, pas de pensé ; pas de pensé, pas de pensable. – Le pensable et la pensabilité en tant que tels sont un simple objet de la faculté de juger [243].

Seul ce qui est jugé en tant que pensable peut être pensé en tant que cause de l'intuition.

Le pensant doit se déterminer lui-même à penser quelque chose en tant que pensable, et dans cette mesure le pensable serait subissant ; mais derechef le pensable doit se déterminer lui-même à être un pensable ; et dans cette mesure, le pensant serait subissant. Cela donne derechef une action alternante du pensant et du pensé dans le penser ; donc aucun point de détermination solide, et nous devons déterminer plus avant ce qui juge.

IX. L'activité qui en général[73] détermine un objet est déterminée par une activité qui n'a aucun objet, par une activité en général non-objective, opposée à l'objective. Il se pose seulement la question de savoir comment une telle activité peut être posée, et opposée à l'activité objective.

De même qu'à l'instant on a déduit la possibilité d'abstraire de tout objet *déterminé* = A, de même on postule ici la possibilité d'abstraire *de tout objet en général*. Il doit y avoir une telle faculté d'abstraction absolue, pour que la détermination exigée puisse être possible ; et elle doit être possible, pour qu'une conscience de soi, et une conscience de la représentation puisse être possible.

---

[73] E : Raison [243-246] 165-168 (IX-XI). 3 moments.

Une telle faculté devrait pouvoir d'abord être intuitionnée. – L'imagination flotte en général entre objet et non-objet, en vertu de son essence. Elle est fixée pour n'avoir aucun objet ; cela veut dire que l'imagination (réfléchie) est totalement anéantie, et cet anéantissement, ce non-être de l'imagination lui-même est intuitionné par l'imagination (non réfléchie, et de ce fait ne parvenant pas à une conscience distincte). (La représentation obscure présente en nous quand nous est rappelé, en vue du pur penser, de faire abstraction de toute immixtion de l'imagination, est cette intuition survenant bien souvent chez le penseur.) – Le produit d'une telle intuition (non réfléchie) devrait être fixé dans l'entendement ; mais ce produit ne doit être rien, aucun objet, donc il ne peut être fixé [244]. (La représentation obscure de la pensée d'un simple rapport, sans membres, est quelque chose comme cela.) Il ne reste donc rien qu'en général la seule règle de la Raison de faire abstraction, la simple loi d'une détermination que l'on ne peut réaliser (par l'imagination, et par l'entendement pour la conscience distincte) ; – et cette faculté d'abstraction absolue est donc elle-même la Raison. (La Raison pure sans imagination, dans un sens théorique ; celle dont Kant a fait son objet dans la critique de la raison pure).

Quand tout ce qui est objectif est supprimé, il reste au moins ce qui se détermine soi-même, et ce qui est déterminé par soi même, le Je, ou le sujet. Sujet et objet sont de telle manière déterminés l'un par l'autre que l'un est tout simplement exclu par l'autre. Si le Je ne détermine que lui-même, il ne détermine rien en dehors de lui et s'il détermine quelque chose en dehors de lui, alors il ne se détermine pas seulement soi-même. Mais le Je est maintenant déterminé en tant que ce qui, après suppression de tout objet par la faculté d'abstraction absolue, reste ; et le Non-Je en tant que ce dont il peut être fait abstraction par cette faculté d'abstraction : nous avons de ce fait maintenant un point de distinction solide entre l'objet et le sujet.

(Ceci est aussi réellement la source apparente, et que l'on ne peut plus méconnaître selon ce qu'elle indique d'elle, de toute conscience de soi. Tout ce dont je fais abstraction, ce que je peux penser absent [si ce n'est une fois, au moins de telle manière que je fasse par la suite abstraction de ce que je laisse maintenant, et que je laisse ce dont je fais maintenant abstraction], n'est pas mon Je, et je le pose simplement opposé à mon Je du fait que je le considère comme quelque chose que je puis penser absent. Plus un individu déterminé peut se penser absent, plus sa conscience de soi empirique se rapproche de la conscience pure ; et ce depuis l'enfant, qui quitte pour la première fois son berceau, et apprend de la sorte à le distinguer de soi-même, jusqu'au philosophe populaire qui admet encore des idées-image matérielles, et interroge le siège de l'âme [245], et jusqu'au philosophe transcendantal, qui au moins pense la règle pour penser un Je pur, et la démontre.)

X. Cette activité, déterminant le Je par abstraction de tout ce dont on peut faire abstraction, devrait elle-même derechef être déterminée. Mais comme ce *dont* on ne peut rien abstraire, et *dans quoi* il ne peut être fait abstraction de rien (c'est pourquoi le Je est jugé *simple*), ne peut être déterminé plus avant, il se pourrait alors qu'elle soit déterminée simplement par une activité tout simplement non déterminante – et ce qui par elle est déterminé, par un indéterminé tout simplement.

Or une telle faculté de l'indéterminé tout simplement, en tant que condition de tout déterminé, a été mise en évidence au niveau de l'imagination par des conclusions ; mais elle ne peut pas du tout en tant que telle être élevée jusqu'à la conscience, parce qu'alors celle-ci devrait être réfléchie, donc déterminée par l'entendement, et donc ne resterait pas indéterminée et infinie.

Le Je vient d'être considéré dans l'autodétermination en tant que déterminant et déterminé à la fois. Si par le moyen de la détermination supérieure présente, on réfléchit sur le fait que le déterminant du tout simplement déterminé doit être un indéterminé tout simplement ; et sur le fait que le Je et le Non-Je sont tout simplement opposés, alors, quand le Je est considéré comme *déterminé*, l'indéterminé déterminant est le Non-Je ; et au contraire, lorsque le Je est considéré en tant que *déterminant*, il est lui-même l'indéterminé, et ce qui par là et déterminé est le Non-Je, et il en découle le conflit suivant :

Si le Je réfléchit sur lui-même, et se détermine par là, alors le Non-Je est infini et illimité. Si en revanche le Je réfléchit sur le Non-Je en général (sur l'univers) et le détermine par là, alors il est lui-même infini. Dans la représentation se trouve de ce fait le Je et le Non-Je en action alternante ; si l'un est fini, alors l'autre est infini, et inversement ; un des deux cependant est toujours infini [246]. – (C'est ici que se trouve la raison des *antinomies* établies par Kant.)

XI. Si l'on réfléchit dans une réflexion encore plus élevée sur le fait que le Je lui-même est tout simplement le déterminant, donc aussi ce qui détermine tout simplement la réflexion ci-dessus, dont dépend le conflit : alors le Non-Je est en tout cas de nouveau un Non-Je déterminé par le Je ; qu'il soit maintenant expressément déterminé pour la réflexion ou qu'il soit laissé indéterminé pour la détermination du Je par soi-même dans la réflexion ; et alors le Je se trouve, dans la mesure où il peut être fini ou infini, simplement avec soi-même en action alternante : en fait une action alternante, dans laquelle le Je est parfaitement réunifié avec soi-même, et qu'aucune philosophie théorique ne peut dépasser.

TROISIÈME PARTIE

Fondement de la science du pratique

§ 5. *Deuxième thèse*

Dans le principe qui était le résultat des trois principes fondamentaux de l'ensemble de la doctrine de la science : *le Je et le Non-Je se déterminent réciproquement,* se trouvaient les deux suivants : en tout premier lieu celui-ci : *le Je se pose en tant que déterminé par le Non-Je*, que nous avons discuté et dont nous avons indiqué quel factum doit dans notre esprit lui correspondre ; et ensuite le suivant : *le Je se pose comme déterminant le Non-Je.*

Nous ne pouvions pas savoir au début de la section précédente si nous pourrions jamais assurer au dernier principe une signification, puisque dans celui-ci la *déterminabilité*, donc la *réalité* du Non-Je, est présupposée, alors que nous ne pouvions montrer à ce moment aucune raison [247] de l'admettre. À présent, grâce à ce factum postulé, et utilisé comme présupposé, on postule à la fois la réalité d'un Non-Je – comprenons : *pour* le Je, – ainsi que la totalité de la doctrine de la science, en tant que science transcendantale qui ne peut ni ne doit dépasser le Je ; et les véritables difficultés qui nous empêchaient d'admettre ce deuxième principe sont levées. Si un Non-Je a de la réalité pour le Je, et – ce qui est la même chose – si le Je le pose comme réel, ce dont la possibilité aussi bien que la modalité ont désormais été démontrées : alors, si les autres déterminations du principe sont pensables, ce qu'à vrai dire nous ne pouvons pas encore savoir, le Je peut aussi se poser en tant que déterminant (restreignant, limitant) cette réalité posée.

En discussion du principe établi : le Je se pose en tant que déterminant le Non-Je, nous pourrions procéder exactement comme nous avons procédé dans la discussion du principe ci-dessus : le Je se pose en tant que déterminée par le Non-Je. Il se trouve dans le premier aussi bien que dans le deuxième plusieurs principes antagonistes ; nous pourrions les rechercher, les réunifier synthétiquement, et alors de nouveau réunifier synthétiquement les concepts générés par cette synthèse, si tant est qu'ils aient été opposés, etc., et nous serions sûrs d'épuiser totalement notre principe selon une méthode simple et fondamentale. Mais il y a une manière plus courte, et pas moins exhaustive, de le discuter.

Il se trouve en effet dans ce principe une antithèse principale qui embrasse toute la querelle entre le Je en tant qu'intelligence et dans cette mesure en temps que borné, et entre le même en tant que posé tout simplement, donc non borné ; et qui nous contraint à admettre comme moyen de réunification une faculté pratique du Je. Nous allons d'abord rechercher cette antithèse, et réunifier les membres de son opposition. Les autres antithèses (*Antithesen*) se trouveront ensuite toutes seules, et se feront d'autant plus facilement réunifier [248].

I

Nous[74] empruntons le chemin le plus court pour rechercher cette antithèse, chemin sur lequel, depuis un point de vue plus élevé, en même temps, le principe fondamental de toute doctrine de la science pratique, le : *le Je se pose en tant que déterminant le Non-Je,* s'est révélé admissible, et dès le début acquiert une validité supérieure à une validité simplement problématique.

Le Je en général est Je ; il est tout simplement un seul et même Je, en vertu de son être posé par soi-même (§ 1).

Or dans la mesure en particulier où le Je est *représentant* ou est une *intelligence*, il est *en tant que tel* à proprement parler aussi Un : une faculté de représentation sous des lois nécessaires : mais il n'est pas dans cette mesure un seul et même avec le Je absolu, posé tout simplement par soi-même.

Car le Je en tant qu'intelligence est certes, *dans la mesure où il l'est déjà,* et selon ses déterminations particulières, déterminé par soi-même à l'intérieur de cette sphère ; il n'est aussi dans cette mesure rien d'autre en lui que ce qu'il pose en soi, et dans notre théorie nous avons expressément contredit l'opinion que quoi que ce soit arrive dans le Je quand celui-ci se comporte de manière purement subissante. Mais *cette sphère elle-même*, considérée en général et en soi, est posée pour lui non pas par soi-même, mais par quelque chose en dehors de lui ; la *modalité* du représenter en général est toutefois par le Je ; mais *le fait que* en général le Je soit représentant n'est pas déterminé par le Je, mais par quelque chose en

[74] Synthèse quintuple : § 5, I, 1, 2, II [248-285]. Moi théorique centripète et moi pratique centrifuge.

dehors du Je, comme nous l'avons vu. Nous n'avons pu en effet penser la représentation possible d'une autre manière que par la présupposition que un heurt touche l'activité du Je s'en allant dans l'indéterminé et l'infini. De ce fait, le Je est, en tant qu'*intelligence en général, dépendant* d'un Non-Je indéterminé et jusqu'à présent tout à fait indéterminable ; et ce n'est que par et au moyen d'un Non-Je de ce genre qu'il est intelligence[75] [249].

Or le Je doit selon toutes ces déterminations tout simplement être posé par soi-même, et de ce fait être totalement indépendant d'un quelconque Non-Je possible.

Donc, le Je absolu, et le Je intelligent (s'il est permis de s'exprimer comme s'ils constituaient deux Je, alors qu'ils sont simplement un) ne sont pas une seule et même chose, mais ils sont opposés l'un à l'autre ; ce qui contredit l'identité absolue du Je.

Cette contradiction doit être levée, et il n'est possible de la lever que de la manière suivante : – l'intelligence du Je en général, qui cause la contradiction, ne peut pas être supprimée sans que le Je soit plongé derechef dans une nouvelle contradiction avec soi-même ; car si un Je est posé, et si un Non-Je lui est opposé, alors, selon l'ensemble de la doctrine de la science théorique, une faculté de représentation est posée avec toutes ses déterminations. De même, le Je, dans la mesure où il est déjà posé comme intelligence, est déterminé uniquement par soi-même, comme nous venons de le rappeler et comme nous l'avons montré dans la partie théorique. Mais la *dépendance* du Je, en tant qu'intelligence, doit être supprimée, et cela n'est pensable qu'à la condition *que le Je détermine par soi-même ce Non-Je jusqu'à présent inconnu*, auquel est rattaché le heurt par lequel le Je devient intelligence. De cette manière, le Non-Je à représenter serait *immédiatement* déterminé par le Je absolu, mais le Je représentant le serait *médiatement*, par le moyen de cette détermination ; le Je serait uniquement dépendant de soi-même, c'est-à-dire qu'il serait radicalement déterminé par soi-même [250] ; il serait ce en tant que quoi il se pose, et tout simplement rien de plus, et la contradiction serait levée de manière satisfai-

[75] Celui qui pressent dans cette déclaration un sens profond et des conséquences étendues est pour moi un lecteur fort bienvenu, et puisse-t-il continuer toujours à déduire tranquillement à partir d'elle selon sa propre manière. – Un être fini n'est fini qu'en tant qu'intelligence ; la législation pratique qui doit lui être commune avec l'infini ne peut dépendre de rien en dehors de lui.
Même ceux qui ont acquis la capacité de flairer dans les quelques lignes fondamentales d'un système radicalement nouveau, dont ils ne peuvent avoir une vue complète, si ce n'est quoi que ce soit de plus, en tout cas au moins l'athéisme, qu'ils se tiennent cependant à cette explication, et qu'ils voient ce qu'ils peuvent en faire.

sante. Et nous aurions ainsi au moins provisoirement prouvé la deuxième moitié du principe fondamental que nous avons établi, le principe : le Je détermine le Non-Je (à savoir que le Je est le déterminant, le Non-Je étant le devenant-déterminé).

Le Je, en tant qu'intelligence, était en rapport causal avec le Non-Je, auquel le heurt postulé doit être attribué ; il était production du Non-Je, en tant que sa cause. Car le rapport causal consiste en ce que, au moyen du bornage (*Beschränkung*) de l'activité dans l'Un (au moyen d'une quantité de subir en lui), une quantité d'activité égalant l'activité supprimée soit posée dans son opposé, selon la loi de la détermination alternante. Mais pour que le Je soit intelligence, il faut qu'une partie de son activité qui s'en va dans l'infini soit supprimée, laquelle ensuite, selon la loi citée, est posée dans le Non-Je. Et parce que le Je absolu n'est capable d'aucun subir, puisqu'il doit être activité absolue et rien si ce n'est activité ; alors il fallait, comme nous l'avons à l'instant démontré, admettre que même ce Non-Je postulé soit déterminé, donc subissant, et l'activité opposée à ce subir devait être posée dans ce qui lui est opposé, dans le Je, et non pas dans le Je intelligent, parce que celui-ci est lui-même déterminé par ce Non-Je, mais dans le Je absolu. Or le rapport causal est, comme on l'a admis, un rapport de ce genre. Le Je absolu doit de ce fait être cause du Non-Je, dans la mesure où celui-ci est la raison dernière de toute représentation, et est dans cette mesure son produit.

1. Le Je est tout simplement actif et seulement actif – c'est là la présupposition absolue. De celle-ci, on déduit en premier lieu un subir du Non-Je, dans la mesure où celui-ci est censé déterminer le Je en tant qu'intelligence ; l'activité opposée à ce subir est posée dans le Je absolu, en tant qu'activité déterminée, en tant que précisément cette activité, par laquelle le Non-Je est déterminé. Ainsi [251], une certaine activité déterminée du Je est déduite de l'activité absolue du Je.

2. Tout ce qui vient d'être rappelé sert en même temps à rendre encore plus lumineuse la modalité de conclusion présentée ci-dessus. La représentation en général (et non par exemple les déterminations particulières de celle-ci) est incontestablement un effet du Non-Je. Mais dans le Je, il ne peut tout simplement rien y avoir qui soit un effet ; car le Je est ce en tant que quoi il se pose, et il n'est rien en lui qu'il n'ait posé en lui. Donc, ce Non-Je doit lui-même être un effet du Je, et plus précisément du Je absolu : – et ainsi nous n'aurions aucune opération sur le Je depuis l'extérieur, mais seulement une action de celui-ci sur soi-même (qui à vrai dire emprunte un détour, dont les raisons ne sont jusqu'à présent pas encore connues, mais pourront peut-être être mises au jour à l'avenir).

Le Je absolu doit donc être cause du Non-Je en soi et pour soi, c'est-à-dire uniquement de ce qui dans le Non-Je reste quand on fait abstraction de toutes les formes démontrables de la représentation ; de ce à quoi est attribué le heurt touchant l'activité du Je qui s'en va à l'infini : car il est démontré dans la doctrine de la science théorique que le Je intelligent est cause des déterminations particulières du représenté en tant que tel, selon les lois nécessaires du représenter.

De la même manière, à savoir par un poser absolu, le Je ne peut pas être cause du Non-Je.

Le Je se pose soi-même tout simplement et sans aucune raison supplémentaire, et il doit se poser, pour que quoi que ce soit d'autre soit posé par lui : car ce qui n'est pas ne peut rien poser ; mais le Je est (pour le Je) tout simplement et uniquement par son propre poser de soi-même.

Le Je ne peut pas poser le Non-Je, sans se restreindre lui-même. Car le Non-Je est complètement opposé au Je ; ce qui est le Non-Je n'est pas le Je ; de ce fait, dans la mesure où le Non-Je est posé (où le prédicat de l'être-posé lui échoit) le Je n'est pas posé. Si par exemple le Non-Je était posé [252] sans aucune quantité en tant que non-borné et infini, le Je ne serait pas posé, sa réalité serait totalement anéantie, ce qui contredit ce qui précède. – Il devrait donc être posé en quantité déterminée, et de ce fait la réalité du Je serait restreinte de la quantité posée de réalité du Non-Je. – Les expressions *poser un Non-Je*, et : *restreindre le Je*, ont exactement la même valeur, comme on l'a démontré dans la doctrine de la science théorique.

Dans notre présupposition, le Je devait poser *tout simplement* et sans aucune raison un Non-Je, c'est-à-dire qu'il devait se restreindre lui-même tout simplement et sans aucune raison, et en partie ne pas se poser. Il devait donc avoir en soi la raison de ne pas se poser ; il devait y avoir en lui le principe de se poser, et le principe aussi de ne pas se poser. Le Je serait donc dans son essence opposé à soi-même et conflictuel (*widerstreitend*); il y aurait en lui un principe doublement opposé, hypothèse qui se contredit elle-même, car alors il n'y aurait en lui aucun principe. Le Je ne serait rien car il se supprimerait lui-même.

(Nous nous trouvons ici en un point d'où nous pouvons présenter plus distinctement que nous ne l'avons pu jusqu'à présent le vrai sens de notre deuxième principe fondamental : *un Non-Je est opposé au Je*, et par son moyen la vraie signification de l'ensemble de notre doctrine de la science.

Dans le deuxième principe fondamental, seuls quelques éléments sont absolus ; mais ces quelques éléments présupposent un factum, qui ne se laisse pas démontrer a priori, mais uniquement dans l'expérience propre à tout un chacun.

En dehors du poser du Je par soi-même, il doit y avoir encore un poser. Cela est *a priori* une simple hypothèse ; *le fait qu'*il y ait un poser de ce genre ne se laisse démontrer par rien d'autre que par un factum de la conscience, et chacun doit se le démontrer par ce factum ; personne ne peut le démontrer à l'autre par des raisons rationnelles. (On pourrait sans doute ramener n'importe quel factum reconnu, par des raisons rationnelles, à ce factum suprême ; mais une telle preuve ne ferait que convaincre [253] l'autre qu'il a en reconnaissant un quelconque factum aussi reconnu ce factum suprême.) Mais il est fondé absolument et tout simplement dans l'essence du Je que s'il y a un tel poser, ce poser doit être un *opposer*, et que le posé doit-être *un Non-Je*. – Comment le Je peut-il différencier de soi-même quoi que ce soit, pour cela il est impossible de dériver aucune raison supérieure de possibilité, mais cette différence se trouve au fondement de toute dérivation et de toute fondation. Le fait que chaque opposé, qui n'est pas un poser du Je, doit être un opposer, est tout simplement certain : le fait qu'il y a un tel poser, chacun ne peut le démontrer à son usage que par sa propre expérience. C'est pourquoi l'argumentation de la doctrine de la science vaut tout simplement a priori, elle établit seulement les principes qui sont a priori certains ; mais la réalité les reçoit tout d'abord dans l'expérience. Celui qui ne peut être conscient du factum postulé – on peut savoir avec certitude que cela ne sera le cas chez aucun être rationnel fini, – pour celui-ci, l'ensemble de la science n'aurait aucun contenu, elle serait pour lui vide ; mais cependant il devrait lui reconnaître l'exactitude formelle.

Et ainsi donc, la doctrine de la science est possible a priori, bien qu'elle se dirige vers des objets. L'objet n'est pas a priori, mais ne lui est donné que dans l'expérience ; la validité objective livre à chacun sa propre conscience de l'objet, laquelle conscience ne se laisse a priori que postuler, mais pas déduire. – Ce qui suit juste comme un exemple ! – Pour la divinité, c'est-à-dire pour une conscience dans laquelle, par le simple être-posé du Je, tout serait posé (simplement, pour nous, le concept d'une telle conscience est impensable), notre doctrine de la science n'aurait aucun contenu, parce que dans une telle conscience il n'apparaîtrait aucun poser, si ce n'est celui du Je ; mais elle aurait une exactitude formelle même pour Dieu, parce que la forme de celle-ci est la forme de la Raison pure elle-même) [254].

II

Nous avons vu que la causalité du Je sur le Non-Je qui est exigée, par laquelle la contradiction mise en évidence entre l'indépendance du Je en tant qu'essence absolue, et la dépendance du Je en tant qu'intelligence, devait être levée, contient elle-même une contradiction. Cependant, la première contradiction doit être levée, et elle ne peut être levée autrement que par la causalité exigée ; nous devons donc chercher à résoudre la contradiction située elle-même dans cette exigence, et nous passons maintenant à la deuxième tâche.

Pour ce faire, cherchons d'abord un peu plus profondément le vrai sens de cette contradiction.

Le Je *doit avoir de la causalité sur le Non-Je*, et produire celui-ci pour la possible représentation de lui, parce que rien ne peut advenir au Je que ce qu'il a posé lui-même en soi, que ce soit immédiatement ou médiatement, et parce qu'il doit tout simplement être tout ce qu'il est, par soi-même. – Donc l'exigence de causalité se fonde sur l'essencéité absolue du Je.

Le Je *ne peut pas avoir de causalité sur le Non-Je*, parce qu'autrement, le Non-Je cesserait alors d'être Non-Je (d'être opposé au Je), et deviendrait lui-même Je. Mais c'est le Je lui-même qui s'est opposé le Non-Je ; et cet être-opposé ne peut donc pas être supprimé, si quelque chose n'est pas supprimé que le Je a posé, et donc que le Je doit cesser d'être Je, ce qui contredit l'identité du Je. – Donc la contradiction contre la causalité exigée se fonde sur le fait qu'un Non-Je est tout simplement opposé au Je, et doit lui rester opposé.

Le conflit est donc entre le Je lui-même dans ces deux perspectives différentes de lui-même. Ce sont elles qui se contredisent ; entre elles, il faut trouver un intermédiaire. (En ce qui concerne un Je auquel rien ne serait opposé, comme l'idée impensable de la divinité, une contradiction de ce genre n'aurait pas lieu.) Dans la mesure où le Je est absolu [255], il est *infini* et *non borné*. Tout ce qui est, il le pose ; et ce qu'il ne pose pas, n'est pas (*pour* lui ; et *en dehors* de lui il n'y a rien). Mais tout ce qu'il pose il le pose en tant que Je ; et le Je le pose en tant que tout ce qu'il pose. Donc, de ce point de vue, le Je embrasse en lui toute la réalité, c'est-à-dire une réalité infinie, non bornée.

Dans la mesure où le Je s'oppose un Non-Je, il pose nécessairement des *bornes* (§ 3), et se pose lui-même dans ses bornes. Il divise la totalité de l'être posé en général entre le Je et le Non-Je ; et dans cette mesure il se pose donc nécessairement comme *fini*.

Ces deux actions très différentes peuvent être exprimées par les propositions suivantes ; la première : le Je se pose tout simplement en tant qu'*infini* et *non borné*. La deuxième : le Je se pose tout simplement comme *fini* et *borné*. Il y aurait de ce fait une contradiction supérieure dans l'essence du Je lui-même, dans la mesure où il s'annonce par sa première et par sa deuxième action, dont découle la contradiction présente. Si la première est résolue, alors celle-ci aussi sera résolue car elle se fonde sur la première.

Toutes les contradictions sont réunifiées par une détermination plus précise des propositions contradictoires ; et il en va aussi de celle-ci. Le Je devrait être posé dans un sens comme *infini*, et dans un autre sens comme *fini*. S'il était dans un seul et même sens posé en tant qu'infini et en tant que fini, la contradiction serait insoluble, le Je ne serait pas Un, mais Deux ; et il ne nous resterait aucune échappatoire si ce n'est celle de Spinoza, placer l'infini en dehors de nous ; mais ce faisant, la question de savoir comment au moins son *idée* est venue en nous resterait toujours sans réponse (Spinoza lui-même ne pouvait pas se poser la question en raison de son dogmatisme).

À présent, dans quel sens le Je est-il posé comme infini, et dans quel sens est-il posé comme fini ?

L'un comme l'autre lui sont tout simplement conférés ; la simple action de son poser est la raison de son infinité aussi bien que de sa finité. Du seul fait [256] qu'il pose quelque chose, il se pose dans un cas comme dans l'autre dans ce quelque chose, il s'attribue à lui-même ce quelque chose. Nous devons donc seulement trouver dans la simple action de ce poser différent une différence, et la tâche sera résolue.

Dans la mesure où le Je se pose en tant qu'infini, son activité (de poser) se dirige vers le Je lui-même et vers rien d'autre que le Je. Toute son activité se dirige vers le Je, et cette activité est la raison et le périmètre de tout être. Infini est donc le Je dans la mesure où son activité retourne en elle-même, et dans cette mesure, son activité est aussi infinie, parce que le produit de celle-ci, le Je, est infini. (Produit infini, activité infinie ; activité infinie, produit infini ; ceci est un cercle qui toutefois n'est pas vicieux parce qu'il est celui duquel la Raison ne peut pas sortir, puisqu'il exprime ce qui est tout simplement certain par soi-même, et au nom de lui-même. Produit, et activité, et actif sont ici une seule et même chose (§ 1), et c'est simplement pour pouvoir nous exprimer que nous les distinguons.) L'*activité pure* du Je seul et le *Je pur seul* sont infinis. Mais l'activité pure est ce qui n'a aucun objet, mais retourne en soi-même.

Dans la mesure où le Je a des bornes, et, selon ce qui a été dit plus haut, se pose dans ces bornes, son activité (de poser) se dirige de ce fait immédiatement non vers soi-même, mais vers un Non-Je à opposer (§§ 2,3). Elle n'est donc plus pure, mais *objective* (elle se pose un objet. Le terme d'objet désigne excellemment ce qu'il doit désigner. Tout objet d'une activité, dans la mesure où il l'est, est nécessairement quelque chose d'opposé à l'activité, se tenant *contre* elle. S'il n'existe aucune résistance, alors en général il n'existe aussi aucun objet de l'activité et aucune activité objective, mais, s'il doit y avoir activité, c'est une activité pure, retournant en soi. Dans le simple concept de l'activité objective se trouve déjà le fait qu'il lui est opposée une résistance, et qu'elle est donc bornée) [257]. Donc le Je est fini dans la mesure où son activité est *objective*.

Cette activité, sous les deux rapports en question : aussi bien dans la mesure où elle retourne vers l'actif lui-même, que dans la mesure où elle doit se diriger vers un objet en dehors de l'actif, doit être une seule et même activité, l'activité d'un seul et même sujet, qui des deux points de vue se pose lui-même comme un seul et même sujet. Il doit donc y avoir un lien de réunification entre les deux modalités de l'activité, le long duquel la conscience est conduite de l'une vers l'autre ; et ce lien serait précisément le rapport de causalité exigé ; c'est-à-dire que l'activité du Je qui retourne en soi se comporte par rapport à l'activité objective comme la cause vis-à-vis de son effet, que le Je par la première se détermine lui-même à la dernière ; que de ce fait la première se dirige immédiatement vers le Je lui-même, mais va *médiatement* vers le Non-Je – grâce à la détermination du Je lui-même ainsi produite, comme d'un Je déterminant le Non-Je ; et par là la causalité exigée est réalisée.

Il est donc d'abord exigé que l'action du Je, par laquelle il se pose lui-même (et qui a été établie dans le premier principe fondamental), se comporte par rapport à celle par le moyen de laquelle il pose un Non-Je (qui a été établie dans le deuxième principe fondamental), comme la cause envers son effet. Or en général un tel rapport n'a pas pu être mis en évidence, il a plutôt été trouvé complètement contradictoire ; car alors le Je devrait par l'opposé de soi-même en même temps poser le Non-Je, ce qui se supprime soi-même. – Il a été expressément affirmé que le Je oppose à soi-même, tout simplement et sans aucune raison, quelque chose ; et ce n'est que par suite de l'inconditionnalité de cette action que le principe qui établit celle-ci pouvait s'appeler un principe fondamental. Mais il a été remarqué en même temps qu'au moins quelque chose dans cette action est conditionné, le produit de celle-ci ; que le produit de l'action de l'opposer devait être nécessairement un Non-Je [258], et ne pouvait rien être d'autre. Nous allons maintenant pénétrer plus profondément dans le sens de cette remarque.

Le Je pose *tout simplement* un objet (un Non-Je contre-posé, opposé.) Il est donc dans le simple poser de celui-ci dépendant uniquement de soi, et de rien en dehors de soi. Si maintenant en général un *objet*, et par le moyen de celui-ci le Je, n'est posé qu'en général *limité*, alors s'est produit ce qui était demandé ; il ne faut pas penser ici à une limite *déterminée*. Or le Je est tout simplement limité : mais où passe sa limite ? À l'intérieur du point C ou à l'extérieur de celui-ci ? Par quoi un tel point pourrait-il être déterminé ? Il reste simplement dépendant de la spontanéité du Je, qui est posée par ce « tout simplement ». Le point-limite se trouve là où dans l'infinité le Je le pose. Le Je est fini, parce qu'il doit être limité ; mais il est dans cette finité infini, parce que la limite peut toujours être posée plus loin dans l'infini. Il est selon sa finité infini, et selon son infinité fini. – Il n'est donc pas borné par ce poser absolu d'un objet, si ce n'est dans la mesure où il se borne soi-même tout simplement et sans aucune raison ; et comme un telle restriction absolue contredit l'essence infinie absolue du Je, elle est elle-même impossible, et tout l'opposer d'un Non-Je est impossible.

Mais en outre – il pose un objet, où que ce soit dans l'infinité, et il pose par là une activité qui se trouve en dehors de lui et qui n'est pas dépendante de son activité (de poser), mais lui est plutôt opposée. Dans un certain sens (nous n'examinons pas lequel), cette activité opposée doit en fait *se trouver dans le Je* dans la mesure où elle est supposée en lui ; mais elle doit aussi *se trouver dans l'objet* dans un autre sens (nous n'examinons pas non plus lequel). Cette activité, dans la mesure où elle réside dans l'objet, doit être opposée à une quelconque activité (= X) du Je ; pas à celle par quoi elle est posée dans le Je, car elle est égale à celle-là ; donc *à n'importe quelle autre* [259]. Il faut donc qu'apparaisse, dans la mesure où un objet doit être posé, et en tant que condition *de la possibilité d'un tel poser,* encore une activité (= X) dans le Je, différente de l'activité du poser. Quelle est cette activité ?

Tout d'abord c'est une activité qui *n'est pas supprimée par l'objet ;* car elle doit être opposée à l'activité de l'objet ; tous deux doivent donc, en tant que posés, exister l'un à côté de l'autre : donc une activité dont l'être est indépendant de l'objet, de même qu'inversement, l'objet est indépendant d'elle. – Une activité de ce genre doit en outre être fondée dans le Je tout simplement, parce qu'elle est indépendante du poser de tout objet, et que ce dernier au contraire est indépendant d'elle ; elle est donc posée par l'action absolue du Je, par laquelle celui-ci se pose lui-même. – Enfin, d'après ce qui a été dit plus haut, l'objet doit pouvoir être posé au-delà dans l'infinité ; cette activité du Je qui résiste à l'objet doit donc elle-même aller dans l'infinité par-delà tout objet possible, et être elle même infinie. – Mais il faut qu'un objet soit posé, aussi certainement que le deuxième principe fondamental est valide. – X est donc l'activité infinie posée en soi-même par le Je ; et cette activité se comporte envers l'activité objective du Je comme le fondement de la possibilité se comporte envers le fondé. L'objet est posé seulement dans la mesure où il y a résistance à une activité du Je ; pas d'activité du Je de ce genre, pas d'objet. – Elle se comporte comme le déterminant par rapport au déterminé. *Ce n'est que dans la mesure où* il y a résistance à cette activité qu'un objet peut être posé ; et dans la mesure où il n'y a pas résistance à elle, il n'y a pas d'objet.

Nous allons maintenant considérer cette activité du point de vue de sa relation à l'activité de l'objet. – Considérées en soi, toutes les deux sont totalement indépendantes l'une de l'autre, et totalement opposées ; il n'y a pas du tout de relation entre elles. Mais s'il est exigé qu'un objet soit posé, il faut qu'elles soient reliées l'une à l'autre par le Je qui pose l'objet [260]. De cette relation dépend le poser d'un objet en général ; dans la mesure où un objet est posé, elles sont reliées, et dans la mesure où elles ne sont pas reliées, aucun objet n'est posé. – En outre, puisque l'objet est posé absolument, tout simplement et sans aucune raison (pour l'action de poser seulement en tant que telle), la relation advient elle aussi tout simplement et sans aucune raison ; et c'est seulement maintenant qu'est pleinement expliqué dans quelle mesure le poser d'un Non-Je est absolu : il est absolu dans la mesure où il se fonde sur cette relation seulement dépendante du Je. Ils sont tout simplement reliés, signifie qu'il sont posés tout simplements égaux. Mais comme, aussi certainement qu'un objet doit être posé, ils ne sont pas égaux, on peut simplement dire que leur égalité est tout simplement exigée : ils doivent tout simplement être égaux. – Mais comme réellement ils ne sont pas égaux, la question se pose toujours de savoir lequel des deux doit se diriger selon l'autre, et dans lequel il faut admettre la raison de l'égalité. – La réponse que l'on doit donner à cette question est immédiatement évidente. De même que le Je est posé, toute réalité est posée ; tout doit être posé dans le Je ; le Je doit tout simplement être indépendant, et tout doit être dépendant de lui. Est donc exigée la concordance de l'objet et du Je ; et c'est le Je absolu, justement en raison de son être absolu, qui l'exige[76] [261].

---

[76] Impératif catégorique de Kant. S'il est un lieu où il doit être bien clair que Kant n'a fait que déposer silencieusement le fondement de son procédé critique, les prémisses justement que la doctrine de la science établit, c'est ici. Comment aurait-il pu jamais en venir à un impératif catégorique comme postulat absolu de la concordance avec le Je pur, sans partir de la présupposition d'un être absolu du Je, par lequel tout est posé, et, dans la mesure où il n'*est* pas, au moins *devrait* être. – Les nombreux successeurs de

(Admettons que l'activité Y est donnée (dans ce qui sera plus tard posé en tant qu'objet) (on n'examine pas *comment* ni *à quelle faculté* du sujet). Une activité du Je est *reliée* à elle ; du même coup, une activité est pensée en dehors du Je (= –Y), qui est identique à la première activité du Je. Où se trouve dans cette affaire la raison de relation ? Manifestement dans l'exigence que toute activité soit égale à celle du Je, et cette exigence est fondée dans l'être absolu du Je. – Y se trouve dans un *monde*, dans lequel toute activité serait *réellement* égale à celle du Je, et est un idéal. Maintenant, Y ne concorde pas avec –Y, mais lui est *opposé*. C'est pourquoi il est attribué à un *objet* ; et sans cette relation et l'exigence absolue qui la fonde, il n'y aurait aucun objet pour le Je, mais celui-ci serait tout dans tout, et pour cette raison même, comme nous le verrons plus bas, rien.)

Donc, le Je absolu se relie lui-même tout simplement à un Non-Je (ce –Y) qui, semble-t-il, doit, certes dans sa forme (dans la mesure où il est en général quelque chose en dehors du Je), mais pas dans son contenu, être Non-Je ; car il doit parfaitement concorder avec le Je. Mais il ne peut pas concorder avec lui, dans la mesure où il doit aussi n'être que par sa forme Non-Je ; donc, l'activité du Je qui est reliée à lui n'est pas un déterminer (en une identité réelle), mais est seulement une *tendance (Tendenz)*, une *aspiration (Streben)* à la détermination qui toutefois est complètement justifiée ; car elle est posée par le poser absolu du Je.

Le résultat de l'investigation que nous avons menée est donc le suivant : l'activité du Je pure, qui revient en soi-même, est, *en relation avec un objet possible*, une aspiration ; et plus précisément, comme le montre la preuve présentée plus haut, *une aspiration infinie*. Cette aspiration infinie est, au-delà, dans l'infini [262], *la condition de la possibilité de tout objet :* pas d'aspiration, pas d'objet.

Nous voyons maintenant dans quelle mesure, grâce à ces résultats démontrés à partir d'autres principes fondamentaux, la tâche que nous avons entreprise a trouvé satisfaction, et dans quelle mesure la contradiction que nous avons mise en évidence est résolue. – Le Je, qui, considéré en général en tant qu'intelligence, est dépendant d'un Non-Je, et n'est

---

Kant semblent, dans ce qu'ils disent sur l'impératif catégorique, uniquement répéter ce grand homme, et ne pas être encore au clair sur la raison de la validité d'un postulat absolu. Ce n'est que parce que et dans la mesure où le Je lui-même est absolu qu'il a le droit de postuler absolument ; et ce droit ne s'étend pas plus loin qu'à un postulat de cet être absolu qui est le sien, d'où à vrai dire beaucoup d'autres choses pourraient être *déduites*. Une philosophie qui à chaque extrémité où elle ne peut plus avancer en appelle à un fait de la conscience, est encore moins fondamentale que la philosophie populaire avec sa mauvaise réputation.

intelligence que dans la mesure où un Non-Je est, doit seulement dépendre du Je ; et pour trouver cela possible, nous avons dû admettre de nouveau une causalité du Je gouvernant la détermination du Non-Je, dans la mesure où ce dernier doit être objet du Je intelligent. Au premier regard, et en prenant le terme dans toute son extension, une telle causalité se supprimait elle-même ; si elle était présupposée, soit le Je n'était pas posé, soit le Non-Je n'était pas posé, et donc aucun rapport de causalité ne pouvait exister entre eux ; nous avons cherché à concilier ce conflit en distinguant deux activités du Je opposées, l'activité pure et l'activité objective ; et en présupposant que, peut-être, la première se comportait immédiatement par rapport à la deuxième comme la cause à l'effet ; que la deuxième se comportait immédiatement par rapport à l'objet comme la cause à l'effet, et que de ce fait l'activité pure du Je avait au moins *médiatement* (par le membre intermédiaire de l'activité objective) un rapport de causalité avec l'objet. Dans quelle mesure cette présupposition a-t-elle été confirmée, et dans quelle mesure n'a-t-elle pas été confirmée ?

D'abord, dans quelle mesure l'activité pure du Je s'est-elle révélée la cause de l'activité objective ? En premier lieu, dans la mesure où aucun objet ne peut être posé si une activité du Je n'est pas présente à laquelle celle de l'objet soit opposée, et où cette activité doit nécessairement, avant tout objet, tout simplement et seulement, être par le sujet lui-même dans le sujet, donc être l'activité pure de celui-ci, alors dans cette mesure, l'activité pure du Je est, en tant que telle, *condition de toute activité posant un objet.* Mais dans la mesure où cette activité pure ne se relie originellement à aucun objet [263], et est tout à fait indépendante de celui-ci, de même que lui l'est d'elle, elle doit être, grâce à une action également absolue du Je, reliée à celle de l'objet (qui dans cette mesure n'est pas encore posé comme objet)[77], et comparée avec elle. Maintenant, bien que cette action, *en tant qu'*action, selon sa forme (à savoir qu'elle se produit) soit *absolument* (sur son être absolu se fonde la spontanéité absolue de la réflexion dans le domaine théorique, comme celle de la volonté dans le domaine

[77] L'affirmation que l'activité pure *en soi,* et *en tant que telle*, se relie à un objet, et qu'il n'est pour ce faire besoin d'aucune activité absolue particulière de liaison, serait le principe fondamental transcendantal *du fatalisme intelligible ;* du plus conséquent système sur la liberté, qui ait été possible avant la fondation d'une doctrine de la science : et en considération d'êtres finis, on serait justifié à conclure de ce principe fondamental qu'aucune activité pure ne pourrait être posée dans la mesure où aucune activité extérieure n'est posée, et que l'être fini est posé de façon finie, entendons non par soi-même, mais par quelque chose hors de lui. Pour la divinité, c'est-à-dire un être par l'activité pure duquel serait aussi posée immédiatement son activité objective, le système du fatalisme intelligible serait valide, si tant est qu'un tel concept ne soit en général pour nous disproportionné.

pratique, comme nous le verrons en son temps), elle est pourtant selon son contenu (à savoir qu'elle est un relier, et exige identité et subordination de ce qui, après, est posé), par l'être-posé absolu du Je, comme ensemble de toute réalité, derechef conditionnée : et l'activité pure est de ce point de vue condition du relier, sans laquelle aucun poser de l'objet n'est possible. – Dans la mesure où l'activité pure est reliée, par l'action indiquée à l'instant, à un objet (possible), elle est, comme nous l'avons dit, une aspiration. Le fait qu'en général l'activité pure est posée en relation avec un objet, ne trouve pas sa raison dans l'activité pure en soi ; mais le fait que, si elle doit être posée, elle soit posée en tant qu'une *aspiration*, trouve sa raison en elle.

(Cette exigence, que tout doit concorder avec le Je, que toute réalité doit être posée par le Je tout simplement, est l'exigence de ce que l'on appelle Raison pratique, et à juste titre [264]. Une telle faculté pratique de la Raison était jusqu'à présent postulée, mais n'avait pas été prouvée. L'exigence que l'on faisait de temps en temps à la philosophie de démontrer *que* la Raison était pratique était donc tout à fait justifiée. – Or une telle preuve doit être menée de façon satisfaisante pour la raison théorique elle-même, et celle-ci ne doit pas être rejetée par un simple décret. Cela n'est pas autrement possible qu'en montrant que la Raison ne peut elle-même pas être théorique, si elle n'est pas pratique : aucune intelligence en l'homme n'est possible s'il n'y a pas en lui une faculté pratique ; la possibilité de toute représentation se fonde sur ce dernier point. Et c'est ce qui se produit quand il a été démontré que sans une aspiration en général, aucun objet n'est possible.)

Nous devons encore résoudre une difficulté qui menace de renverser toute notre théorie. En effet, la relation exigée de la tendance de l'activité pure avec celle de l'objet ultérieur (que cette relation advienne soit immédiatement, soit par le moyen d'un idéal esquissé selon l'idée de cette activité pure), n'est pas possible si déjà d'une manière quelconque l'activité de l'objet n'est pas donnée au Je qui relie. Si nous la laissons lui être donnée de la même manière par relation avec une tendance de l'activité pure du Je, notre explication tourne en rond, et nous n'obtenons tout simplement aucune raison première de la relation en général. Un telle raison première doit être mise en évidence, et, on le comprend, uniquement dans une idée, parce qu'elle doit être une raison première.

Le Je absolu est tout simplement identique à soi-même : tout en lui est un seul et même Je, et appartient (s'il est permis de s'exprimer de façon aussi inappropriée) à un seul et même Je ; il n'y a rien là à distinguer, aucun divers ; le Je est tout, et rien, parce qu'il n'est rien *pour soi*, parce qu'il ne peut distinguer en soi-même rien de posant et rien de posé. – Il *aspire* (ce qui également n'est dit que de façon inappropriée en considération d'une relation à venir), en vertu de son essence, à s'affirmer dans cet état [265]. – Il apparaît en lui une non identité, et de ce fait quelque chose d'étranger. (Le fait que cela se produise ne peut a priori pas être prouvé, mais chacun peut se le démontrer dans sa propre expérience. En outre, nous ne pouvons jusqu'à présent rien dire de plus de cet étranger, si ce n'est qu'il n'est pas dérivable de l'essence intérieure du Je, car dans ce cas il ne serait en général rien qui doive être différencié.)

Cet étranger est nécessairement en conflit avec l'aspiration du Je à être tout simplement identique ; et si nous imaginons un quelconque être intelligent en dehors du Je, qui observerait celui-ci dans chacun de ces deux états différents, alors *pour lui-même* le Je serait restreint, sa force paraîtrait refoulée (*zurückgedrängt*), comme nous l'admettons par exemple dans le monde des corps.

Et ce n'est pas un être en dehors du Je, mais le Je lui-même qui doit être l'intelligence, qui pose cette restriction ; nous devons donc encore avancer de quelques pas pour résoudre la difficulté mise en évidence. – Si le Je est identique à lui-même, et s'il aspire nécessairement à l'identité parfaite avec soi-même, il doit répéter sur-le-champ cette aspiration qui n'a *pas* été interrompue par soi-même ; et ainsi, une comparaison entre l'état de sa restriction et le rétablissement d'une aspiration inhibée, donc une simple relation de lui-même à lui-même, sans aucune intervention de l'objet, serait possible, si l'on pouvait mettre en évidence une raison de relation entre les deux états.

Posez que l'activité aspirante du Je va de A à C sans heurt, alors il n'y a jusqu'à C rien à distinguer, car le Je et le Non-Je ne peuvent être distingués, et il ne se passe rien du tout jusque-là, dont le Je puisse devenir conscient. En C, cette activité contenant la première raison de toute conscience, et ne parvenant jamais à la conscience, est inhibée. Mais grâce à sa propre essence intérieure, elle peut devenir non inhibée ; elle va de ce fait au-delà de C [266], mais en tant qu'activité qui a été inhibée de l'extérieur, et ne se maintient que par sa propre force intérieure ; et ainsi jusqu'au point où aucune résistance n'est plus, par exemple jusqu'à D. [a) Au-delà de D elle ne peut pas davantage être un objet de la conscience que de A à C et pour la même raison. b) Nous ne disons pas ici que le Je lui-même pose son activité comme une activité inhibée et se maintenant seulement par elle-même ; mais uniquement qu'une intelligence quelconque en dehors du Je pourrait la poser comme une activité de ce genre.]

Nous en restons à l'augmentation de la netteté au sein de la présupposition que nous venons de faire. – Une intelligence, qui devrait poser ce qui est exigé exactement et conformément à la chose (et nous sommes précisément cette intelligence dans notre réflexion scientifique actuelle) devrait poser cette activité nécessairement comme celle d'un Je, d'un être se posant lui-même, auquel seul est attribué ce qu'il pose en lui. Donc le Je devrait lui-même poser en soi-même aussi bien l'inhibition de son activité que le rétablissement de celle-ci, aussi certain qu'il y a une activité d'un Je qui est inhibée et rétablie. Mais *elle ne peut être posée que comme rétablie, dans la mesure où elle est posée en temps qu'inhibée ; et uniquement en tant qu'inhibée dans la mesure où elle est posée en tant que rétablie ;* car les deux choses sont d'après ce que nous avons dit plus haut dans une détermination alternante. Donc, les états qu'il faut réunir sont déjà en soi et pour soi synthétiquement réunis ; autrement que réunis, ils ne peuvent pas être posés. Le fait qu'en général ils soient posés réside dans le simple concept de Je, et est en même temps postulé avec lui. Et ainsi, ce serait de ce fait uniquement l'activité inhibée qui doit toutefois être posée et ensuite rétablie, qui devrait être posée dans le Je et par le Je.

Tout poser du Je partirait de ce fait du poser d'un état purement subjectif ; toute synthèse, d'une synthèse en soi nécessaire d'un opposé dans le simple sujet. Ce subjectif seul et unique se révélera plus bas comme le *sentiment* [267].

Maintenant, une activité de l'objet est posée comme raison de ce sentiment ; cette activité est de ce fait à vrai dire, comme il a été exigé ci-dessus, donnée au sujet reliant par le sentiment, et maintenant la relation demandée à une activité du je pur est possible.

Ceci concernait la résolution de la difficulté mise en évidence. Maintenant, nous revenons au point d'où nous sommes partis. Pas d'inspiration infinie du Je, pas d'objet fini dans le Je : c'était le résultat de notre investigation, et il semble par là que la contradiction entre le Je fini, conditionné, en tant qu'intelligence, et entre le Je infini et inconditionné soit levée. Mais si nous considérons la chose de plus près, nous verrons que la contradiction entre le Je intelligent et le Je non intelligent est certes éloignée, du point que nous avons rencontré, mais qu'en général elle n'est que poussée plus loin, et met des principes fondamentaux supérieurs en conflit.

Nous avions en effet à résoudre la contradiction entre une activité infinie et une activité finie d'un seul et même Je. Et nous l'avons résolue de telle manière que l'activité *infinie* tout simplement était non pas objective, mais seulement *retournant* vers soi-même, et que l'activité *finie* était elle *objective.* Mais à présent, l'activité infinie elle-même, en tant qu'une *aspiration*, est liée à l'objet, elle est donc dans cette mesure elle-même activité objective ; et comme celle-ci doit pourtant rester infinie, mais qu'aussi la première activité finie objective doit persister à côté d'elle, nous avons une activité infinie et une activité objective finie d'un seul et même Je ; hypothèse qui derechef se contredit elle-même. Cette contradiction ne peut être résolue qu'en montrant que l'activité infinie du Je est objective dans un autre sens que son activité finie.

La présupposition qui se présente à chacun au premier regard est sans doute celle-ci, à savoir que l'activité objective finie du Je se dirige vers un objet *réel*, alors que son aspiration infinie se dirige vers un objet seulement *imaginé*. Cette présupposition [268] se confirmera. Mais comme de ce fait la question trouve sa réponse dans un cercle, et qu'une distinction a déjà été présupposée, qui n'est possible que par la distinction de ces deux activités, alors nous devons pénétrer un peu plus profondément dans l'investigation de cette difficulté.

Tout objet est nécessairement déterminé, aussi certainement qu'il doit être un objet ; car dans la mesure où il en est un, il détermine lui-même le Je, et son déterminer de celui-ci est lui-même déterminé (a sa limite). Toute activité objective est de ce fait, aussi certaine qu'elle est cela, déterminante, et dans cette mesure aussi déterminée ; donc aussi finie. Donc, même cette aspiration infinie ne peut que dans un certain sens être infinie, et dans un autre certain sens elle doit être finie.

À présent, il lui est *opposé* une activité finie objective ; celle-ci doit donc être finie dans le sens où l'aspiration est infinie, et l'aspiration est infinie dans la mesure où cette activité objective est finie. L'aspiration a sans doute une fin ; seulement elle n'a pas la fin qu'a l'activité objective. La question se pose de savoir quelle est cette fin.

L'activité objective finie présuppose en vue de son déterminer déjà une activité opposée à l'activité infinie du Je, qui par la suite est déterminée comme objet. Elle est, certes pas dans la mesure où elle agit en général, car dans cette mesure elle est d'après ce qui précède absolue, mais dans la mesure où elle pose la limite *déterminée* de l'objet (que celui-ci résiste au Je précisément dans cette mesure, et pas plus ou moins), dépendante, bornée et finie. La raison de son déterminer, et donc aussi de son être-déterminé, réside hors d'elle. Un objet déterminé par cette activité bornée dans cette mesure est un objet réel.

De ce point de vue, l'aspiration n'est pas finie ; elle dépasse la détermination de limite prédessinée par l'objet, et elle doit selon ce qui a été dit plus haut la dépasser, pour qu'une telle détermination de limite existe. Elle ne détermine pas le monde réel, dépendant d'une activité du Non-Je, qui est en efficience alternante avec l'activité du Je [269], mais un monde tel qu'il serait si toute réalité était posée par le Je tout simplement ; donc un monde idéal, seulement posé par le Je, et tout simplement par aucun Non-Je.

Mais dans quelle mesure l'aspiration est-elle aussi finie ? Dans la mesure où en général elle se dirige vers un objet, et doit poser des limites à cet objet, aussi certainement qu'il doit en être un. Ce n'est pas l'action de déterminer en général, mais la limite de la détermination qui dépendait pour cet objet réel du Non-Je : pour l'objet idéal toutefois, l'action de déterminer aussi bien que la limite dépendent seulement du Je ; celui-ci ne se soumet à aucune autre condition si ce n'est celle de poser en général des limites qu'il peut élargir dans l'infinité, parce que cet élargissement ne dépend que de lui.

L'idéal est un produit absolu du Je ; il peut être élevé jusqu'à l'infini ; mais il a à chaque moment déterminé sa limite, qui n'est pas du tout obligée d'être la même dans le moment déterminé suivant. L'aspiration indéterminée en général (qui ne devrait pas s'appeler à vrai dire aspiration, dans la mesure où elle n'a pas objet, mais pour laquelle toutefois nous n'avons aucune dénomination et ne pouvons en avoir) qui réside en dehors de toute déterminabilité – est infinie ; mais en tant que telle elle ne parvient pas à la conscience, ni ne peut y parvenir, parce que la conscience n'est possible que par réflexion, et la réflexion que par la détermination. Or dès qu' il y a réflexion sur elle, elle devient nécessairement finie. Dès que l'esprit s'aperçoit qu'elle est finie, il l'étend de nouveau ; mais dès qu'il se pose la question : est-elle à présent infinie ? elle devient par cette question précisément finie ; etc. à l'infini.

Donc la composition d'*infini* et d'*objectif* est en elle-même une contradiction. Ce qui se dirige vers un objet est fini ; et ce qui est fini se dirige vers un objet. La contradiction ne devrait pas être levée autrement qu'en disant que l'objet en général est absent ; mais il n'est pas absent, sauf dans une infinité achevée. Le Je peut étendre l'objet de son aspiration jusqu'à l'infinité [270] ; maintenant, si dans un moment déterminé il est étendu jusqu'à l'infinité, ce ne sera plus un objet, et l'idée de l'infinité serait réalisée, or cela est soi-même une contradiction.

Pourtant, nous avons l'idée d'un infini de ce genre à achever, et elle est contenue au plus intime de notre essence. Nous devons, au nom de l'exigence que celle-ci nous pose, résoudre la contradiction ; bien que nous ne puissions pas penser sa solution comme possible, et que nous prévoyions que nous ne pourrons pas la penser possible dans tous les moments de notre existence allongée dans toutes les éternités. Et cela est justement la marque de notre détermination pour l'éternité.

Et ainsi, à présent, l'essence du Je est déterminée, pour autant qu'elle peut être déterminée, et les contradictions qui résident en elles sont résolues, pour autant qu'elle puissent être résolues. Le Je est infini, mais seulement selon son aspiration ; il aspire infiniment à être. Mais dans le concept de l'aspiration elle-même, réside déjà l'infinité, car ce à quoi il ne peut être résisté n'est pas une aspiration. Si le Je était plus qu'aspirant, il aurait une causalité infinie, et ce ne serait pas un Je, il ne se poserait pas lui-même, et serait de ce fait rien. S'il n'avait pas cette aspiration infinie, il ne pourrait pas à nouveau se poser soi-même, car il ne pourrait rien s'opposer ; il ne serait donc pas un Je et ne serait donc rien.

Nous allons maintenant démontrer ce que nous avons jusqu'à présent déduit d'une autre manière, pour pouvoir clarifier au maximum le concept, extrêmement important pour la partie pratique de la doctrine de la science, de l'aspiration.

Il y a, selon la discussion qui précède, une aspiration du Je, qui n'est aspiration que pour autant qu'il lui est résisté, et qu'elle ne peut avoir aucune causalité ; donc une aspiration, qui, pour autant qu'elle est cela, est aussi codéterminée par un Non-Je.

Dans la mesure où elle ne peut avoir aucune causalité, disais-je : donc une telle causalité est exigée. Le fait qu'une telle exigence de causalité absolue dans le Je doive être originellement présente a été démontré à partir de la contradiction, insoluble sans elle, entre le Je en tant qu'intelligence et le Je en tant qu'essence absolue [271]. La preuve apagogique est ainsi amenée ; il a été montré que l'on doit abandonner l'identité du Je, si l'on ne veut pas accepter l'exigence d'une causalité absolue.

Cette exigence doit aussi pouvoir être prouvée directement et génétiquement (*genetisch*) ; elle ne doit pas se rendre crédible par appel à des principes supérieurs, qui pourraient être contredits sans elle, mais elle doit bien plutôt se laisser déduire de ces principes supérieurs, si bien que l'on comprenne comment une telle exigence se produit dans l'esprit humain. – Il faut pouvoir montrer en général non seulement une aspiration vers une causalité déterminée (par un Non-Je déterminé), mais une aspiration à la causalité en général, laquelle fonde la première aspiration. – Une activité dépassant l'objet devient une aspiration du fait précisément qu'elle dépasse l'objet, et n'est donc présente qu'à la condition qu'il y ait déjà un objet. Il faut pouvoir mettre en évidence une raison de l'issue du Je hors de soi-même, par laquelle seulement un objet devient possible. Cette issue précédant toute activité résistante, et fondant sa possibilité en ce qui concerne le Je, doit seulement et uniquement être fondée dans le

Je ; c'est par elle-même seulement que nous obtenons le vrai point de réunion entre le Je absolu, le Je pratique et le Je intelligent.

Nous allons nous expliquer encore plus nettement sur le véritable point en question : il est tout à fait clair que le Je, dans la mesure où il se pose soi-même tout simplement, dans la mesure où il est comme il se pose, et où il se pose comme il est, doit être tout simplement identique à soi-même, et que dans cette mesure rien de différent ne peut apparaître en lui ; et il en résulte à vrai dire aussitôt que si quelque chose de différent devait apparaître en lui, cela devrait être posé par un Non-Je. Mais si le Non-Je en général doit poser quelque chose dans le Je, alors la condition de la possibilité d'une telle influence étrangère dans le Je lui-même, dans le Je absolu, doit être fondée avant toute opération étrangère réelle ; le Je doit originellement et tout simplement poser en soi [272] la possibilité que quelque chose agisse sur lui-même ; il doit, sans atteinte de son poser absolu, par soi-même, se tenir pour ainsi dire ouvert à un autre poser. De ce fait il devrait y avoir dès le début dans le Je lui-même une différence, pour qu'une différence puisse jamais survenir en lui ; cette différence devrait se trouver fondée dans le Je absolu, en tant que tel. – L'apparente contradiction de cette présupposition se résoudra spontanément en son temps, et son impensabilité disparaîtra.

Le Je doit rencontrer en soi quelque chose d'hétérogène, d'étranger, qu'il faut distinguer de lui-même : c'est de ce point que notre investigation peut partir le plus convenablement.

Mais pourtant cet étranger doit être rencontré *dans le Je*, il faut qu'il y soit rencontré. S'il était en dehors du Je, il ne serait rien pour le Je, il ne s'en suivrait donc rien pour le Je. En conséquence, il doit d'un certain point de vue être aussi *de même espèce* que le Je ; il doit pouvoir être attribué à celui-ci.

L'essence du Je consiste dans son activité ; si donc cet hétérogène doit aussi être attribué au Je, il faut alors en général qu'il soit une activité du Je, qui en tant que telle ne peut pas être étrangère, et dont la seule *direction* peut-être soit étrangère, fondée non pas dans le Je, mais en dehors de lui. – Si l'activité du Je, selon la présupposition que nous avons faite plusieurs fois, va au-delà de lui dans l'infini, si elle est heurtée en un certain point sans en être pour autant anéantie, mais seulement repoussée en soi-même, alors l'activité du Je est et demeure toujours, dans la mesure où elle est ceci, activité du Je ; seul le fait qu'elle soit repoussée est étranger au Je, est contraire à lui. Seules restent ici en souffrance les difficiles questions dont la réponse à vrai dire va nous introduire au plus intime de l'essence du Je : comment le Je en vient-il à cette direction de son activité vers l'extérieur dans l'infinité ? Comment une activité dirigée *vers l'extérieur* peut-elle être distinguée d'une vers l'intérieur ? Et [273] pourquoi celle qui est repoussée vers l'intérieur est-elle considérée comme étrangère et comme non fondée dans le Je ?

Le Je se pose lui-même tout simplement, et dans cette mesure son activité retourne en soi-même. La direction de celle-ci est (s'il est permis de présupposer quelque chose qui n'a pas encore été dérivé, simplement pour pouvoir nous rendre les choses compréhensibles ; et s'il est en outre permis d'emprunter à la science de la nature un mot qui lui vient précisément du point de vue transcendantal actuel, comme on le verra en son temps), la direction de celle-ci, dis-je, est seulement *centripète* (*zentripetal*). (Un point ne détermine pas une ligne ; il faut toujours qu'il y en ait deux pour qu'une ligne soit possible, même si le deuxième se trouve à l'infini, et indique simplement la direction. De même, et justement pour la même raison, il n'y a pas de direction s'il n'y en a pas deux, et plus particulièrement deux opposées. Le concept de direction est un simple concept alternant ; *une* direction n'en est pas une, et est simplement impensable. Donc, nous ne pouvons attribuer à l'activité absolue du Je une direction, et une direction centripète, qu'en présupposant silencieusement que nous découvrirons aussi une autre direction centrifuge (*zentrifugale*). Avec la plus grande rigueur, l'image du Je est dans la modalité de représentation actuelle un point mathématique, se constituant soi-même par soi-même, dans lequel on ne peut distinguer aucune direction, et rien en général ; qui est *tout*, là *où* il est, et dont le contenu et la limite (teneur et forme) sont une seule et même chose.) S'il n'y a rien de plus dans l'essence du Je que cette activité constitutive, alors il est ce qu'est pour nous tout corps. Nous attribuons aussi au corps une force *intérieure*, posée par son simple être (selon le principe A=A) ; mais, si tant est que nous philosophions de façon transcendantale, et non par exemple de façon transcendante, nous admettons que soit posée *par nous le fait que* cette force est posée (pour nous) par le seul être du corps ; mais pas qu'il soit posé *par et pour le corps lui-même, que* cette force est posée : et c'est pourquoi [274] le corps est pour nous dépourvu de vie et d'âme et n'est pas un Je. Le Je ne doit pas seulement se poser lui-même pour une quelconque intelligence en dehors de lui, mais il doit se poser *pour soi-même* ; il doit se poser *en tant que* posé par soi-même. Il doit donc, aussi certain qu'il est un Je, avoir uniquement en soi-même le principe de la vie et de la conscience. C'est pourquoi il faut que le Je, aussi certain qu'il est un Je, ait en soi inconditionnellement et sans aucune raison le principe de réfléchir sur soi-même, et c'est ainsi que nous avons originellement le Je sous deux points de vue : d'une part, dans la mesure où il est réfléchissant, et dans cette mesure la direction de son activité est centripète ; d'autre part en ce qu'il est ce sur quoi il y a réflexion, et dans cette mesure la direction de son activité est centrifuge, et ce dans l'infinité. Le Je est posé en tant que réalité, et en tant qu'il est réfléchi, s'il a de la réalité, il est nécessairement posé en tant que *quelque chose,* en tant que quantum ; mais il est posé en tant que toute réalité, donc il est nécessairement posé en tant qu'un quantum infini, en tant que quantum emplissant l'infinité.

De ce fait, la direction centripète et la direction centrifuge de l'activité sont toutes deux fondées de la même manière dans l'essence du Je ; elles sont toutes deux une seule et même chose, et ne sont différentes qu'en cela qu'il est réfléchi sur elles en tant que différentes. (Toute la force centripète dans le monde des corps n'est que le produit de l'imagination du Je, selon une loi de la Raison, apporter l'unité dans la multiplicité, comme on le verra en son temps).

Mais la réflexion, qui pourrait établir une distinction entre les deux directions, n'est pas possible s'il ne s'ajoute pas un tiers, auxquelles elles puissent être reliées, ou qui puisse être relié à elles. – L'exigence (nous devons toujours présupposer quelque chose qui n'est pas encore démontré pour ne serait-ce que pouvoir nous exprimer ; car à parler strictement il n'y a jusqu'à présent aucune *exigence* possible comme contraire de *ce qui arrive réellement*), l'exigence que toute réalité soit dans le Je est satisfaite par notre présupposition ; les deux [275] directions de l'activité du Je, centripète et centrifuge, coïncident, elles sont une seule et même direction. (Posons en vue d'une explication que la conscience de soi de Dieu doit être expliquée, alors cela n'est pas possible autrement qu'en présupposant que Dieu réfléchit son être propre. Mais comme en Dieu *le réfléchi* serait tout en un et un en tout, et *le réfléchissant* également tout en un et un en tout, alors on ne pourrait distinguer en et par Dieu le réfléchi et le réfléchissant, la conscience elle-même et l'objet de celle-ci, et la conscience de soi de Dieu resterait de ce fait inexpliquée, comme c'est le cas pour toute Raison finie, c'est-à-dire pour toute Raison liée à la loi *de la détermination* de ce sur quoi il y a réflexion, qui reste éternellement inexplicable et incompréhensible.) Ainsi donc, on ne peut dériver de ce qui est présupposé ci-dessus aucune conscience, car les deux directions admises ne se laissent pas distinguer.

Or l'activité du Je qui va au-delà dans l'infini doit être heurtée en un point quelconque et repoussée en soi-même ; et le Je ne doit pas de ce fait emplir l'infinité. *Le fait que* cela se produit, en tant que factum, ne peut être dérivé tout simplement du Je, comme on l'a rappelé plusieurs fois ; mais on peut démontrer que cela doit arriver *si* une conscience réelle est possible.

Cette exigence du Je réfléchissant dans la fonction actuelle, que le je réfléchi par lui-même puisse emplir l'infinité, persiste, et n'est aucunement restreinte par ce heurt. La question de savoir s'il l'a emplie, et le résultat, à savoir qu'il ne l'emplit pas réellement, mais est limité en C, persiste – et c'est maintenant seulement que la différenciation exigée des deux directions est possible.

C'est-à-dire que d'après l'exigence du Je absolu, une activité (dans cette mesure centrifuge) devrait avoir issue dans l'infinité ; mais elle est réfléchie en fait, devient donc centripète, et maintenant, par relation avec cette exigence originelle d'une direction centrifuge allant au-delà dans l'infini (ce qu'il faut différencier doit être relié à un tiers) la différenciation est possible, parce que l'on rencontre maintenant dans la réflexion une direction centrifuge [276] conforme à cette exigence, et une direction centripète qui lui est contraire (la deuxième, celle qui est réfléchie par le heurt).

En même temps, cela montre clairement pourquoi cette deuxième direction est considérée comme quelque chose d'étranger, et est dérivée d'un principe opposé au principe du Je.

Et ainsi, la tâche posée à l'instant est résolue. L'aspiration originelle à une causalité en général dans le Je est dérivée génétiquement de la loi du Je, réfléchir sur soi-même, et exiger qu'elle soit éprouvée dans cette réflexion comme toute réalité ; les deux étant aussi certaines qu'il doit y avoir un Je. Cette réflexion nécessaire du Je sur lui-même est la raison de toute issue hors de soi-même, et l'exigence qu'elle emplisse l'infinité, est la raison de l'aspiration à la causalité en général ; et toutes deux sont uniquement fondées dans l'être absolu du Je.

Ainsi, comme nous l'avions exigé également, la raison de la possibilité d'une influence du Non-Je sur le Je a été trouvée dans le Je lui-même. Le Je se pose lui-même tout simplement, et par là il est en lui-même parfait, et fermé à toute impression extérieure. Mais il doit aussi, pour être un Je, se poser en tant que posé par soi-même ; et par ce poser nouveau, se reliant à un poser originel, il s'ouvre si je puis dire, à l'opération de dehors ; il pose uniquement par cette répétition du poser la possibilité qu'il puisse y avoir aussi quelque chose en lui qui ne soit pas posé par lui-même. Les deux modalités du poser sont la condition d'une opération du Non-Je ; sans la première, il n'y aurait pas d'activité dans le Je qui puisse être restreinte ; sans la deuxième, cette activité ne serait pas restreinte pour le Je, le Je ne pourrait pas se poser en tant que restreint. Ainsi, le Je, en tant que Je, se tient originellement en action alternante avec soi-même, et par là seulement une influence de dehors en lui devient possible [277].

Nous avons ainsi finalement trouvé aussi le point de réunification que nous cherchions entre l'essence absolue, pratique et intelligible du Je. – Le Je exige qu'il embrasse en lui toute réalité, et emplisse l'infinité. Cette exigence se base nécessairement sur l'idée du Je posé tout simplement, infini ; celui-ci est le Je absolu, dont nous avons parlé. (C'est ici seulement que le sens de la proposition : *le Je se pose lui-même tout simplement,* devient complètement clair. Il n'est pas du tout question dans cette proposition du Je donné dans la conscience réelle ; car celui-ci n'est jamais fondé tout simplement, non, son état est toujours fondé – que ce soit immédiatement ou médiatement – par quelque chose en dehors du Je ; par une idée du Je, qui doit nécessairement être posée à la base de son exigence infinie pratique, mais qui est inaccessible pour notre conscience, et de ce fait ne peut jamais survenir immédiatement en elle, mais bien médiatement dans la réflexion philosophique.)

Le Je doit (et cela réside également dans son concept) réfléchir sur soi, pour savoir s'il embrasse en soi réellement toute réalité. Il place à la base de cette réflexion l'idée en question, part avec celle-ci dans l'infinité et dans cette mesure il est *pratique*, et non absolu, parce qu'il sort justement de soi par la tendance à la réflexion ; et il est tout aussi peu théorique, parce qu'il n'y a rien à la base de sa réflexion si ce n'est cette idée provenant du Je, et parce qu'il est totalement fait abstraction du heurt possible, et que donc aucune réflexion réelle n'est présente. – Par là se forme la série de ce qui *doit* être, et qui est donné par le simple Je ; donc la série des *idéaux*.

Si la réflexion aborde ce heurt, et si le Je considère son issue comme bornée ; alors il se forme une tout autre série, celle du *réel*, qui est encore déterminé par quelque chose d'autre que par le simple Je. – Et dans cette mesure le Je est *théorique*, c'est-à-dire *intelligence*.

S'il n'y a aucune faculté pratique dans le Je, alors aucune intelligence n'est possible ; si l'activité du Je ne va que jusqu'au point du heurt, et pas au-delà de tout heurt possible [278], alors il n'y a rien de heurtant dans le Je et pour le Je, pas de Non-Je, comme nous l'avons déjà démontré plusieurs fois. Derechef, si le Je n'est pas intelligence, alors aucune conscience de sa faculté pratique, et en général aucune conscience de soi n'est possible, parce que ce n'est que par la direction étrangère, générée par le heurt, qu'est possible la distinction de différentes directions ; comme nous venons de le montrer. En effet nous faisons encore abstraction ici du fait que la faculté pratique, pour parvenir à la conscience, doit d'abord passer par l'intelligence, doit d'abord adopter la forme de la représentation.)

Et ainsi, l'essence entière des natures raisonnables finies est englobée et épuisée. Idée originelle de notre être absolu : aspiration à la réflexion sur nous-mêmes selon cette idée : restriction, non de ce cette aspiration, mais de notre *existence réelle*[78] seulement posée par cette restriction, par un principe opposé, un Non-Je, ou en général par notre finité : conscience de soi et en particulier conscience de notre aspiration pratique : détermination de nos représentations d'après elle (sans liberté, et avec liberté) : et par elle, de nos actions, – de la direction de notre faculté sensible réelle : constant élargissement de nos bornes dans l'infini[79].

Et encore une remarque importante, qui seule pourrait bien suffire à placer la doctrine de la science à son vrai point de vue [279], et à clarifier sa véritable doctrine. Selon la discussion entreprise à l'instant, le principe de la vie et de la conscience, la raison de leur possibilité, – sont à vrai dire contenus dans le Je, mais cela ne fait pas encore survenir une vie réelle, une vie empirique dans le temps ; et autre chose est pour nous tout simplement impensable. Si une vie réelle de ce genre doit être possible, il est alors besoin pour ce faire encore d'un heurt particulier du Non-Je sur le Je.

La raison dernière de toute réalité pour le Je était de ce fait, selon la doctrine de la science, une efficience alternante originelle entre le Je et un quelque chose quelconque en dehors de celui-ci, dont on ne peut rien dire de plus si ce n'est qu'il doit être radicalement opposé au Je. Dans cette efficience alternante, rien est amené dans le Je, rien d'étranger n'y est introduit ; tout ce qui s'est jamais développé en lui jusqu'à l'infinité se développe seulement à partir de lui-même selon ses propres lois ; le Je est seulement mis en mouvement par cet opposé, afin d'agir, et sans un pareil moteur en dehors de lui il n'aurait jamais agi et, puisque son existence consiste simplement dans l'agir, il n'aurait pas non plus existé. À ce moteur ne s'ajoute rien, si ce n'est qu'il est un moteur, une force opposée, qui en tant que telle n'est que sentie.

---

78 Dans le stoïcisme conséquent, l'idée infinie du Je est prise pour le Je réel ; il n'y a pas de distinction entre être absolu et existence réelle. C'est pourquoi le sage stoïcien est satisfait de tout et dépourvu de bornes ; tous les prédicats lui sont attribués, qui échoient au Je pur ou même à Dieu. Selon la morale stoïcienne, nous ne devons pas devenir identiques à Dieu, mais nous sommes nous-mêmes Dieu. La doctrine de la science distingue soigneusement l'être absolu et l'existence réelle, et se sert seulement du premier comme d'un fondement pour expliquer la seconde. On réfute le stoïcisme en montrant qu'il ne peut pas expliquer la possibilité de la conscience. C'est pourquoi aussi la doctrine de la science n'est pas athée, comme le stoïcisme doit l'être nécessairement, s'il procède de façon conséquente.

79 La traduction est littérale, et il faut apprendre à faire avec les textes de Fichte tels qu'ils sont.

Le Je est donc dépendant dans son existence ; mais il est tout simplement indépendant dans les déterminations de cette existence qui est la sienne. Il y a en lui, grâce à son être absolu, une loi de ses déterminations, valide pour l'infinité, et il y a en lui une faculté moyenne, servant à déterminer son existence empirique selon cette loi. Le point auquel nous nous trouvons nous-mêmes lorsque nous prenons possession pour la première fois de cette faculté moyenne de la liberté, ne dépend pas de nous ; la série, que nous décrirons depuis ce point dans toute l'éternité, pensée dans toute son extension, dépend entièrement de nous.

La doctrine de la science est de ce fait *réaliste*. Elle montre [280] que la conscience des natures infinies ne se laisse tout simplement pas expliquer, si l'on n'admet pas une force présente indépendamment d'elles, complètement opposée à elles, dont celles-ci sont elles-mêmes dépendantes selon leur existence empirique. Mais elle n'affirme rien non plus si ce n'est une telle force opposée, qui est simplement sentie par l'essence finie, mais non reconnue. Toutes les déterminations possibles de cette force, ou de ce Non-Je, qui depuis l'infinité peuvent survenir dans notre conscience, elle se fait forte de les dériver de la faculté déterminante du Je, et doit réellement pouvoir les dériver, aussi certainement quelle est doctrine de la science.

Mis à part son réalisme, cette science n'est pas transcendante, mais reste dans ses profondeurs les plus intimes *transcendantale*. Elle explique il est vrai toute conscience à partir d'une donnée indépendante de toute conscience ; mais elle n'oublie pas qu'elle s'oriente aussi dans cette explication selon ses propres lois, et de même qu'elle réfléchit à ce sujet, ce terme indépendant devient une nouvelle fois un produit de sa propre faculté de penser, donc quelque chose de dépendant du Je, dans la mesure où il doit exister pour le Je (dans le concept de celui-ci). Mais pour la possibilité de cette nouvelle explication de cette première explication, il faut présupposer une nouvelle fois la conscience réelle, et pour la possibilité de celle-ci de nouveau ce quelque chose dont le Je dépend : et bien que maintenant ce qui pour la première a été posé comme indépendant, est devenu dépendant de la pensée du Je, l'indépendant n'en est pas pour autant levé, mais simplement repoussé, et l'on pourrait ainsi procéder au-delà jusque dans l'illimité, sans que celui-ci soit jamais supprimé. – Tout est selon son identité dépendant du Je, mais en considération de la réalité, le Je est lui-même dépendant ; mais rien n'est réel pour le Je sans être aussi idéal ; en lui donc, raison idéale et raison réelle sont une seule et même chose, et cette action alternante entre le Je et le Non-Je est en même temps une action alternante [281] du Je avec soi-même. Celui-ci peut se poser, en tant que borné par le Non-Je, en ne réfléchissant pas le sur le fait qu'il pose pourtant lui-même ce Non-Je bornant ; il peut se poser, en tant que bornant lui-même le Non-Je, en réfléchissant sur lui.

Ceci, le fait que l'esprit fini doit nécessairement poser en dehors de soi quelque chose d'absolu (une chose en soi) et pourtant, de l'autre côté, reconnaître que celle-ci n'est là que *pour lui* (est un noumène nécessaire), ceci est le cercle que l'esprit peut élargir à l'infini, mais dont il ne peut jamais sortir. Un système qui ne prend aucune considération de ce cercle est un idéalisme dogmatique ; car ce n'est à vrai dire que le cercle indiqué qui nous limite et fait de nous des êtres finis ; un système qui élucubrerait d'être sorti de lui est un dogmatisme réaliste transcendant.

La doctrine de la science tient de façon déterminée le milieu entre ces deux systèmes, et elle est un idéalisme critique, que l'on peut aussi appeler un idéalisme réel ou un réalisme idéal. – Nous rajoutons quelques mots pour, si possible, nous faire comprendre de tous. Nous disions : la conscience des natures finies ne se laisse pas expliquer, si l'on n'admet pas une force présente indépendamment d'elles. – Pour qui ne se laisse-t-elle pas expliquer ? Et pour qui doit-elle être explicable ? Qui est-ce qui en général l'explique ? Les natures finies elles-mêmes. Dès que nous disons « expliquer », nous nous trouvons déjà dans le champ de la finité ; car tout expliquer, c'est-à-dire non pas embrasser en une fois, mais monter de l'un à l'autre, est quelque chose de fini, et limiter ou déterminer constituent précisément le pont qui permet de passer, et que le Je a en lui-même. – La force opposée est indépendante du Je selon son être et sa détermination, et pourtant la faculté pratique du Je ou sa pulsion de réalité aspire à la modifier ; mais elle est dépendante de l'activité idéale (*ideale Tätigkeit*), de la faculté théorique du Je ; elle n'est pour le Je que dans la mesure où elle est posée par lui-même [282], et en dehors de cela elle n'est pas pour le Je. C'est uniquement dans la mesure où quelque chose est relié à la faculté pratique du Je que cette chose a de la réalité indépendante ; dans la mesure où cette chose est reliée à la faculté théorique, elle est appréhendée dans le Je, contenue dans sa sphère, soumise à ses lois de représentation. Mais en outre, comment peut-elle donc être reliée à la faculté pratique, si ce n'est par la faculté théorique, et comment peut-elle donc devenir un objet de la faculté théorique, si ce n'est par l'intermédiaire de la faculté pratique ? Donc ici se confirme de nouveau, ou plutôt : ici se montre dans sa pleine clarté la proposition : pas d'idéalité, pas de réalité et inversement. On peut de ce fait aussi dire : la raison dernière de toute conscience est une action alternante du Je avec soi-même par l'intermédiaire d'un Non-Je qui doit être considéré sous diverses facettes. Ceci est le cercle dont l'esprit fini ne peut pas du tout sortir ni, sans nier la Raison et sans demander son propre anéantissement, ne peut le vouloir.

L'objection suivante serait intéressante : si, selon les lois citées ci-dessus, le Je pose un Non-Je par une activité idéale, en tant que raison d'explication de sa propre limiteté *(Begrenztheit)*, donc l'admet en soi, pose-t-il bien ce Non-Je lui-même en tant que limité (dans un concept fini déterminé) ? Posons que cet objet =A. À présent, l'activité du Je dans le poser de ce A est nécessairement elle-même limitée, parce qu'elle aborde un objet limité. Mais le Je ne peut jamais se limiter soi-même, ni donc dans le cas indiqué ; il doit dès lors, puisqu'il limite A (qui est il est vrai admis en lui), être lui-même limité par un B encore complètement indépendant de lui, qui ne soit pas admis en lui. – Nous concédons tout cela : nous rappelons cependant que même ce B peut à nouveau être admis dans le Je, ce que l'adversaire concède, mais rappelle de son côté que pour qu'il lui soit possible de l'admettre, le Je doit être à nouveau limité par un C indépendant ; et ainsi de suite à l'infini. Le résultat de cette investigation serait que nous ne pourrions jamais montrer à notre adversaire dans l'infinité un seul et unique moment [283] dans lequel ne serait pas présente pour l'aspiration du Je une réalité indépendante en dehors du Je ; mais que lui ne pourrait pas non plus nous montrer un seul moment dans lequel ce Non-Je indépendant n'est pas représenté, et puisse être rendu de cette manière dépendant du Je. À présent, où se trouve le Non-Je indépendant de notre adversaire, ou sa chose en soi, qui est censée être mise en évidence par cette argumentation ? Manifestement nulle part et partout à la fois. Elle est simplement là, dans la mesure où on ne l'a pas, et elle s'enfuit, dès que l'on veut l'attraper. La chose en soi est quelque chose pour le Je, et par conséquent elle est *dans le* Je, alors qu'elle est censée *ne pas être dans le Je :* donc quelque chose de contradictoire, mais qui pourtant, en tant qu'objet d'une idée nécessaire, doit être placé au fondement de tout notre philosopher, et depuis toujours, seulement sans que l'on soit nettement conscient de cette chose et de la contradiction qui gît en elle, et que l'on a placée au fondement de tout philosopher, et de toutes les actions de l'esprit fini. C'est sur ce rapport de la chose en soi avec le Je que se fonde tous les mécanismes de l'esprit humain et de tous les esprits finis. Vouloir changer cela signifierait supprimer toute conscience, et avec elle toute existence.

Toutes les objections apparentes et celles qui embrouillent celui qui ne pense pas très rigoureusement, dirigées contre la doctrine de la science, ne seront générées que par le fait que l'on ne peut pas se rendre maître de l'idée établie à l'instant et qu'on ne peut l'arrimer. On peut l'appréhender incorrectement de deux manières. Soit on ne réfléchit que sur le fait que, puisque c'est une idée, elle doit donc être dans le Je ; et c'est ainsi que l'on devient, quand on est par ailleurs un penseur décidé, idéaliste, et que l'on nie dogmatiquement toute réalité en dehors de soi ; ou bien l'on s'en tient à son sentiment, on nie ce qui se trouve là clairement, on réfute les argumentations de la doctrine de la science par des décrets de l'entendement commun (avec lequel évidemment elle concorde de la façon la plus intime) et l'on accuse cette science elle-même d'idéalisme, parce qu'on ne saisit pas son sens. Ou bien on réfléchit uniquement sur le fait que l'objet de cette idée est un Non-Je indépendant, et l'on devient réaliste transcendant, ou au cas où l'on ait appréhendé quelques pensées de Kant [284], sans s'être rendu maître de l'esprit de toute sa philosophie, on accuse à partir de son propre transcendantisme que l'on n'a pas encore déposé, la doctrine de la science de transcendantisme : et l'on se rend compte que l'on n'a fait que se frapper soi-même avec ses propres armes. – On ne devrait faire aucune de ces deux choses : on ne devrait ni réfléchir sur une seule ni réfléchir sur l'autre seule, mais réfléchir sur toutes les deux à la fois ; flotter au milieu entre les deux déterminations opposées de cette idée. Or c'est là l'affaire de *l'imagination créatrice (schaffende Einbildungskraft)*, et celle-ci est très certainement le lot de tous les êtres humains, car sans elle, ils n'auraient pas eu la moindre représentation ; mais tous les êtres humains n'ont pas et de loin la même imagination créatrice en leur libre pouvoir, pour créer grâce à elle conformément à la finalité, ou, même si dans une minute heureuse l'image demandée se tenait devant leur âme comme un trait de foudre, fixer la même chose, l'examiner, et s'en imprégner pour tout usage que l'on voudra. C'est de cette faculté que dépend que l'on philosophe avec ou sans esprit. La doctrine de la science est d'une espèce telle qu'elle ne se laisse rien communiquer par la simple lettre, mais uniquement par l'esprit ; parce que ses idées fondamentales doivent être elles-mêmes produites chez tous ceux qui l'étudient, grâce à l'imagination créatrice ; ce qui ne saurait aller autrement dans une science qui remonte aux raisons dernières de la connaissance humaine, dès lors que toute l'affaire de l'esprit humain part de l'imagination, et que l'imagination ne peut pas être appréhendée par autre chose que par l'imagination. Donc, celui chez qui tout ce dispositif est déjà irrémédiablement endormi ou mort, sera à vrai dire pour toujours incapable de pénétrer cette science ; et celui-là ne doit pas rechercher la raison de cette impossibilité dans la science elle-même, qui est facilement saisissable, si tant est qu'elle soit saisie, mais dans sa propre impuissance[80].

[80] La doctrine de la science doit épuiser l'homme entier ; elle ne se laisse donc appré-

[285] De même que l'idée établie constitue la pierre de fondation de l'ensemble de l'intérieur du bâtiment, c'est sur elle que s'édifie la sécurité de celui-ci de l'extérieur. Il est impossible de philosopher sur un quelconque objet sans en arriver à cette idée, et avec elle sur le sol propre de la doctrine de la science. Chaque adversaire doit, peut-être avec les yeux bandés, se battre sur son terrain et avec ses armes. Et il sera toujours facile de lui ôter le bandeau des yeux et de lui faire regarder le champ sur lequel il se trouve. Cette science est donc pleinement justifiée par la nature de la chose à expliquer à l'avance quelle sera mal comprise par beaucoup, et pas du tout comprise par plusieurs ; que non seulement selon la présentation actuelle extrêmement incomplète, mais aussi après la présentation la plus complète qui soit possible à un individu singulier, elle reste dans toutes ses parties très en nécessité d'amélioration, mais que dans ses traits fondamentaux elle ne sera jamais réfutée par personne et à aucune époque.

§ 6. *Troisième thèse*

Dans l'aspiration, une contre-aspiration du Non-Je est simultanément posée, et fait équilibre au premier

Tout d'abord quelques mots sur la méthode ! – Dans la partie théorique de la doctrine de la science, nous avons affaire uniquement à la connaissance, ici au connu. Dans la première nous demandons : comment quelque chose est-il posé, intuitionné, pensé etc. ; ici : qu'est-ce qui est posé ? Si donc la doctrine de la science était censée avoir une métaphysique, en tant que science supposée des choses en soi [286], et si cette métaphysique était exigée d'elle, elle devrait renvoyer à sa partie pratique. Elle seule parle, comme on le verra toujours plus précisément, d'une réalité originelle ; et si l'on demandait à la doctrine de la science : comment donc les choses en soi sont-elles constituées ? Elle ne pourrait rien répondre d'autre que : telles que nous devons les faire. Or par ce biais, la doctrine de la science ne devient pas transcendante ; car tout ce que nous montrerons même ici, nous le trouvons en nous-mêmes, nous le sortons hors de nous-mêmes, parce qu'en nous se trouve quelque chose qui ne se

---

hender que par la totalité de l'ensemble de sa faculté. Elle ne peut pas devenir une philosophie universellement valide, aussi longtemps que chez tant d'êtres humains, la culture tue une force de l'esprit au profit d'une autre, l'imagination au profit de l'entendement, l'entendement au profit de l'imagination, ou toutes deux au profit de la mémoire ; elle devra pendant tout ce temps s'enfermer dans un étroit cercle – une vérité, aussi désagréable à dire qu'à entendre, mais pourtant c'est une vérité.

laisse expliquer complètement que par quelque chose en dehors de nous. Nous savons que nous le pensons, que nous le pensons selon les lois de notre esprit, que nous ne pouvons donc jamais sortir hors de nous, jamais parler de l'existence d'un objet sans sujet.

L'aspiration du Je est censée être infinie, et n'avoir jamais de causalité. Cela ne peut être pensé qu'à la condition d'une contre-aspiration, qui tiendrait l'équilibre (Gleichgewicht) avec la première, c'est-à-dire qui aurait la même quantité de force intérieure. Le concept d'une telle contre-aspiration et de cet équilibre est déjà contenu dans le concept d'aspiration, et se laisse développer hors de lui par une analyse. Sans ces deux concepts, il se trouve en contradiction avec soi-même[81].

1. Le concept d'aspiration est le concept d'une cause qui n'est pas cause. Toute cause cependant présuppose une activité. Tout ce qui aspire a de la force ; s'il n'avait pas de force, il ne serait pas cause, ce qui contredit ce qui précède.

2. L'aspiration, dans la mesure où elle est ce qu'elle est, a nécessairement sa quantité déterminée en tant qu'activité. Elle tend à être cause. Or elle ne l'est pas, elle n'atteint donc pas son but, elle est limitée. Si elle n'était pas limitée, elle serait cause, et ne serait pas une aspiration, ce qui contredit ce qui précède.

3. Ce qui aspire n'est pas par soi-même limité, car il se trouve dans le concept d'aspiration qu'elle tend à la causalité. Si elle se limitait elle-même, elle ne serait pas aspirante [287]. Toute aspiration doit donc être limitée par une force opposée à la force de l'aspirant.

4. Cette force opposée doit également être aspirante, c'est-à-dire en tout premier lieu, qu'elle doit tendre à la causalité. Si elle n'y tendait pas, elle n'aurait aucun point de contact avec l'opposé. Ensuite, elle doit n'avoir aucune causalité ; si elle avait de la causalité, elle anéantirait complètement l'aspiration de l'opposé, du fait qu'elle anéantirait sa force.

5. Aucun des deux opposés ne peut donc avoir de causalité. Si l'un des deux en avait, cela anéantirait la force de l'opposé, et cette force cesserait d'être contre-aspirante. Donc, la force des deux doit se tenir en équilibre.

---

[81] Synthèse quintuple : 1 à 5 [286-287] (199). Mécanisme de l'équilibre des forces [Piaget].

§ 7. *Quatrième thèse*

L'aspiration du Je, la contre-aspiration du Non-Je, et l'équilibre entre elles deux doivent être posés

A) L'aspiration du Je est posée en tant que telle[82].

1. Elle est posée en général comme Quelque Chose, selon la loi générale de la réflexion ; donc pas en tant qu'activité, en tant que quelque chose qui se trouve dans le mouvement, l'agilité, mais comme quelque chose de fixe, de fermement posé.

2. Elle est posée en tant qu'*aspiration*. L'aspiration tend à la causalité ; elle doit de ce fait, d'après son propre caractère, être posée en tant que causalité. Or cette causalité ne peut pas être posée en tant que tendant au Non-Je ; car alors serait posée une activité agissante réelle, et pas une aspiration. Cette activité ne pourrait donc que revenir en soi-même ; que se produire elle-même. Or une aspiration se produisant elle-même, qui est fermement posée, déterminée, qui est quelque chose de certain, s'appelle *une pulsion.*

(Dans le concept d'une pulsion se trouve 1. Qu'elle est fondée dans l'essence intérieure de celui auquel elle est attribuée [288] ; donc produite par la causalité de celui-ci sur soi-même, c'est-à-dire par son être posé par soi-même. 2. Que pour cette raison précisément elle est quelque chose de fermement posé, de durable. 3. Qu'elle tend à la causalité en dehors de soi, mais que, dans la mesure où elle n'est qu'une pulsion, uniquement par soi-même, elle n'en a pas. – La pulsion est donc seulement dans le sujet, et d'après sa nature ne sort pas en dehors du périmètre de celui-ci.)

Ainsi, l'aspiration doit être posée *s'il* faut qu'elle soit posée ; et elle doit être posée – que cela se produise immédiatement avec ou sans conscience –, s'il faut qu'elle soit dans le Je, et si une conscience, qui selon ce qui a été dit précédemment se fonde sur une extériorisation de l'aspiration, doit être possible.

B) L'aspiration du Je ne peut pas être posée sans que soit posée une contre-aspiration du Non-Je ; car l'aspiration du premier tend à la causalité, mais n'en a pas ; et la raison pour laquelle il n'en a pas ne réside pas en lui-même, car autrement son aspiration ne serait pas une aspiration, mais rien. Donc elle doit, si elle est posée, être posée en dehors du Je, et derechef uniquement en tant qu'aspiration ; car autrement, l'aspiration

[82] Synthèse quintuple : A, 1, 2, 3, B, C [287-291] (200-202). Pulsions, pensées inconscientes.

du Je, ou, comme nous le savons maintenant, la pulsion serait réprimée, et ne pourrait pas être posée.

C) L'équilibre entre les deux doit être posé.

Il est pas ici question qu'il doive y avoir un équilibre entre les deux ; nous l'avons déjà montré dans la section précédente ; mais on demande seulement : *qu'est-ce* qui est posé dans le Je et par le Je, dès lors qu'il est posé.

Le Je aspire à emplir l'infinité ; en même temps, il a pour loi et pour tendance de réfléchir sur soi-même. Il ne peut pas réfléchir sur soi sans être limité, et précisément, en ce qui concerne la *pulsion*, être limité *par une relation avec la pulsion.* Posez que la pulsion [289] soit limitée au point C, alors en C *la tendance à la réflexion est satisfaite, la pulsion d'activité réelle toutefois est bornée.* Le Je se limite alors soi-même, et est posé avec soi-même en action alternante : par la pulsion il est poussé plus loin en dehors, par la réflexion il est arrêté, et s'arrête lui-même.

Les deux réunis donnent l'extériorisation d'une *contrainte (Zwang)*, d'un *ne-pas-pouvoir.* Relèvent du ne-pas-pouvoir a) une aspiration continuée ; autrement, ce que je ne puis pas ne serait pas du tout *pour moi* ; cela ne serait d'aucune manière dans ma sphère. b) Limitation de l'activité réelle ; de ce fait activité réelle elle-même, car ce qui n'est pas ne peut pas être limité. c) Que le limitant se trouve (est posé) non *en moi,* mais *en dehors* de moi ; autrement il n'y aurait aucune aspiration. Il n'y aurait pas de ne-pas-*pouvoir*, mais un ne-pas-*vouloir.* – Donc cette extériorisation du ne-pas-pouvoir est une extériorisation de l'équilibre.

L'extériorisation du ne-pas-pouvoir dans le Je s'appelle *un sentiment.* En lui, l'activité est intimement réunie – je sens, je suis le sentant, et cette activité est celle de la réflexion – *bornage* – je *sens*, je suis subissant, et non actif ; une contrainte est présente. Ce bornage présuppose maintenant nécessairement une pulsion à aller plus loin au dehors. Ce qui ne veut pas aller plus loin, n'en a pas besoin, ne l'englobe pas, est – on le comprend, *pour soi-même* – non restreint.

Le sentiment est uniquement *subjectif.* Nous avons certes besoin pour *l'expliquer* – ce qui est d'ailleurs une action théorique – d'un *limitant* ; mais pas pour le déduire, dans la mesure où il est censé apparaître dans le Je, pour déduire *la représentation, le poser* d'un sentiment dans le Je.

(Ici se montre clair comme le soleil ce que tant de philosophes, qui en dépit de leur criticisme allégué ne se sont pas encore détachés du dogmatisme transcendant, ne peuvent comprendre, *le fait que* et *comment* le Je peux développer tout ce qui doit jamais survenir en lui, uniquement à partir de soi-même, sans que jamais il ne sorte de soi et transperce son cercle ; comme cela devrait être nécessaire, si le Je doit être un Je [290].

Un sentiment est présent en lui ; ceci est un bornage de la pulsion ; même s'il venait à se laisser poser comme un sentiment déterminé – à distinguer d'autres sentiments, ce dont nous ne voyons à vrai dire pas ici encore la possibilité – le bornage d'une pulsion déterminée, à distinguer d'autres pulsions. Le Je doit poser une raison de ce bornage, et doit la poser hors de soi. Il ne peut poser la pulsion bornée que par un opposé complet ; et c'est ainsi qu'il en va manifestement dans la pulsion, *qui* devrait être posée en tant qu'objet. Si la pulsion est déterminée par exemple =Y, alors il faut poser comme objet nécessairement Non-Y. – Mais comme toutes ces fonctions de l'esprit adviennent avec nécessité, on n'est pas conscient (*nicht bewusst*) de son agir, et l'on doit nécessairement admettre que l'on a reçu de dehors ce que l'on a pourtant produit soi-même par sa propre force selon ses propres lois. – Ce procédé a toutefois une validité objective, car c'est le procédé homéomorphe à toute raison finie, il n'y a aucune validité objective, il ne peut y en avoir d'autre que celle qui est indiquée. La prétention à une autre se base sur une illusion grossière, que l'on peut démontrer de façon tangible.

Nous semblons certes dans notre recherche avoir transpercé ce cercle ; car nous avons admis pour expliquer l'aspiration en général un Non-Je radicalement indépendant du Je et aspirant a contrario de lui. La raison de la possibilité et de la justesse de ce procédé réside dans ce qui suit : celui qui entreprend avec nous la recherche présente, est lui-même un Je, qui a cependant entrepris depuis longtemps les actions qui sont ici déduites, qui a donc posé depuis longtemps un Non-Je (la recherche présente devant justement le convaincre que c'est son propre produit). Il a déjà achevé avec nécessité toute l'affaire de la Raison, et se détermine maintenant, avec sa liberté, à repasser pour ainsi dire encore une fois l'opération, à regarder la marche qu'il a lui-même autrefois décrite, sur un autre Je, qu'il pose librement, qu'il situe au point dont lui-même est parti [291], et sur lequel il fait l'expérience. Le Je qu'il s'agit d'observer arrivera un jour lui-même au point auquel se trouve à présent l'observateur ; là, tous deux se réunifieront, et par cette réunification la circularité imposée sera fermée.)

§ 8. *Cinquième thèse*

Le sentiment lui-même doit être posé et déterminé

Tout d'abord quelques remarques pour préparer l'investigation extrêmement importante qu'il s'agit maintenant de mener[83].

1. Il y a originellement dans le Je une aspiration à emplir l'infinité. Cette aspiration est en conflit avec tout objet.

2. Le Je porte en soi la loi prescrivant de réfléchir sur soi en tant qu'emplissant l'infinité. Or il ne peut pas réfléchir sur soi, et sur quoi que ce soit en général, s'il n'est pas limité. L'accomplissement de cette loi, ou, ce qui est la même chose, la satisfaction (*Befriedigung*) de la pulsion de réflexion, est de ce fait conditionnée, et dépend de l'objet. Elle ne peut pas être satisfaite sans objet, et peut donc être définie comme une pulsion vers l'objet.

3. Cette pulsion est à la fois satisfaite et non satisfaite par la limitation au moyen d'un sentiment.

a) Satisfaite ; le Je devait réfléchir sur soi tout simplement : il réfléchit avec une spontanéité absolue, et est de ce fait satisfait selon la forme de l'action. Il y a donc dans le sentiment quelque chose qui se laisse relier, attribuer au Je.

b) Non satisfaite selon le contenu de l'action. Le Je devait être posé comme emplissant l'infinité, mais il est posé comme limité. – Or cela se produit aussi nécessairement dans le sentiment.

c) Mais le poser de cette non-satisfaction est conditionné par le dépassement par le Je de la limite qui lui est posée [292] par le sentiment. Il faut que quelque chose soit posé en dehors de la sphère posée par le Je, une chose qui appartienne aussi à l'infinité, à laquelle tende donc aussi la pulsion du Je. Ceci doit être posé comme non déterminé par le Je.

Nous allons examiner comment est possible ce dépassement (*Hinausgehen*), donc le poser de cette non-satisfaction, ou du sentiment, ce qui est pareil[84].

I

Aussi certainement que le Je réfléchit sur soi, il est limité, c'est-à-dire qu'il n'emplit pas l'infinité, qu'il aspire pourtant à emplir. Il est limité, disions-nous, c'est-à-dire pour un observateur possible, mais pas encore pour soi-même. Nous voulons être ces observateurs, ou, ce qui veut dire

---

[291-297] Stade de l'instinct [291-297](203-207).

[83] Synthèse quintuple : 1, 2, 3, a, b, c [291-292] (202-203).

[84] Synthèse quintuple : I, a, b, c, II, 1, 2, 3, 4, 5, III, IV, a, b, c, V [292-297] (203-207).

la même chose, poser à la place du Je quelque chose qui est seulement observé, quelque chose dépourvu de vie ; mais auquel devrait par ailleurs échoir ce qui échoit au Je dans notre présupposition. Posons donc une boule élastique =A, et admettons qu'elle soit pressée par un autre corps, puis :

a) posons en elle une force qui, dès que la puissance opposée cesse, se manifestera, et ce sans aucune intervention extérieure ; qui a donc uniquement en soi-même la raison de son efficience. – La force est là ; elle aspire en soi-même et sur soi-même à la manifestation : c'est une force qui va et en soi-même et sur soi-même, donc une force intérieure ; car on appelle ce genre de chose une force intérieure. C'est une aspiration immédiate à la causalité sur soi-même, qui cependant, du fait de la résistance extérieure, n'a pas de causalité. C'est l'équilibre de l'aspiration et de la contre-pression médiate dans le corps lui-même, donc ce que nous avons appelé plus haut *pulsion*. Une pulsion est donc posée dans le corps élastique supposé.

b) La même chose est posée dans le corps résistant B – une force intérieure qui résiste à l'effet en retour et à la résistance de A, qui est donc elle-même restreinte par cette résistance [293], mais qui a sa raison uniquement en soi-même. – Force et pulsion sont posées en B exactement comme en A.

c) Si l'une des deux forces était augmentée, la force opposée serait affaiblie ; si l'une est affaiblie, l'opposée est augmentée ; la plus forte s'extérioriserait complètement, et la plus faible serait totalement expulsée de la sphère d'efficacité de la première. Mais maintenant, elles se tiennent parfaitement l'équilibre, et le point de leur rencontre est le point de cet équilibre. Si ce point est déplacé du moindre moment, tout le rapport est supprimé.

II

C'est ainsi qu'il en va avec un objet aspirant sans réflexion (nous le disons *élastique*). Ce que nous devons ici examiner est un Je, et nous voyons ce qui peut en résulter.

La pulsion est une force intérieure, se déterminant elle-même à la causalité. Le corps sans vie n'a aucune causalité, si ce n'est hors de soi. Cette causalité doit être retenue par la résistance ; dans cette condition, il ne se produit rien par son autodétermination. C'est précisément ainsi qu'il en va avec le Je, dans la mesure où il tend à une causalité hors de soi ; et il n'en va pas autrement avec lui en général, s'il exige seulement une causalité extérieure.

Mais le Je, justement parce qu'il est un Je, a aussi une causalité sur soi-même ; celle de se poser, ou aptitude à la réflexion. La pulsion doit déterminer la force de l'aspirant lui-même ; dans la mesure où cette force doit s'extérioriser dans l'aspirant lui-même, comme le doit la réflexion, une extériorisation doit nécessairement suivre la détermination par la pulsion ; ou bien il n'y aurait pas de pulsion, ce qui contredit notre hypothèse. Donc, la pulsion est nécessairement suivie par l'acte de la réflexion du Je sur soi-même.

(Un principe important, qui répand la lumière la plus claire sur notre recherche. 1. Le *double* résidant originellement dans le Je et établi ci-dessus [294] – aspiration et réflexion – est ainsi au plus intime réunifié. Toute réflexion se fonde sur l'aspiration, et aucune réflexion n'est possible lorsqu'il n'y a pas d'aspiration. – À son tour, il n'y a pas d'aspiration *pour le Je ;* donc pas non plus d'aspiration du Je, et en général il n'y a pas de Je lorsqu'il n'y a pas de réflexion. L'un résulte nécessairement de l'autre, et tous deux sont en relation alternante. 2. On comprend ici de façon encore plus déterminée que le Je doit être fini et limité. Pas de bornage, pas de pulsion (au sens transcendant) : pas de pulsion, pas de réflexion (passage au transcendantal) : pas de réflexion, pas de pulsion, et pas de limitant etc. (au sens transcendantal) : c'est ainsi que va le circuit des fonctions (*Kreislauf der Funktionen*) du Je, et l'action alternante intimement enchaînée de celui-ci avec soi-même. 3. Ici aussi on voit fort clairement ce qui s'appelle activité *idéale*, et ce qui s'appelle activité *réelle*, comment elles diffèrent, et où se tient leur limite. L'aspiration originelle du Je est, considérée en tant que pulsion, en tant que pulsion fondée uniquement dans le Je lui-même, *idéale* et *réelle* en même temps. La direction s'oriente vers le Je lui-même, il aspire par sa propre force ; et vers quelque chose en dehors du Je : il n'y a là rien à distinguer. Du fait de la limitation, grâce à laquelle seule la direction vers l'extérieur est supprimée, mais pas celle vers l'intérieur, cette force originelle est pour ainsi dire divisée : et celle qui reste dans le Je et retourne vers lui est la force *idéale*. La force *réelle* sera en son temps également posée. – Et ainsi, on voit apparaître ici une nouvelle fois dans sa plus pleine lumière le principe : pas d'idéalité, pas de réalité, et inversement. 4. L'activité *idéale* va bientôt se montrer, comme *celle qui représente*. La relation de la pulsion avec elle doit de ce fait être appelée la *pulsion de représentation*. Cette pulsion est donc la première et la plus haute extériorisation de la pulsion, et c'est uniquement grâce à elle que le Je devient intelligence. Et c'est aussi ainsi qu'il devait nécessairement en aller, pour qu'une autre pulsion arrive jamais *à la conscience,* et ait lieu dans le Je *en tant que Je*. 5. Il en résulte aussi, de la façon la plus lumineuse, la subordination de la théorie au pratique ; il en résulte que toutes les lois *théoriques* se fondent sur des lois *pratiques* [295], et comme il n'y a sans nul doute qu'une seule loi pratique, elles se fondent sur une seule et même loi ; qui constitue de ce fait le système le plus complet dans tout l'être ; il s'ensuit également, si la pulsion devait se laisser elle-même élever, l'élévation de la compréhension, et inversement ; il en résulte la liberté absolue de la réflexion et de l'abstraction même du point de vue théorique, et la possibilité de diriger *conformément au devoir* son attention sur quelque chose, et de la retirer de quelque chose d'autre, possibilité sans laquelle aucune morale n'est possible. Le fatalisme est détruit de fond en comble, car il se base sur le fait que notre agir et notre vouloir sont dépendants du système de nos représentations, puisqu'il est montré ici qu'à son tour, le système de nos représentations dépend de notre pulsion et de notre volonté. Et ceci est aussi la seule manière de le réfuter fondamentalement. – Bref, ce système fait parvenir de l'unité et de la cohésion dans tout l'être humain, toutes choses qui manquent dans tant de systèmes.)

III

Dans cette réflexion sur soi-même, le Je ne peut pas, en tant que tel, parvenir à la conscience, parce qu'il n'est jamais conscient immédiatement de son action. Mais il est à présent, en tant que Je, là ; il se comprend comme un observateur possible ; et c'est ici que passe la limite où le Je en tant que vivant se distingue du corps sans vie, dans lequel à vrai dire il peut aussi se trouver une pulsion. – Il y a quelque chose là, *pour lequel* quelque chose peut être là, quoiqu'il ne soit pas encore là *pour soi-même*. Simplement, pour lui, une force pulsionnelle intérieure est nécessairement là, mais qui, puisque aucune conscience du Je, et donc aucune relation avec lui n'est possible, est simplement senti. Un état qui ne peut pas être facilement décrit, mais bien senti, et au sujet duquel chacun doit être renvoyé à son sentiment de soi (*Selbstgefühl*). (Le philosophe ne doit pas renvoyer quelqu'un à son sentiment de soi en considération du *que* (car ceci doit être prouvé strictement sous la présupposition d'un Je), mais uniquement en considération [296] du *quid*. Postuler la présence d'un certain sentiment ne s'appelle pas procéder de façon fondamentale. À l'avenir, ce sentiment se laissera à vrai dire aussi rendre reconnaissable, seulement pas par soi-même, mais par ses conséquences.)

Ici, le vivant se sépare du sans vie, disions-nous plus haut. Le sentiment de force est le principe de toute vie ; il est le passage de la mort à la vie. Lorsqu'il est isolé, la vie reste à vrai dire encore extrêmement incomplète ; mais elle est quand même déjà séparée de la matière morte.

IV

a) Cette force est sentie comme quelque chose qui a une pulsion : le Je se sent poussé, comme nous l'avons dit, et précisément poussé *en de-*

hors de soi-même. (D'où vient cet en dehors de soi, on ne peut le comprendre encore ici, mais cela deviendra très vite clair.)

b) Exactement comme ci-dessus, la pulsion doit effectuer ce qu'elle peut. Elle ne détermine pas l'activité réelle, c'est-à-dire qu'il ne naît aucune causalité sur le Non-Je. Mais elle *peut* déterminer l'activité *idéale*, uniquement dépendante du Je lui-même, et elle *doit* la déterminer, aussi certainement qu'elle est une pulsion. – Le Je dépasse donc l'activité idéale et pose quelque chose comme objet de la pulsion ; comme ce que la pulsion produirait si elle avait de la causalité. – (*Le fait que* cette production doit advenir par l'activité idéale est démontré ; *comment* elle sera possible, cela ne peut pas encore être compris, et présuppose une quantité d'autres investigations.)

c) Cette production et ce qui est agissant en elle ne parviennent pas encore ici à la conscience ; donc il n'en résulte encore rien – ni un *sentiment* de l'objet de la pulsion ; un tel sentiment n'est en général pas possible ; – ni une *intuition* de celui-ci. Il n'en résulte rien ; mais cela ne fait qu'expliquer comment le Je peut se sentir *comme poussé vers une quelconque chose inconnue* [297] *;* et la transition vers ce qui suit est ouverte.

V

La pulsion devait être *sentie* comme pulsion, c'est-à-dire comme quelque chose qui n'a pas de causalité. Mais dans la mesure au moins où elle pousse à une production de son objet par une activité idéale, elle a toutefois de la causalité, et n'est eu égard à cela pas sentie comme une *pulsion.*

Dans la mesure où la pulsion tend à une activité réelle, elle n'est rien de remarquable, d'éprouvable ; car elle n'a pas de causalité. Elle n'est donc dans cette mesure pas ressentie comme une pulsion.

Nous réunissons les deux : – aucune pulsion ne peut être sentie, si une activité idéale ne se dirige pas vers l'objet de celle-ci ; et cette activité idéale ne peut pas se diriger vers lui si l'activité réelle n'est pas limitée.

La réflexion du Je sur soi donne la réunion des deux comme chose *limitée.* Mais comme dans cette réflexion le Je n'est pas conscient de lui-même, elle est un simple *sentiment.*

Et ainsi, le sentiment est complètement déduit. En relèvent un sentiment de force qui jusqu'à maintenant ne s'extériorise pas, un objet de ce sentiment, qui également ne s'extériorise pas, un sentiment de contrainte, de ne-pas-pouvoir ; et tout cela est l'extériorisation du sentiment qui devait être déduite.

§ 9. *Sixième thèse*

Le sentiment doit être davantage déterminé et limité

I

1. Le Je se sent maintenant limité,[85] c'est-à-dire qu'il est limité *pour soi-même*, et pas seulement, comme déjà auparavant, ou comme le corps élastique sans vie, pour un spectateur en dehors de lui. Son activité est supprimée pour lui – pour lui, disons-nous ; car depuis notre point de vue supérieur, nous voyons à vrai dire qu'il a produit [298] par une activité absolue un objet de la pulsion hors de soi, mais pas le Je, qui est l'objet de notre investigation.

Cet anéantissement total de l'activité est en conflit avec le caractère du Je. Il doit donc, aussi certainement qu'il est un Je, rétablir celle-ci, et ce pour soi, c'est-à-dire qu'il doit au moins se placer en situation de pouvoir, même si c'est seulement dans une réflexion future, se poser de façon libre et illimitée.

Ce rétablissement de son activité se produit, selon notre déduction, par une spontanéité absolue, uniquement par suite de l'essence du Je, sans nulle impulsion particulière. Une réflexion sur ce qui réfléchit, en tant que quoi l'action actuelle va sur le champ se confirmer, une interruption d'une action, pour poser une autre action à sa place – pendant que le Je sent, comme décrit ci-dessus, il agit aussi, simplement sans conscience ; à la place de cette action, une autre doit survenir, qui rende au moins possible la conscience – elle se produit avec une spontanéité absolue. Le Je agit alors tout simplement parce qu'il agit.

(C'est ici que passe la limite entre simple vie et intelligence, comme ci-dessus entre mort et vie. C'est uniquement de cette spontanéité que découle la conscience du Je. – Nous nous élevons jusqu'à la Raison non pas du fait d'une loi de la nature ou par suite d'une loi de la nature, mais par la liberté absolue, non par une *transition*, mais par un *saut*. – C'est pourquoi il faut nécessairement partir du Je en philosophie, parce que celui-ci n'est pas déductible ; et c'est pourquoi l'entreprise des matérialistes, expliquer les manifestations de la Raison par des lois de la nature, restera éternellement inexécutable.

2. Il est immédiatement évident que l'action exigée, qui advient seulement et uniquement par spontanéité absolue, ne peut être autre chose qu'une action due à l'activité idéale. Mais toute action, aussi certainement qu'elle est une action, a un objet. L'action présente, qui doit être fondée

[85] Synthèses quintuples enchâssées : I, 1 (4 §§) 2, II, 1, 2, 3, 4, 5 [297-301] (208-210).

seulement et uniquement dans le Je [299], et qui selon toutes ses conditions doit uniquement dépendre de lui, ne peut avoir pour objet que quelque chose qui est présent dans le Je. Mais rien n'est présent en lui que le sentiment. Elle va de ce fait nécessairement vers le sentiment.

L'action advient avec une absolue spontanéité, et est dans cette mesure, pour l'observateur possible, action du Je. Elle aboutit au *sentiment*, c'est-à-dire en tout premier lieu au *réfléchissant*, dans la réflexion précédente, qui constitue le sentiment. L'activité aboutit à l'activité ; le réfléchissant dans cette réflexion, ou *le sentant* est donc *posé en tant que Je* ; la Jeité *(Ichheit)* du réfléchissant dans la fonction présente, qui en tant que tel ne parvient pas à la conscience, est transférée sur elle.

Le Je est ce qui se détermine soi-même, selon l'argumentation entreprise à l'instant. Donc le sentant ne peut être posé comme Je que dans la mesure où il est déterminé au sentir seulement par la *pulsion*, donc par le Je, donc par soi-même, c'est-à-dire uniquement dans la mesure où il se sent *soi-même* et sent *sa propre force en soi-même*. – Seul le sentant est le Je, et seule la pulsion, dans la mesure où elle produit le sentiment, ou la réflexion, appartient au Je. Ce qui se trouve au-delà de cette limite – si quelque chose se trouve au-delà, et nous savons bien que quelque chose, à savoir la pulsion vers l'extérieur, se trouve au-delà d'elle – est exclu ; et cela doit être bien remarqué, car l'exclu devra en son temps être à nouveau admis.

Ainsi donc, le *senti* devient dans la réflexion présente, et pour elle – également Je, parce que le *sentant* n'est Je que dans la mesure où il est déterminé par soi-même, c'est-à-dire qu'il se sent lui-même.

II

Dans la réflexion présente, le Je est posé comme Je, uniquement pour autant qu'il est à la fois *le sentant* et *le senti*, et est donc avec lui en efficience alternante [300]. Il doit être posé comme Je ; il doit donc être posé de la manière décrite.

1. Le *sentant* est posé comme *actif* dans le sentiment, dans la mesure où il est le réfléchissant, et dans cette mesure, dans le même sentiment, le senti est *subissant* ; il est objet de la réflexion. – À la fois, le sentant est posé comme subissant dans le sentiment, dans la mesure où il se sent comme entraîné ; et dans cette mesure, le senti ou la pulsion est *actif* ; elle est le *moteur (das Treibende)*.

2. Ceci est une contradiction qui doit être réunie, et qui ne se laisse réunir que de la manière suivante. – Le sentant est *actif* en relation avec le *senti* ; et de ce point de vue il est uniquement actif. (Le fait qu'il est poussé à la réflexion ne parvient pas en elle à la conscience ; aucun égard n'est

pris face à la pulsion de réflexion – sans doute dans notre investigation philosophique, mais pas dans la conscience originelle. Elle tombe dans ce qui est l'objet du sentant, et n'est pas distinguée dans la réflexion sur le sentiment.) Or le sentiment doit aussi être *subissant*, en rapport avec une pulsion. C'est la pulsion vers l'extérieur, par laquelle il est vraiment poussé à produire un Non-Je par activité idéale. (Or il est dans cette fonction à vrai dire actif, mais comme toute à l'heure sur son subir, il n'y a pas réflexion sur cette activité qui est la sienne. Pour *soi*-même, dans la réflexion sur soi, il agit contraint, sans égard pour le fait que cela semble être une contradiction, qui toutefois se résoudra en son temps. D'où la contrainte ressentie à poser quelque chose comme réellement présent.)

3. Le *senti* est *actif* par la pulsion sur le réfléchissant, aboutissant à la réflexion. Il est aussi, dans la même relation avec le réfléchissant, *subissant*, car il est objet de la réflexion. Mais il n'y a pas réflexion sur ce dernier, parce que le Je est posé, en tant qu'une seule et même chose, en tant que *se sentant*, et qu'il n'y a pas à nouveau réflexion sur la réflexion en tant que telle. Le Je est donc posé subissant dans une autre relation ; à savoir dans la mesure où il est *limité*, et dans cette mesure le limitant est un Non-Je. (Tout objet [301] de la réflexion est nécessairement limité ; il a une quantité déterminée. Mais dans la réflexion et lors de la réflexion, cette limitation n'est jamais dérivée de la réflexion elle-même, parce qu'à cet égard il n'y a pas réflexion sur elle.)

4. Ces deux éléments doivent être un seul et même Je, posé en tant que tel. Pourtant, l'un est considéré comme actif en relation avec le Non-Je, l'autre comme subissant dans la même relation. Là, le Je produit par activité idéale un Non-Je ; ici il est par celui-ci limité.

5. La contradiction est facile à réunir. Le Je produisant a été lui-même posé en tant que *subissant*, et ainsi également le Je senti dans la réflexion. Le Je est donc *pour soi-même* en relation avec le Non-Je toujours *subissant*, il n'est pas du tout conscient de son activité, et il n'y a pas de réflexion sur celle-ci. – C'est pourquoi la réalité de la chose semble être sentie alors que seul le Je est senti.

(C'est ici que gît la raison de toute réalité. C'est uniquement par la relation du sentiment avec le Je, que nous venons de démontrer, que la réalité devient possible pour le Je, aussi bien celle du Je que celle du Non-Je. – Quelque chose qui est possible uniquement par la *relation d'un sentiment*, sans que le Je soit conscient *de son intuition de celui-ci*, ni ne puisse en devenir conscient, et *qui de ce fait semble être senti*, est dit *cru*.

Envers la réalité en général, aussi bien celle du Je que celle du Non-Je, a lieu uniquement *une croyance* (*ein Glaube*).

§ 10. *Septième thèse*

La pulsion elle-même doit être posée et déterminée

De même que nous avons maintenant déterminé et expliqué le sentiment, nous devons déterminer la pulsion, parce qu'elle est en connexion avec le sentiment. Grâce à cette explication, nous avançons plus loin, et gagnons un champ à l'intérieur de la faculté pratique[86].

1. La pulsion est posée, cela signifie comme on le sait que le Je réfléchit sur elle. Or le Je ne peut réfléchir que sur soi-même et sur ce qui est pour lui et en lui, ce qui pour ainsi dire lui est accessible [302]. Donc, la pulsion doit avoir déjà opéré quelque chose dans le Je, et ce, *dans la mesure où il est déjà posé en tant que Je par la réflexion indiquée à l'instant*, – s'être présentée dans celui-ci.

2. Le sentant est posé en tant que Je. Celui-ci a été déterminé par la pulsion originelle sentie à sortir de soi-même, et au moins par une activité idéale à produire quelque chose. Or la pulsion originelle ne tend pas du tout à une simple activité idéale, mais à la réalité ; et le Je est par la pulsion déterminé à produire une réalité en dehors de soi. – Or il ne peut pas donner satisfaction à cette détermination, parce que l'aspiration n'a jamais de causalité, alors que la contre aspiration du Non-Je doit lui tenir l'équilibre. Il est donc, dans la mesure où il est déterminé par la pulsion, *borné* par le Non-Je.

3. Il y a dans le Je la tendance toujours persistante à réfléchir sur soi-même, dès que la condition de toute réflexion – une limitation – entre en jeu. Cette condition entre ici en jeu ; le Je doit de ce fait nécessairement réfléchir sur cet état qui est le sien. – Dans cette réflexion maintenant, le réfléchissant s'oublie lui-même, comme toujours, et la réflexion ne parvient donc pas à la conscience. En outre elle se produit par une simple impulsion ; il n'y a donc en elle pas la moindre extériorisation de la liberté, et elle devient, comme ci-dessus, un simple *sentiment*. La seule question est la suivante : quel sentiment ?

4 L'objet de cette réflexion est le Je, le Je poussé, donc actif *idealiter* en soi-même : poussé par une impulsion séjournant en lui-même, donc sans nul libre arbitre ou spontanéité. – Mais cette activité du Je aboutit à un objet, qu'elle ne peut pas *réaliser* comme chose, ni non plus le *présenter* par une activité idéale. C'est donc une activité *qui n'a aucun objet*, mais qui pourtant, *irrésistiblement poussée, tend à un objet*, et qui est seulement sentie.

[86] Développement articulé en 32 points [301-302] (211-216).
Synthèses quintuples Thèse 10 de 1 à 19 [301-309] 25 (5 X 5) §§ (211-216).

Une telle détermination dans le Je est toutefois appelée un *languir* (*Sehnen*) ; une pulsion vers quelque chose de tout à fait inconnu, qui seulement se manifeste par un *besoin* (Bedürfnis) [303], par un *malaise* (Missbehagen), par un *vide* (Leere) qui cherche le comblement, mais n'indique pas à partir de quoi. – Le Je sent en soi un languir ; il se sent en besoin.

5. Les deux sentiments, celui du *languir* qui vient d'être dérivé, et celui *de la limitation et de la contrainte* indiqué ci-dessus doivent être distingués et reliés l'un à l'autre. – Car la pulsion doit être déterminée ; maintenant, la pulsion se manifeste par un certain sentiment, il faut donc déterminer ce sentiment ; or cela ne peut être déterminé que par un sentiment d'une autre espèce.

6. Si dans le premier sentiment le Je n'était pas borné, il n'apparaîtrait pas dans le deuxième un *simple languir*, mais de la *causalité* ; car le Je pourrait alors produire quelque chose hors de soi, et sa pulsion ne serait pas bornée à déterminer le Je lui-même de manière purement intérieure. Inversement, si le Je ne se sentait par *languissant*, il ne pourrait pas se sentir *borné*, car c'est uniquement par le sentiment du languir que le Je sort hors de soi-même – c'est uniquement par ce sentiment dans le Je et pour le Je que quelque chose qui est censé être en dehors de lui est posé.

(Ce languir est important pas seulement pour la doctrine de la science pratique, mais pour la doctrine de la science dans son ensemble. C'est uniquement par lui que le Je est poussé *en soi-même – hors de soi*, c'est uniquement par lui que se révèle *en lui*-même un *monde extérieur*.)

7. Tous deux sont donc synthétiquement réunis, l'un n'est pas possible sans l'autre. Pas de limitation, pas de languir ; pas de languir, pas de limitation. – Tous deux sont aussi parfaitement opposés l'un à l'autre. Dans le sentiment de la limitation le Je est uniquement senti comme *subissant*, dans celui du languir aussi comme *actif*.

8. Tous deux se fondent sur la pulsion, et sur *une seule et même* pulsion dans le Je. La pulsion du Je limité par le Non-Je et capable uniquement par là d'une pulsion, détermine la faculté de réflexion et ainsi se génère le sentiment d'une contrainte. La même pulsion détermine le Je, par l'activité idéale qui fait sortir de soi et produire quelque chose hors de soi [304] ; et comme le Je est dans cette optique borné, il en naît un languir, et par la faculté de réflexion posée par là dans la nécessité du réfléchir, un *sentiment de languir*. – C'est la question de savoir comment une seule et même pulsion peut produire un opposé. C'est uniquement par la différence des forces selon lesquelles elle se dirige. Dans la première fonction elle s'oriente uniquement selon la simple faculté de réflexion, laquelle appréhende uniquement ce qui lui est donné ; dans la deuxième, elle

s'oriente sur l'aspiration absolue, libre, fondée dans le Je lui-même, qui tend à la création, crée réellement par l'activité idéale ; sauf que jusqu'à présent nous ne connaissons pas son produit, et nous sommes incapables de le reconnaître.

9. Le languir (Sehnen) est donc la *manifestation originelle radicalement indépendante* de l'aspiration (Streben) qui se trouve dans le Je. *Indépendante*, parce qu'il ne prend en considération aucune restriction, et n'est arrêté par aucune. (Cette remarque est importante ; car on verra tout à l'heure que ce languir est le véhicule de toutes les lois pratiques ; et qu'on ne peut les reconnaître qu'au fait qu'elles se laissent dériver de lui ou non.)

10. Dans le languir, la limitation fait apparaître en même temps un sentiment de contrainte, qui doit avoir sa raison dans un Non-Je. L'objet du languir (ce que le Je déterminé par la pulsion ferait réellement, s'il avait de la causalité, et que l'on peut appeler provisoirement l'*idéal*) est totalement adapté et congruent à l'aspiration du Je ; mais ce qui peut être posé par la relation du sentiment de la limitation avec le Je (et qui sans doute aussi sera posé), est conflictuel avec lui. Les deux objets sont de ce fait opposés l'un à l'autre.

11. Du fait qu'il ne peut pas y avoir de languir dans le Je sans sentiment de contrainte, et inversement, le Je est, dans les deux synthétiquement réunis, un seul et même Je. Pourtant, il est dans les deux déterminations manifestement placé en conflit [305] avec soi-même ; limité et illimité, fini et infini en même temps. Cette contradiction doit être levée, et nous entreprenons maintenant de la démonter plus nettement et de la résoudre de façon satisfaisante.

12. Le languir tend, comme nous l'avons dit, à rendre réel quelque chose hors du Je. Il n'y réussit pas ; autant que nous puissions le voir, le Je n'y réussit pas en général dans aucune de ces déterminations. – Cependant, cette pulsion qui va vers l'extérieur doit opérer ce qu'elle peut. Mais elle peut agir sur l'activité idéale du Je, la déterminer à sortir de soi et à produire quelque chose. – Ce n'est pas ici le lieu d'interroger cette faculté de production ; elle va tout de suite être déduite génétiquement (*genetisch deduziert*); mais la question suivante qui ne peut que s'imposer à celui qui continue à penser avec nous, doit trouver une réponse. Pourquoi n'avons-nous pas fait plus tôt cette conclusion, sans compter qu'originellement nous sommes partis d'une pulsion vers l'extérieur ? La réponse à ce sujet est la suivante : le Je, *pour soi-même valide* (car il n'est question que de cela ici, nous avons déjà tiré cette conclusion pour un spectateur possible ci-dessus) ne peut pas s'orienter *vers l'extérieur*, sans s'être auparavant limité ; car jusque-là il n'y a ni intérieur ni extérieur pour lui. Cette limitation de lui-même s'est produite grâce au

sentiment de soi déduit. Alors il peut tout aussi peu s'orienter vers l'extérieur, si le monde extérieur laissé ne se manifeste pas à lui *en lui-même* d'une manière quelconque. Or cela n'advient que par le languir.

13. Il se pose la question de savoir *comment* et *ce que* l'activité idéale du Je déterminée par le languir va produire. – Il y a dans le Je un sentiment déterminé de limitation =X. – Il y a en outre dans le Je un languir tendant à la réalité. Mais la réalité ne s'extériorise pour le Je que par le sentiment : donc le languir tend à un sentiment. Or le sentiment X n'est pas le sentiment suscitant le languir ; car alors le Je ne se sentirait pas *limité* et *languissant* ; et en général il ne se sentirait pas ; mais il sentirait plutôt le sentiment opposé –X [306]. L'objet, qui devrait être présent si le sentiment –X avait lieu dans le Je, et que nous voulons nous-mêmes appeler –X, devrait être produit. Ce serait l'idéal. – Maintenant, ou bien l'objet X (raison du sentiment de bornage X) est lui-même senti, alors l'objet –X serait facile à poser par simple opposition. Mais cela est impossible parce que le Je ne sent jamais un objet, mais seulement lui-même ; et qu'il peut uniquement produire l'objet par l'activité idéale. – Ou bien le Je pourrait exciter en soi le sentiment – X, alors il serait capable de comparer lui-même immédiatement sous soi les deux sentiments, de remarquer leurs différences, et de les présenter dans des objets en tant que raisons de ceux-ci. Mais le Je ne peut exciter en lui aucun sentiment ; sinon, il aurait de la causalité, ce qu'il ne doit pas avoir. (Ceci empiète sur le principe de la doctrine de la science théorique : le Je ne peux pas se limiter lui-même). – La tâche est de ce fait rien moins que de conclure immédiatement à partir du sentiment de la limitation, qui ne peut être davantage déterminé, à l'objet du languir totalement opposé : que le Je le produise par l'activité idéale seulement selon la consigne du premier sentiment.

14. L'objet du sentiment de la limitation est quelque chose de réel : celui du languir n'a pas de réalité, mais il doit en avoir par suite du languir, car celui-ci tend à la réalité. Tous deux sont opposés l'un à l'autre, parce que le Je se sent limiter par l'un, aspire après l'autre, pour sortir de la limitation. Ce qui est l'un n'est pas l'autre. C'est tout ce que l'on peut dire jusqu'à présent de ces deux éléments.

15. Nous pénétrons plus profondément dans l'investigation. – Le Je d'après ce qui précède s'est posé comme Je par la réflexion libre sur le sentiment, selon le principe fondamental : ce qui se pose soi-même, ce qui est à la fois déterminant et déterminé, est le Je. – Le Je s'est donc dans cette réflexion (qui s'extériorisait comme sentiment de soi) *déterminé* lui-même, complètement [307] circonscrit et limité. Il est dans cet réflexion *absolument déterminant.*

16. La pulsion qui va vers l'extérieur s'oriente selon cette activité et devient de ce fait dans cette optique une pulsion de *déterminer*, de *modifier* quelque chose en dehors du Je, la réalité déjà donnée en général par le sentiment. – – Le Je était à la fois le déterminé et de déterminant. Il est poussé par la pulsion vers l'extérieur, signifie qu'il doit être le *déterminant.* Mais tout déterminer présuppose une matière. – – L'équilibre doit être maintenu ; donc la réalité reste toujours ce qu'elle était, la *réalité*, quelque chose de reliable au sentiment ; pour elle en tant que telle, en tant que simple *matière*, aucune modification n'est pensable, si ce n'est l'anéantissement et la totale suppression. Mais sa présence est la condition de la vie ; en ce qui ne vit pas, il ne peut pas y avoir de pulsion, et aucune pulsion du vivant ne peut aboutir à l'anéantissement de la vie. Donc, la pulsion qui s'extériorise dans le Je n'aboutit à pas à de la *matière* en général, mais à une certaine *détermination de la matière.* (On peut se dire : une *matière variée.* La matérialité est tout simplement simple ; mais *la matière a différentes déterminations.*)

17. C'est *cette* détermination par la pulsion qui est sentie comme un *languir.* Le languir n'aboutit donc pas à la mise en avant de la matière en tant que telle, mais à une modification de celle-ci.

18. Le *sentiment* de languir n'était pas possible sans réflexion sur la détermination du Je par la pulsion indiquée, cela va de soi. Cette réflexion n'était pas possible sans *limitation* de la pulsion, et expressément de la pulsion de détermination, qui seule s'extériorise dans le languir. Mais toute limitation du Je n'est que sentie. Il se pose la question de savoir ce que pourrait être le sentiment par lequel la *pulsion de déterminer* est sentie comme limitée.

19. Tout déterminer advient par activité idéale. Il faudrait donc, pour que le sentiment exigé soit possible [308], qu'un objet ait déjà été déterminé par cette activité idéale, et cet acte de déterminer devrait se relier au sentiment. – Ceci fait surgir les questions suivantes : 1. comment l'activité idéale doit-elle en venir à la possibilité et à la réalité de ce déterminer ? 2. comment ce déterminer doit-il pouvoir se relier au sentiment ?

Nous répondons à la première question : nous avons déjà montré plus haut une détermination de l'activité idéale par la pulsion, qui doit agir constamment, autant qu'elle le peut. Elle doit à la suite de cette détermination *poser* en tout premier lieu *le fondement de la limitation* comme objet par ailleurs totalement déterminé par soi-même ; objet qui toutefois pour ce motif précisément ne parvient pas à la conscience et ne peut pas y parvenir. Or à l'instant, une pulsion de simple détermination a été indiquée dans le Je ; et selon elle, l'activité idéale doit tout d'abord au moins aspirer à tendre à *déterminer* l'objet posé. – Nous ne pouvons pas dire *comment* le Je à la suite de la pulsion doit déterminer l'objet ; mais nous savons au moins que d'après cette pulsion fondée au plus intime de son essence le *déterminant* doit être ce qui dans le déterminer est *seulement, uniquement et tout simplement actif.* Cette pulsion de détermination peut-elle, même si nous faisons abstraction du sentiment déjà connu de *languir*, dont la présence seule tranche déjà notre question – peut-elle, dis-je, cette pulsion de détermination, selon des raisons pures *a priori*, avoir de la causalité, être satisfaite, ou non ? Sur sa limitation se fonde la possibilité d'un languir ; sur sa possibilité la possibilité de sentiments sur celui-ci – la vie, la conscience et l'existence spirituelle en général. La pulsion de détermination n'a de ce fait, aussi certainement que le Je est Je, pas de causalité. Mais de cela, tout aussi peu que ci-dessus dans le cas de l'aspiration générale, la raison ne peut s'en trouver en elle-même, car alors ce ne serait pas une pulsion : donc dans une contre pulsion du Non-Je *à se déterminer soi-même,* dans une efficience de celui-ci, qui est dans une totale indépendance du Je et de sa pulsion [309], suit *son* chemin et s'oriente selon *ses* lois, de même que le chemin s'oriente d'après les siennes

S'il est de ce fait un objet, et s'il est des déterminations de celui-ci en soi, c'est-à-dire produites par l'efficience intérieure propre de la nature (comme nous l'admettrons cependant hypothétiquement, mais le réaliserons sur-le-champ *pour le Je*) ; si en outre l'activité *idéale* (intuitionnante) du Je repoussé au dehors par la pulsion, comme nous l'avons montré, alors le Je va et doit déterminer l'objet. Il est dans cette détermination dirigé par la pulsion, et tend à le déterminer selon elle ; mais il reste en même temps sous l'influence du Non-Je, et est limité par celui-ci, par la complexion réelle de la chose, à pouvoir déterminer *non* selon la pulsion celui-ci à un degré supérieur ou inférieur.

Par ce bornage de la pulsion, le Je est limité ; il apparaît, comme lors de chaque limitation de l'aspiration, et de la même manière un sentiment, qui est ici un sentiment de limitation du Je, non par la *matière*, mais *par la complexion de la matière.* Et ainsi la seconde question est aussi en même temps résolue : comment le bornage du déterminer peut-il se relier aux sentiments.

20. Continuons[87] à discuter et prouvons plus précisément ce qui a été dit à l'instant.

---

[87] Synthèse quintuple 20 a, b, c, d, e [309-312] (217-218).

a) Le Je se déterminait soi-même par la spontanéité absolue comme il a été montré plus haut. C'est vers cette activité de déterminer que la pulsion qu'il faut examiner maintenant se tourne et qu'elle impulse vers l'extérieur. Si nous voulons apprendre à connaître fondamentalement la détermination de l'activité par la pulsion, alors nous devons avant toute chose la connaître elle-même fondamentalement.

b) Elle était dans l'action seulement et uniquement *réfléchissante*. Elle déterminait le Je tel qu'elle le trouvait, sans changer quelque chose en lui ; elle était pourrait-on dire seulement *formante* [310]. La pulsion ne peut pas ni ne doit introduire quelque chose qui n'est pas dans l'activité : elle la pousse donc uniquement à la reproduction de ce qui est là, tel qu'il est là ; à la simple intuition, mais aucunement à la modification de la chose par l'efficience réelle. Il faut uniquement qu'une détermination soit apportée dans le Je, telle qu'elle est dans le Non-Je.

c) Pourtant, le Je réfléchissant sur soi-même devait *d'un* point de vue avoir en soi l'étalon du réfléchir. Il allait en effet vers ce qui était *à la fois (realiter) déterminé et déterminant*, et il l'a posé en tant que Je. Le fait que celui-ci soit présent ne dépendait pas de lui, même si nous le considérons seulement comme réfléchissant. Et pourquoi ne réfléchissait-t-il pas sur moins, sur le déterminé seul ou sur le déterminant seul ? Pourquoi pas sur plus ? Pourquoi n'étendait-t-il pas le périmètre de son objet ? La raison de cela ne pouvait pas se trouver en dehors de lui du fait déjà que la réflexion se produisait avec une absolue spontanéité. Il fallait donc qu'il ait uniquement en soi-même ce qui appartient à toute réflexion, la limitation de celui-ci. – Le fait qu'il en allait ainsi ressort aussi d'une autre considération. Le Je devait être posé. Le « déterminé et déterminant à la fois » a été posé comme Je. Le réfléchissant avait cet étalon en soi-même, et l'a amené avec lui jusqu'à la réflexion ; car lui-même, du fait qu'il est réfléchi par une spontanéité absolue, est à la fois le déterminant et le déterminé.

Le réfléchissant a-t-il aussi pour la détermination du Non-Je une telle loi intérieure de la détermination, et laquelle ?

Cette question est facile à résoudre, pour les raisons citées plus haut. La pulsion aboutit au Je réfléchissant, tel qu'il est. Elle ne peut rien lui donner ou lui prendre, sa loi intérieure de la détermination reste la même. Tout ce qui est objet de sa réflexion et de son déterminer (*idéal*) doit être (*realiter*) « déterminé et déterminant en même temps » ; et aussi le Non-Je à déterminer. La loi subjective de la détermination est donc celle-ci [311] que *quelque chose de déterminé et de déterminant est déterminé en même temps* ou *par soi-même* : et la pulsion de détermination aboutit à trouver cela ainsi et ne peut être satisfaite qu'à cette condition. – Elle exige de la *déterminité*, une *totalité* et *complétude* parfaite, qui consiste uniquement dans cet attribut. Ce qui, *dans la mesure où il est déterminé,* n'est pas en même temps *le déterminant*, est dans cette mesure *effet* ; et cet effet est, en tant que quelque chose *d'étranger*, exclu de la chose, par la limite que la réflexion tire, séparée et expliquée *à partir d'autre chose.* Ce qui, *dans la mesure où il est déterminant*, n'est pas en même temps *le déterminé*, est dans cette mesure *cause*, et le déterminer est relié *à autre chose*, et par là exclu de la sphère posée par la réflexion à la chose. Ce n'est que dans la mesure où la chose est avec elle même en action alternante qu'elle est une chose, et la même chose. Cet attribut est transféré par la pulsion de détermination hors du Je sur les choses ; et cette remarque est importante.

(Les exemples les plus banals serviront d'explication. Pourquoi une sensation (*Empfindung*) simple est-elle sucrée ou amère, rouge ou jaune etc., sans être démembrée en plusieurs – ou pourquoi est-ce en général une sensation persistant pour soi, et non seulement une fraction d'une autre ? La raison de cela doit se trouver manifestement dans le Je, pour lequel c'est une sensation simple ; il doit y avoir a priori en lui une loi de la limitation en général.)

d) La différence entre le Je et le Non-Je persiste toujours malgré cette égalité de la loi de détermination. S'il y a réflexion sur le Je, alors aussi le réfléchissant et le réfléchi sont identiques, une seule et même chose, déterminé et déterminant : si l'on réfléchit sur le Non-Je, ils sont opposés ; car le réfléchissant est, cela va de soi, toujours le Je.

e) Ici se trouve en même temps la preuve stricte que la pulsion de détermination n'aboutit pas à une modification réelle, mais uniquement à un déterminer idéal, déterminer pour le Je, former par imitation. Ce qui peut être objet de cette imitation [312] doit être *realiter* parfaitement déterminé par soi-même, et alors il ne reste rien pour une activité réelle du Je, au contraire celle-ci serait en contradiction ouverte avec la détermination de la pulsion. Si le Je est modifié *realiter*, rien de ce qui devrait être donné n'est donné.

21. La question[88] se pose de savoir comment et de quelle manière le déterminable peut être donné au Je ; et en répondant à cette question, nous pénétrons une fois de plus plus profondément dans la cohésion synthétique des actions indiquées ici.

Le Je réfléchit sur soi, en tant que le déterminé et le déterminant en même temps, et dans cette mesure il se limite (il va exactement aussi loin que vont le déterminé et le déterminant) : mais il n'y a pas de *limitation* sans un *limitant.* Ce limitant, à opposer au Je, ne peut pas par exemple,

[88] Synthèse quintuple 21 (5 §§) [312-315] 21, a, b, b§2, b§3 (218-221).

comme on le postule dans la théorie, être produit par l'activité idéale, mais il doit être donné au Je, se trouver en lui. Quelque chose de ce genre se trouve à vrai dire dans le Je, c'est nommément ce qui est exclu dans cette réflexion, comme nous l'avons montré plus haut. – Le Je ne se pose comme Je que dans la mesure où il est *le déterminé et le déterminant* ; mais il n'est les deux que d'un point de vue idéal. Son aspiration à l'activité réelle est limitée, elle est posée dans cette mesure comme force intérieure, enfermée, se déterminant soi-même (c'est-à-dire déterminée et déterminante en même temps) ou, comme elle est sans extériorisation, matière intensive. C'est sur cette dernière qu'il y a réflexion, en tant que telle ; elle est ainsi portée par l'opposition vers l'extérieur, et ce qui en soi et originellement est *subjectif* se transforme en un *objectif*.

a) On voit ici très nettement où la loi : le Je ne peut pas se poser comme déterminé sans s'opposer un non Je, prend naissance. Nous aurions pu il est vrai après cette loi connue maintenant à satiété tout de suite commencer à conclure ainsi : si le Je doit se déterminer, il doit nécessairement s'opposer quelque chose ; mais comme nous sommes ici dans la partie pratique de la doctrine de la science [313], et devons donc partout remarquer des pulsions et des sentiments, nous avions à dériver cette loi même d'une pulsion. – La pulsion, qui originellement se dirige vers l'extérieur, effectue ce qu'elle peut, et comme elle ne peut pas agir sur une activité réelle, elle agit au moins sur une idéale, qui de par sa nature ne peut pas être bornée et l'entraîne vers l'extérieur. C'est de là que vient l'opposition ; et c'est ainsi que s'enchaînent par la pulsion et dans la pulsion toutes les déterminations de la conscience et en particulier aussi la conscience du Je et du Non-Je.

b) Le subjectif est transformé en un objectif ; et inversement, tout ce qui est objectif est originellement un subjectif. – On ne peut pas citer un exemple parfaitement convenable ; car il est ici question d'un déterminé en général, qui en outre n'est rien d'autre qu'un déterminé ; et un tel déterminé ne peut pas survenir dans la conscience, ce dont nous verrons bientôt la raison. Tout déterminé, aussi certain qu'il puisse survenir dans la conscience, est nécessairement un particulier. Par des exemples du deuxième type il est toutefois possible de démontrer très clairement dans la conscience l'affirmation énoncée plus haut.

Soit par exemple quelque chose de *sucré, d'aigre, de rouge, de jaune* etc. Une telle détermination est manifestement quelque chose d'uniquement *subjectif* ; et nous n'espérons pas que celui qui va seulement comprendre ces mots, va nier ce fait. Ce qui est sucré ou aigre, rouge ou jaune ne peut tout simplement pas être décrit mais seulement senti, et ne peut être communiqué à l'autre par aucune description, mais chacun doit relier l'objet à son propre sentiment pour que puisse jamais se former en lui une connaissance de mon éprouvé. On peut seulement dire : *j'ai en moi la sensation d'amertume, de sucré,* etc., et rien de plus. Mais admettons que l'autre relie l'objet à son sentiment : d'où savez-vous donc que la connaissance *de votre* sensation se forme en lui parce qu'il éprouve sous la même forme que vous ? [314] Comment savez-vous que par exemple le sucre fait exactement la même impression sur le goût de l'autre qu'il fait sur le vôtre ? Vous appelez certes ce qui se produit en vous quand vous mangez du sucre, *sucré*, et lui et tous vos concitoyens l'appellent aussi avec vous sucré ; toutefois, cette entente n'est que dans les mots. Mais comment savez-vous que ce que vous deux vous appelez sucré est précisément pour lui ce qu'il est pour vous ? À ce sujet, l'éternité ne permet pas de trancher ; la chose reste uniquement dans le domaine subjectif, et n'est pas du tout objective. C'est uniquement par la synthèse du sucre avec un goût déterminé, *en soi subjectif* mais objectif uniquement *par sa déterminité en général* que la chose passe dans le champ de l'objectivité. – C'est de semblables relations uniquement subjectives avec le sentiment que sortent toutes nos connaissances ; sans sentiment, aucune représentation d'une chose en dehors de nous n'est possible.

Or vous transférez sur-le-champ cette détermination *de vous-mêmes* sur quelque chose en dehors de vous ; ce qui est à proprement parler accident de votre Je, vous en faites un accident d'une chose, censée être en dehors de vous (contraints par des lois qui ont été établies à suffisance dans la doctrine de la science), *d'une matière qui est étendue dans l'espace et est censée remplir ce dernier*. Le fait que cette matière elle même est quelque chose qui n'est présent qu'en vous, qui est uniquement subjective, aurait dû susciter en vous depuis longtemps au moins un soupçon parce que sans davantage de difficulté, sans que par exemple un nouveau sentiment provienne de cette chose, vous arriviez selon votre propre aveu à transférer sur elle uniquement du subjectif comme sucré, rouge, etc. ; parce qu'en outre, une telle matière sans un subjectif à transférer sur elle n'est radicalement pas là pour vous, et qu'il n'y a de ce fait pour vous aussi rien du tout si ce n'est le porteur du subjectif à transférer hors de vous dont vous avez besoin. – En transférant le subjectif sur elle, elle est sans nul doute présente en vous et pour vous. Si en outre elle était originellement présente en dehors de vous, et était venue en vous de l'extérieur pour la possibilité de la synthèse que vous devez entreprendre, elle devrait être entrée en vous *par les sens*. Mais les sens ne nous livrent [315] qu'un subjectif, du type indiqué ci-dessus ; la matière, en tant que telle, ne tombe nullement sous les sens, mais ne peut être esquissée ou pensée que par l'imagination productive. Elle n'est pas vue, ni entendue, ni goûtée, ni humée ; mais elle tombe dans le sens du sentiment (*tact*), pourrait objecter un individu non exercé à l'abstraction. Seulement ce sens ne s'annonce que par la sensation d'une résistance, d'un ne-pas-pouvoir qui est subjectif ; *le résistant* n'est on l'espère pas *senti*, mais seulement *conclu*. Il passe uniquement sur la surface, et celle-ci s'annonce toujours par un subjectif quelconque, à savoir qu'elle est par exemple rugueuse ou douce, froide ou chaude, dure ou molle, etc. ; mais pas à l'intérieur du corps. Mais pourquoi étendez-vous d'abord cette chaleur, ou ce froid, que vous sentez (avec la main avec laquelle vous les sentez) sur tout une vaste surface, au lieu de la poser en un seul point unique ? Et comment en venez-vous à admettre encore un intérieur du corps entre les surfaces, que vous ne sentez pourtant pas ? Cela se produit manifestement par l'imagination productive. – Pourtant vous tenez cette matière comme quelque chose d'objectif, et ce à juste titre, parce que vous tous coïncidez et devez coïncider sur sa présence car la production de celle-ci se fonde sur une loi générale de toute Raison.

22. La pulsion[89] était dirigée vers l'activité du Je réfléchissant sur soi-même, se déterminant elle-même *en tant que Je*, *en tant que telle*. Il est donc expressément compris dans la détermination par elle que ce doit être le je qui détermine la chose – que de ce fait le Je doit réfléchir sur soi-même dans ce déterminer. – (Nous reviendrons à cette réflexion. Nous ne la considérons ici que comme un moyen auxiliaire, pour avancer dans notre investigation.)

23. L'activité du Je est Une, et elle ne peut pas concerner en même temps plusieurs objets [316]. Elle devrait déterminer le Non-Je, que nous voulons appeler X. Le Je doit maintenant *dans ce déterminer*, par la même activité, on le comprend, réfléchir sur soi-même. Cela n'est pas possible sans que l'action *du déterminer* (de X) soit interrompue. La réflexion du Je sur soi-même se produit avec une absolue spontanéité, donc aussi son interruption. Le Je interrompt l'action du déterminer, par spontanéité absolue.

24. Le Je est donc borné dans le déterminer, et il en résulte *un sentiment*. Il est *borné*, car la pulsion de *déterminer* allait vers l'extérieur sans aucune détermination, c'est-à-dire dans l'infini. – Cette pulsion avait en général en soi la règle de réfléchir sur ce qui est déterminé *realiter* par soi-même, comme une seule et même chose ; mais pas la loi que celui-ci (dans notre cas X) doive aller jusqu'à B ou C, etc. Maintenant, ce déterminer est interrompu en un certain point que nous allons appeler C.

[89] Synthèse quintuple de 22 à 28 [315-320] (5 X 2= 10) 22, 23, 24, 25§§§§, 26, 27, 28 (221-224).

(Laissons en l'état la question de savoir ce que cela donne comme limitation ; mais gardons-nous de penser à une limitation dans l'espace. Il est question d'une limitation de l'intension (*Intension*), par exemple de ce qui sépare le sucré de l'aigre, etc.) C'est donc un *bornage* de la pulsion de détermination en tant que détermination d'un sentiment. Il y a là en outre une *réflexion* sur cela, en tant que l'autre réflexion de celui-ci. Car dès lors que l'activité libre du Je interrompt la détermination de l'objet, elle se dirige vers le déterminer et la détermination, le périmètre complet de ceux-ci, qui par là précisément devient un périmètre. Mais le Je n'est pas conscient de cette liberté de son agir ; c'est pourquoi la limitation est attribuée à la chose. – C'est un sentiment de limitation du Je par la *déterminité* de la chose, ou un sentiment d'un *déterminé, simple*.

25. Nous allons maintenant décrire la réflexion qui survient à la place du déterminer interrompu, et se trahissant par un sentiment comme interrompu. – Dans cette réflexion [317], le Je doit se poser comme Je, c'est-à-dire comme ce qui se détermine lui-même dans l'action. Il est clair que ce qui est posé comme produit du Je ne peut être autre chose qu'une intuition de X, une image de lui, mais aucunement X lui-même, comme il ressort de principes fondamentaux théoriques, et même de ce qui est dit plus haut. Il est posé comme produit du Je dans sa liberté signifie qu'il est posé comme *contingent*, comme un Je qui ne devrait pas nécessairement être comme il est, mais pourrait aussi être autrement. – Si le Je était conscient de sa liberté dans le forger (en se réfléchissant de nouveau sur la réflexion actuelle), l'image serait posée comme contingente *en relation avec le Je*. Une telle réflexion n'a pas lieu ; il doit de ce fait être posé contingent *en relation à un autre Non-Je*, qui nous est jusqu'à présent totalement inconnu. Nous discuterons ce qui est ici dit généralement plus complètement.

X devait, pour être adapté à la loi de la détermination, être déterminé par soi-même (déterminé et déterminant en même temps). Or c'est ce qu'il est selon notre postulat. Maintenant il doit en outre, du fait du sentiment présent, aller jusqu'à C et pas plus loin ; mais faire ce parcours de façon déterminée. (Ce que cela veut dire, nous le verrons bientôt). De cette détermination, il ne se trouve dans le Je déterminant ou intuitionnant *idealiter* aucune raison. Il n'a pour cela aucune loi. (Ce qui se détermine soi-même va-t-il seulement aussi loin ? D'une part il apparaîtra qu'uniquement considéré en soi-même, il va au-delà, c'est-à-dire jusqu'à l'infinité ; d'autre part, même s'il devait y avoir là, dans la chose, une différence, comment arrive-t-elle dans le cercle d'action du Je idéal (*das ideale Ich*) ? Comment devient-elle accessible à celui-ci, alors que celui-ci n'a aucun point de contact avec le Non-Je, uniquement dans la mesure où il est actif *idealiter*, dans la mesure où il n'a aucun point de contact de ce genre, et n'est pas limité par le Non-Je ? – Exprimé de façon populaire : pourquoi *sucré* est-il quelque chose *d'autre* que *aigre*, pourquoi est-il opposé à celui-ci ? Tous deux sont en général quelque chose de *déterminé*. Mais en dehors de ce caractère général [318], quelle est leur raison de distinction ? Elle ne peut pas se trouver uniquement dans l'activité idéale ; car aucun concept n'est possible des deux. Pourtant, elle doit au moins en partie se trouver dans le Je, car c'est une différence *pour le Je*.)

Donc, le Je idéal flotte avec une absolue liberté au-dessus et à l'intérieur de la limite. Sa limite est totalement indéterminée. Peut-il rester dans cette situation ? Aucunement ; car il doit maintenant, selon le postulat, réfléchir sur soi-même dans cette intuition, et donc se poser de façon *déterminée* dans celle-ci ; car toute réflexion présuppose une détermination.

La règle de la détermination générale nous est bien connue ; c'est quelque chose qui n'est déterminé que dans la mesure où elle se détermine par elle-même. De ce fait, le Je dans cette intuition du X devrait soi-même poser la limite de son intuitionner. Il devrait se déterminer par soi-même, à poser précisément le point C comme point limite, et X serait de ce fait indéterminé par la spontanéité absolue du Je.

26. Mais – cette argumentation est importante – X est un terme qui selon la loi de la détermination générale se détermine par soi-même, et il est uniquement un objet de l'intuition postulée dans la mesure où il se détermine par soi-même. – Nous avons certes jusqu'à maintenant parlé uniquement de la détermination *intérieure* de l'essence ; mais la détermination *extérieure* de la limitation lui fait immédiatement suite. X=X, dans la mesure où, déterminé et déterminant à la fois, il est, et où il *va aussi loin qu'il va*, par exemple jusqu'à C. Si le Je doit limiter X exactement et conformément à la chose, alors il *doit* limiter le même en C, et l'on ne pourrait de ce fait pas dire que la limitation se produit par absolue spontanéité. Les deux se contredisent, et devraient rendre nécessaire une distinction.

27. Mais – la limitation de X en C est simplement *sentie*, et non *intuitionnée*. Librement posée, elle doit seulement être *intuitionnée* [319] et non *sentie*. Mais les deux, l'intuition et le sentiment n'ont aucun rapport. L'intuition *voit*, mais elle est *vide* ; le sentiment *se relie à la réalité*, mais il est *aveugle*. – Pourtant, X doit d'après la vérité, et telle qu'il est limité, être limité. De ce fait, une réunion, une cohésion synthétique du sentiment et de l'intuition est exigée. Nous examinerons la dernière encore plus loin, et nous arrivons ainsi sans le remarquer au point que nous cherchions.

28. L'intuitionnant doit limiter X par spontanéité absolue, et ce de telle manière que X paraisse comme uniquement limité par soi-même – c'était l'exigence. Celle-ci est exaucée en ce que l'activité idéale, par son absolue faculté de production, pose un Y au-delà de X (dans le point B C D, etc., car l'activité idéale ne peut pas poser soi-même le point limite déterminé, et lui ne peut pas lui être donné immédiatement.) – Cet Y, en tant qu'opposé d'un déterminé intérieur, de quelque chose, doit 1. Lui-même être quelque chose, c'est-à-dire à la fois déterminé et déterminant, selon la loi de la déterminité en général ; 2. Il doit être opposé à X ou le limiter, c'est-à-dire que par rapport à X, dans la mesure où il est déterminant, Y ne se comporte pas comme le déterminé, et dans la mesure où il est déterminé, Y ne se comporte pas comme le déterminant ; et inversement. Il ne doit pas être possible de rassembler les deux, de réfléchir sur les deux, comme s'ils étaient un. (Il faut bien noter qu'ici le discours ne traite pas d'une détermination ou d'une limitation relative ; elles se trouvent certes en lui ; mais il est question de la détermination ou de la limitation intérieure, et dans celui-ci elles ne se trouvent pas. Tout point possible de X se trouve avec chaque point possible de X en relations alternantes ; de même en Y. Mais pas tout point de Y ne se tient avec chacun de X en relation alternante et inversement. Ils sont tous les deux quelque chose ; mais chacun est quelque chose d'autre ; et ainsi nous en venons seulement à poser la question et à lui répondre : *que* sont-ils ? Sans opposition, tout le Non-Je est quelque chose, mais il n'est pas un quelque chose déterminé, particulier [320], et la question qu'est-ce que ceci ou cela ? n'a aucun sens ; car elle ne trouve sa réponse que dans l'opposition.)

C'est ce à quoi la pulsion détermine l'activité idéale ; la loi de l'action exigée et d'après la règle citée ci-dessus est facile à déduire, à savoir : X et Y doivent s'exclure alternativement. Nous pouvons appeler cette pulsion, dans la mesure où comme ici elle se dirige seulement en fonction de l'activité idéale, la *pulsion de détermination alternante*.

29. Le[90] point limite C est posé uniquement par le sentiment ; donc, Y, qui se trouve par-delà C, dans la mesure où il doit précisément commencer en C, ne peut aussi être donné que par relation aux sentiments. Le sentiment est seul à réunir les deux dans la limite. – La pulsion de détermination alternante aboutit de ce fait en même temps à un sentiment. En lui sont de ce fait intimement réunis *l'activité idéale et le sentiment* ; en lui est le tout du Je Un. – Nous pouvons l'appeler dans cette mesure *la pul-*

[90] Synthèse quintuple de 29 à 32 [320-322] 29§§, 30, 31, 32 ; ou : 29,30, 31, 32§§§, 32§ (224-226).

sion de l'alternance (*Trieb nach Wechsel*) *en général.* C'est elle qui s'exprime par le *languir* ; l'objet du languir et *quelque chose d'autre*, *d'opposé* au présent.

Dans le languir, se trouve l'idéalité et la pulsion de réalité (*Trieb nach Realität*) unie intimement. Le languir aboutit *à quelque chose d'autre ;* cela n'est possible que sous la préssuposition d'une détermination préalable par l'activité idéale. Ce quelque chose vient en outre en lui avant la pulsion de réalité (en tant que bornée), parce qu'il est *senti*, mais pas pensé ou présenté. On voit ici comment peut s'introduire dans un sentiment une poussée *vers l'extérieur*, et donc le pressentiment d'un monde extérieur ; parce que cela est modifié notamment par activité idéale, qui est exempte de toute limitation. On voit ici en outre comment une fonction théorique de l'esprit peut se rapporter à la faculté pratique ; ce qui devait être possible, pour que l'être rationnel devienne jamais un tout complet [321].

30. Le sentiment ne dépend pas de nous, parce qu'il dépend d'une limitation, et que le Je ne veut pas se limiter lui-même. À présent, un sentiment opposé doit entrer en jeu. Si la question est : la condition extérieure sous laquelle seule un tel sentiment est possible, va-t-elle intervenir ? Elle doit intervenir. Si elle n'intervient pas, alors le Je ne sent rien de déterminé ; il ne sent de ce fait rien du tout ; il ne vit donc pas et n'est donc pas un Je, ce qui contredit la présupposition de la doctrine de la science.

31. Le sentiment d'un *opposé* est la condition de la satisfaction de la pulsion, donc *la pulsion d'alternance des sentiments en général* est le *languir.* Ce qui fait languir est maintenant déterminé, mais uniquement par le prédicat qu'il doit être *quelque chose d'autre* pour le sentiment

32. Maintenant, le Je ne peut pas sentir à la fois deux choses ; car il ne peut pas être *limité en C* et en même temps *non limité en C.* Donc l'état modifié ne peut pas *en tant qu'*état modifié être *senti.* L'autre devrait de ce fait uniquement être intuitionné par l'activité idéale, comme quelque chose d'autre et d'opposé au sentiment actuel. – De ce fait, intuition et sentiment seraient nécessairement toujours en même temps présent dans le je, et tout deux seraient synthétiquement réunis en un seul et même point.

À présent, l'activité idéale ne peut en outre remplacer aucun sentiment, ou en engendrer aucun ; elle ne pourrait de ce fait déterminer son objet qu'en n'étant *pas* le senti, qu'en ce qu'échoient à ce dernier toutes les déterminations possibles en dehors de celle qui est présente dans le sentiment. Par là, la chose reste pour l'activité idéale encore uniquement déterminée négativement ; et le senti est par là également non déterminé.

On ne peut penser ici aucun moyen de détermination si ce n'est le déterminer négatif poursuivi à l'infini [322].

(C'est ainsi qu'il en va. Que signifie par exemple *sucré* ? En premier lieu quelque chose qui ne se relierait pas à la vue, à l'ouïe, etc., mais au *goût*. Ce qu'est le goût, vous devez le savoir déjà par la sensation, et vous pouvez vous le présentifier par l'imagination, mais seulement d'une manière obscure et négative (en une synthèse *de tout ce qui n'est pas goût*). Si en outre, parmi ce qui se relie au goût, il n'est pas *aigre, amer,* etc., tant de déterminations particulières du goût que vous sauriez énumérer. Et quand vous auriez énuméré toutes les sensations de goût que vous connaissez, il se peut toujours que de nouvelles vous soient données, jusqu'à présent inconnues de vous, dont vous pourrez alors juger : elles ne sont pas *sucrées*. Donc, la limite entre sucré et toutes les sensations de goût qui vous sont connus reste encore et toujours infini.)

La seule question à laquelle il faudrait encore répondre serait la suivante : comment se fait-il dans l'activité idéale que l'état du sentant se modifie ? – Provisoirement : ceci se découvre par la satisfaction du languir (*Befriedigung des Sehnens*), par un sentiment ; – circonstances à partir de laquelle beaucoup de choses importantes seront déduites.

§ 11. *Huitième thèse*

Les sentiments mêmes doivent pouvoir être opposés

1. Le Je doit par l'activité idéale opposer un objet Y à l'objet X ; il doit se poser comme modifié.[91] Mais il ne pose Y qu'a l'incitation d'un sentiment, et d'un sentiment *autre*. – L'activité idéale est uniquement dépendante de soi-même, et non du sentiment. Il y a dans le Je un sentiment présent X, et dans ce cas, comme on l'a montré, l'activité idéale ne peut pas limiter l'objet X, elle ne peut pas indiquer ce qu'il est. Maintenant, un autre sentiment = Y doit apparaître dans le Je, selon notre postulat ; et maintenant, l'activité idéale doit déterminer l'objet X, c'est-à-dire pouvoir lui opposer un Y déterminé [323]. La modification et le changement dans le sentiment doivent donc avoir une influence sur l'activité idéale. Il se pose la question de savoir comment cela peut se produire.

2. Les sentiments eux-mêmes sont *différents* pour n'importe quel spectateur en dehors du Je ; mais ils doivent être différents pour le Je lui-même, c'est-à-dire qu'ils doivent être posés comme opposés. Cela

[91] Triple synthèse quintuple en 3 X 5 = 15 points. [320-322] (226-331).

n'échoit qu'à l'activité idéale. Il faut donc que deux sentiments soient posés, afin que tous deux puissent être posé, être synthétiquement réunis, mais aussi opposés. Nous avons de ce fait les trois questions suivantes à résoudre : a) comment un sentiment est-il posé ? b) comment les sentiments sont-ils synthétiquement réunis par le poser ? c) comment sont-ils opposés ?

3. Un sentiment est posé par l'activité idéale : cela ne peut être pensé que de la manière suivante : le Je réfléchit sans aucune conscience de soi sur un bornage de sa pulsion. Il en résulte en tout premier lieu un sentiment de soi. Il continue à réfléchir sur cette réflexion, ou se pose en elle-même, comme le déterminer et le déterminant en même temps. Par là, le sentir lui-même devient une action idéale, dès lors que l'activité idéale est transférée sur lui. Le Je sent, ou plus exactement *éprouve quelque chose*, la matière. – Une réflexion, dont il a déjà été question plus haut, par laquelle X seulement devient objet. Par la réflexion sur le *sentiment*, celui-ci devient *sensation* (*Empfindung*).

4. Les sentiments sont synthétiquement réunifiés *par le poser idéal.* Leur raison de relation ne peut être une autre que la raison de réflexion sur les deux sentiments. Cette raison de la réflexion est celle-ci : parce qu'en outre la pulsion de détermination alternante ne peut pas être satisfaite, ne peut pas être posée comme satisfaite, et parce que, si cela n'advient pas, il n'est aucun sentiment, et donc en général aucun je. – Donc la raison de réunion synthétique de la réflexion sur les deux est celle-ci que sans réflexion sur les *deux*, sur *aucun des deux,* en tant que sur un sentiment, ne peut être réfléchi.

On voit rapidement [324] dans quelles conditions la réflexion sur le sentiment singulier n'aura pas lieu. – Tout sentiment est nécessairement une limitation du Je ; si de ce fait le je n'est pas limité, il ne sent rien ; s'il ne peut pas être *posé* comme limité, alors il ne peut pas être posé comme sentant. Si donc entre *deux sentiments* le rapport était que l'un ne peut être délimité et déterminé que par l'autre, alors on ne pourrait – puisqu'on ne peut réfléchir sur rien sans que l'on réfléchisse sur sa limite, mais ici à chaque fois l'autre sentiment est la limite du premier – ni réfléchir sur l'un ni réfléchir sur l'autre, sans que l'on réfléchisse sur les deux.

5. Si des sentiments doivent entretenir ce rapport, alors il faut qu'il y ait quelque chose en chacun qui renvoie à l'autre. – Or nous avons réellement découvert une relation de ce genre. Nous avons montré un sentiment qui était lié avec un languir ; de ce fait avec une pulsion de *modification.* Si ce languir doit être parfaitement déterminé, il faut que *l'autre, suscitant le languir* soit mis en évidence. Or réellement un autre sentiment de ce genre a été postulé. La même chose peut en soi déterminer le Je,

comme il veut : dans la mesure où il suscite le languir, et où il est le déterminé qui suscite le languir, il doit se relier au premier, et en considération de celui-ci être accompagné par un sentiment *de satisfaction*. Le sentiment de languir ne peut être posé sans une satisfaction à laquelle il tend ; et la satisfaction sans présupposition d'un languir qui est satisfait. Là où le languir cesse et où commence la satisfaction, là passe la limite.

6. Il ne se pose plus que la question de savoir comment la satisfaction se révèle dans le sentiment. – Le languir est né d'une impossibilité du déterminer, parce qu'il manquait de limitation ; il y avait de ce fait en lui réunies une activité idéale et une impulsion à la réalité. Dès qu'un autre sentiment surgit, 1. la détermination exigée, la limitation parfaite du X est possible, et advient réellement [325], car la pulsion et la force pour cela sont présentes ; 2. justement du fait qu'elle advient, il s'ensuit qu'un autre sentiment est là. Dans le sentiment en soi, en tant que délimitation, il n'y a aucune différence, et il ne peut pas y en avoir. Mais du fait que quelque chose est possible qui n'était pas possible sans modification de sentiments, il s'en suit que l'état du sentant a été modifié. 3. *Pulsion* et *action* sont maintenant une seule et même chose ; la détermination que la première demande est possible et advient. Le Je réfléchit *sur ce sentiment* et sur *soi-même* en lui, en tant que le déterminant et le déterminé en même temps, en tant que totalement uni avec soi-même ; et l'on peut appeler une telle détermination du sentiment agrément (*Beifall*). Le sentiment est accompagné *d'agrément*.

7. Le Je ne peut pas poser cette coïncidence de la pulsion et de l'action sans les distinguer toutes deux : mais il ne peut distinguer sans poser quelque chose en quoi ils sont opposés. Cette chose est maintenant le sentiment préalable qui de ce fait était nécessairement accompagné d'un *désagrément* (*Missfallen*) (le contraire de l'agrément, de l'extériorisation de la dysharmonie entre la pulsion et l'action). – Tout languir n'est pas nécessairement accompagné par un désagrément, mais lorsqu'il est satisfait, il se produit un désagrément en premier point, il est fade, sans goût.

8. Les objets X et Y, qui sont posées par l'activité idéale, ne sont maintenant plus déterminés uniquement par l'opposé, mais aussi par les prédicats *désagréable* et *agréable* (*Missfallendes/Gefallendes*). Et l'on continue ainsi à l'infini, et les déterminations intérieures des choses (qui sont reliées au sentiment) ne sont rien de plus que des degrés du désagréable ou de l'agréable.

9. Jusqu'à présent, cette harmonie ou cette dysharmonie, l'agrément ou le désagrément (comme rencontre ou non rencontre de deux termes différents, mais pas comme sentiment), ne sont là que pour un specta-

teur possible, non pour le Je lui-même. Il faut que les deux soient présents même pour le dernier, et posés par celui-ci – que ce soit d'une manière purement idéaliste par intuition [326], ou par une relation au sentiment, nous ne le savons pas encore.

10. Ce qui soit doit être posé idéalement, soit doit être senti, pour cela il faut pouvoir mettre en évidence une pulsion. Rien n'est sans pulsion dans le Je de ce qui est en lui. Il faudrait donc qu'une pulsion, qui tende à cette harmonie, puisse être mise en évidence.

11. Est harmonisant ce qui se laisse considérer réciproquement comme le déterminé et le déterminant. – Pourtant, l'harmonisant ne doit pas être un, mais un double harmonisant ; donc, le rapport serait le suivant : A doit être en soi-même en général déterminé et déterminant en même temps, ainsi que B. Or il faut encore une détermination particulière (la détermination du « dans quelle mesure ») dans les deux, au point de vue duquel A est le déterminant, quand B est posé comme le déterminé, et inversement.

12. Une telle pulsion se trouve dans la pulsion de la détermination alternante. – Le Je détermine X par Y, et inversement. Que l'on regarde son agir dans les deux déterminations. Chacune de ces actions est manifestement déterminée par l'objet de l'autre. On peut appeler cette pulsion *la pulsion de détermination alternante* du Je par soi-même, ou bien la pulsion d'absolue *unité* et achèvement du Je en soi-même. – (Le périmètre est maintenant traversé : pulsion de détermination, tout d'abord du Je ; puis par celui-ci du Non-Je ; – comme le Non-Je est un multiple, et par conséquent aucun particulier en soi, et peut être parfaitement déterminé par soi-même – pulsion de détermination de celui-ci par alternance ; pulsion de détermination alternante du Je par soi-même, au moyen de cette alternance. Il y a de ce fait une détermination alternante du Je et du Non-Je, qui, grâce à l'unité du sujet, doit se transformer en une détermination alternante du Je par soi-même. Ainsi, selon le schéma déjà établi, les modalités d'action du Je sont traversées et épuisées, et cela garantit la complétude [327] de notre direction des pulsions principales (*Haupttriebe*) du Je, parce que cela arrondit et clôt le système des pulsions (*System der Triebe*).)

13. L'harmonisant, déterminé réciproquement par soi-même, doit être pulsion et action. a) Toutes deux doivent être considérées comme en soi déterminées et déterminantes à la fois. Une pulsion de ce type serait une pulsion qui se produirait elle-même absolument, une pulsion absolue, une pulsion pour la pulsion (*Trieb um des Triebes*). Si on l'exprime comme une loi, telle qu'elle doit être exprimée précisément au nom de cette détermination à un certain point de réflexion, alors il y a une loi

pour la loi, une loi absolue, ou l'impératif catégorique. – *Tu dois tout simplement.*) On voit facilement là où pour une telle pulsion l'*indéterminé* se trouve ; à savoir qu'il nous pousse dans l'indéterminé, sans finalité (l'impératif catégorique et seulement formel et sans aucun objet). b) une action est déterminée et déterminante en même temps, cela signifie : il est agi, parce qu'il est agi, et pour agir, ou bien avec une autodétermination et une liberté absolues. L'ensemble de la raison et toutes les conditions de l'agir résident dans l'agir. – Là où se trouve ici l'indéterminé, s'indique également sur-le-champ : il n'y a pas d'action sans un objet ; donc l'action devrait en même temps se donner à elle-même son objet, ce qui est impossible.

14. Maintenant il faut qu'entre les deux, la *pulsion* et *l'action*, se trouve le rapport qui les détermine alternativement. Un tel rapport exige tout d'abord que l'action *se laisse considérer comme produite* par la pulsion. – L'agir doit être absolument libre, donc déterminé par rien d'irrésistible, donc aussi pas non plus par la pulsion. Mais il peut pourtant être structuré de telle manière qu'il se laisse considérer en tant que déterminé par la pulsion, ou pas non plus. Or comment cette harmonie ou dysharmonie s'extériorisent-elles, c'est précisément la question à laquelle il s'agit de répondre, et dont la réponse va pouvoir être trouvée sur-le-champ.

Ensuite, ce rapport exige que la *pulsion* se laisse poser, en tant que déterminée par l'action. – Dans le Je, rien d'opposé [328] ne peut être simultané. Mais pulsion et action sont ici opposées. Aussi certain donc qu'une action intervient, la pulsion est interrompue, ou limitée. Il en résulte un *sentiment.* L'action aboutit à la raison possible de ce sentiment, la pose, la réalise.

Si maintenant selon l'exigence posée ci-dessus l'agir est déterminé par la pulsion, alors l'objet aussi été déterminé par elle ; il est approprié à la pulsion, et ce qui est exigé par elle. La pulsion est maintenant *(idealiter)* déterminable par l'action ; il faut lui attribuer le prédicat qu'elle soit une pulsion qui tend à cette action.

L'harmonie est là, et il s'engendre un sentiment d'*agrément*, qui est ici un sentiment de *satisfaction*, donc d'emplissement, d'achèvement complet (qui ne dure cependant qu'un moment, du fait du languir qui revient nécessairement). – Si l'action n'est pas déterminée par la pulsion, alors l'objet est *contre* la pulsion, et il s'engendre un sentiment de *désagrément*, d'insatisfaction, de division du sujet (*Entzweiung des Subjekts*) avec soi-même. – Même maintenant la pulsion est déterminable par l'action ; mais seulement négativement ; ce n'en était pas une qui tendait à cette action.

15. L'agir, dont il est ici question, est comme toujours un pur idéal, par représentation. Même notre efficience sensible dans le monde des

sens, que nous *croyons*, ne nous vient pas autrement que médiatement par la représentation[92].

---

[92] Phrase de signification ambigüe, dont on a donné la traduction littérale.

Index des matières (tomes I et II)

Index des noms (Tomes I et II)

L'HARMATTAN ITALIA
Via Degli Artisti 15; 10124 Torino
harmattan.italia@gmail.com

L'HARMATTAN HONGRIE
Könyvesbolt ; Kossuth L. u. 14-16
1053 Budapest

L'HARMATTAN KINSHASA
185, avenue Nyangwe
Commune de Lingwala
Kinshasa, R.D. Congo
(00243) 998697603 ou (00243) 999229662

L'HARMATTAN CONGO
67, av. E. P. Lumumba
Bât. – Congo Pharmacie (Bib. Nat.)
BP2874 Brazzaville
harmattan.congo@yahoo.fr

L'HARMATTAN GUINÉE
Almamya Rue KA 028, en face
du restaurant Le Cèdre
OKB agency BP 3470 Conakry
(00224) 657 20 85 08 / 664 28 91 96
harmattanguinee@yahoo.fr

L'HARMATTAN MALI
Rue 73, Porte 536, Niamakoro,
Cité Unicef, Bamako
Tél. 00 (223) 20205724 / +(223) 76378082
poudiougopaul@yahoo.fr
pp.harmattan@gmail.com

L'HARMATTAN CAMEROUN
BP 11486
Face à la SNI, immeuble Don Bosco
Yaoundé
(00237) 99 76 61 66
harmattancam@yahoo.fr

L'HARMATTAN CÔTE D'IVOIRE
Résidence Karl / cité des arts
Abidjan-Cocody 03 BP 1588 Abidjan 03
(00225) 05 77 87 31
etien_nda@yahoo.fr

L'HARMATTAN BURKINA
Penou Achille Some
Ouagadougou
(+226) 70 26 88 27

L'HARMATTAN SÉNÉGAL
10 VDN en face Mermoz, après le pont de Fann
BP 45034 Dakar Fann
33 825 98 58 / 33 860 9858
senharmattan@gmail.com / senlibraire@gmail.com
www.harmattansenegal.com

L'HARMATTAN BÉNIN
ISOR-BENIN
01 BP 359 COTONOU-RP
Quartier Gbèdjromèdé,
Rue Agbélenco, Lot 1247 I
Tél : 00 229 21 32 53 79
christian_dablaka123@yahoo.fr

Achevé d'imprimer par Corlet Numérique - 14110 Condé-sur-Noireau
N° d'Imprimeur : 126634 - Dépôt légal : mars 2016 - *Imprimé en France*